NORDHESSEN entdecken!

1000 FREIZEIT-TIPPS

Jürgen Nolte

Wartberg Verlag

Anmerkung des Verlages
Die im nachfolgenden Text verwendeten Symbole haben folgende Bedeutung:
☏ = Telefon, ✉ = E-Mail-Adresse, 🌐 = Internet-Adresse,
☺ = Attraktionen für Kinder und Junggebliebene

Alle Angaben wurden gewissenhaft geprüft, trotzdem können Autor und Verlag keine Gewähr für die Richtigkeit übernehmen. Anregungen, Berichtigungen und Ergänzungsvorschläge senden Sie bitte an den Wartberg-Verlag, Gudensberg-Gleichen.

Dank
Herzlichen Dank an Katja Brockhaus für ihre Mitarbeit.

Bildnachweis
S. 7 Bad Arolsen Touristik Service, S. 11 wortreich in Bad Hersfeld gGmbH, S. 12 Kurbetrieb Bad Hersfeld, S. 18 Staatsbad Bad Wildungen (R. Pfeil), S. 20 Gemeinde Bad Zwesten (Katharina Jäger), S. 23 Stadtmarketing Baunatal, S. 32 Karl Herman Völker, S. 36 K. Lange, S. 42 Thorsten Eschstruth, S. 53, 66 Katharina Jäger, S. 85, 86 (P. Blafield), 87 (P. Baensch) Kassel Marketing, S. 97 Wirtschaftsförderung Korbach Goldrichtig GmbH, S. 113 Fouad Vollmer/ Hess. Heilbäderverband e.V., S. 115 Diebel Design 2016, S. 136 Schwalmfoto G. Reidt, S. 164 www.panoramio.com (Gerd R.).
Die Bilder wurden von den Gemeinden zur Verfügung gestellt.
Wir danken allen Lizenzträgern für die freundliche Abdruckgenehmigung. In Fällen, in denen es nicht gelang, Rechtsinhaber an Abbildungen zu ermitteln, bleiben Honoraransprüche gewahrt.

2. aktualisierte Auflage 2023

Layout: Grafik&Design Ulrich Weiß, Extertal
Karte: KGS Kartographie und Grafik Schlaich, Geislingen
Drucken und Binden: Druck- und Verlagshaus Thiele & Schwarz GmbH, Kassel

34281 Gudensberg-Gleichen, Im Wiesental 1
Telefon (0 56 03) 9 30 50
www.wartberg-verlag.de
ISBN: 978-3-8313-3577-0

Einladung zur Entdeckungsreise

Nordhessen ist ein grünes Kleinod in der Mitte Deutschlands. Und das nicht nur geografisch, sondern auch topografisch, denn zwischen den stolzen Alpen im Süden und den weiten Ebenen im Norden ist die waldreiche Region eine der abwechslungsreichsten Mittelgebirgslandschaften Deutschlands. Mit ihren anmutigen Höhen und Tälern und den heimeligen Fachwerkstädtchen strahlt sie eine stille, schlichte Schönheit aus.

Statt Gleichförmigkeit bietet Nordhessen eine bunte Vielfalt im Landschaftsbild. Von der „hessischen Kuppenwirtschaft" sprechen manche, worin auch ein Stück Fröhlichkeit mitschwingt. Dabei weist die Region aber durchaus auch gewichtige Gebirgszüge auf, so im Osten den Hohen Meißner, im Süden den Knüll, im Westen das Waldecker Upland und im Norden den Reinhardswald.

Die Städte in der Region bergen viele architektonische und kunsthistorische Kostbarkeiten, allen voran die Nordhessen-Metropole Kassel. Ihren kulturellen Reichtum verdankt die „documenta-Stadt" einer ganzen Reihe kunstsinniger Landesfürsten. Sie sammelten Gemälde, die heute unter anderem in der weltberühmten Gemäldegalerie im Schloss Wilhelmshöhe zu bewundern sind. Sie förderten auch Musik und Wissenschaften. Und sie waren baulustig, wodurch sie Kassel den Charme einer liebenswerten Residenzstadt verliehen. In der schlimmsten Bombennacht vom 22. auf den 23. Oktober 1943 wäre sie jedoch beinahe vollständig im Feuersturm untergegangen.

Und überaus geschichtsträchtig ist Nordhessen, siedelten doch hier schon vor tausenden von Jahren Menschen, später Kelten und danach die germanischen Chatten. Die machten übrigens die Völkerwanderung nicht mit, und auch heute sagt man den Nordhessen eine starke Verbundenheit mit ihrer Heimat nach. Die ist ihnen umso liebenswerter, als hier die Wurzeln der Grimmschen Märchen liegen, entstanden aus den Erzählungen der Märchenfrau Dorothea Viehmann und aus Mythen und Sagen der Region. So führt denn auch die Deutsche Märchenstraße durch Nordhessen.

In unserem Freizeitführer stellen wir die Gemeinden der Region in alphabetischer Reihenfolge vor. Den Fremdenverkehrsstellen danken wir für ihre Mithilfe.

Jürgen Nolte

Ahnatal

(Landkreis Kassel)

Die aus den Ortsteilen Weimar und Heckershausen bestehende Gemeinde Ahnatal liegt am Nordrand des Naturparks Habichtswald nordwestlich von Kassel und hat rund 7900 Einwohner. Durch das Gemeindegebiet fließt der Bach Ahne.

Gemeinde Ahnatal Rathaus
Wilhelmsthaler Str. 3
34292 Ahnatal
05609/628-0
www.ahnatal.de

Sehenswertes

Alte Schmiede Thielemann
In der alten Dorfschmiede direkt an der Hauptstraße von Heckershausen haben drei Generationen gearbeitet. Besuchergruppen werden dort kostenlose Führungen mit Schmiedevorführungen geboten.
Kontakt: Arbeitskreis Weimar Geschichte und Geschichten, 05609/628162

Natur und Freizeit

Wandern und Rad fahren
Wanderer finden in der Umgebung Ahnatals unterschiedlich schwierige Touren und vielfältige Ausflugsziele. Eine der anspruchsvolleren Routen ist der Kassel-Steig, der über die Höhen rund um das Kasseler Becken führt. Für Radfahrer sind sechs Mountainbike- und vier Radtouren ausgewiesen.

Bühl
Das Freizeitgelände „Bühl" mit dem gleichnamigen Natursee im Ortsteil Weimar lädt zum Baden, Volleyball und Minigolf spielen ein. Camper können Dauer- und Kurzparkplätze belegen.
Adresse: Am Bühl 20, 34292 Ahnatal.
05609/9216
www.campingplatz-buehl.de

Außerdem gibt es am westlichen Ausgang von Heckershausen an der Rasenallee 8 ein Freizeitzentrum, u. a. mit Sport- und Tennisplätzen.
05609/628-0
www.ahnatal.de

Ortskern und Kirche Weimar

Alheim

(Landkreis Hersfeld-Rotenburg)

Die aus zehn Ortsteilen bestehende Gemeinde Alheim erstreckt sich beiderseits der Fulda und liegt zwischen dem Knüll und dem Stölzinger Gebirge. Benannt wurde sie nach dem dortigen 549 hohen Berg Alheimer. Die Bevölkerungszahl beträgt 5300.

Gemeinde Alheim
Alheimer Str. 2
36211 Alheim
06623/9200-0
www.alheim.de

Sehenswertes

▸ Kirchen

Die Kirchen in den einzelnen Ortsteilen sind teilweise noch von mittelalterlichen Wehrmauern umschlossen. Besonders sehenswert ist der Wehrkirchhof in Niederellenbach, in deren Mitte ein romanischer Kirchen-Saalbau mit dem wohl ältesten Mauerwerk des Kreises steht. Auch in Oberellenbach befindet sich eine ehemalige Wehrkirche mit Ringmauer. Das Fachwerk-Pfarrhaus stammt aus dem Jahr 1609.

▸ Thingplatz Licherode

Genau in der Mitte der Ortschaft steht eine frühere Gerichtslinde, deren Alter auf 800 bis 1000 Jahre geschätzt wird. Auch ein steinerner Schöffentisch bezeugt den ehemaligen Gerichtssitz in Licherode, einen der am besten erhaltenen Thingplätze in Hessen.

Natur und Freizeit

▸ Wandern

Alheim ist ein Dorado für Fuß- und Radwanderer. Neben örtlichen Rundwanderwegen wurden auch mehrere themenbezogene Wanderwege eingerichtet wie der bergbauhistorische Lern- und Erlebnispfad, der Wassererlebnispfad und der kulturhistorische Rundwanderweg.

▸ Rad fahren

Radfahrer werden auf ausgewiesenen Strecken zu örtlichen Sehenswürdigkeiten geleitet. Außerdem wird das Gemeindegebiet Alheim von den Hessischen Radfernwegen R1 und R5 berührt.

▸ Aussichtspunkte

Vom Alheimer, der mit 549 Metern zweithöchsten Erhebung des Stölzinger Gebirges, hat man einen weiten Blick in die dicht bewaldete Landschaft. Auf seinem Gipfel befindet sich ein Aussichtsturm mit Gedenkstätte. Im Naturschutzgebiet Kiesgrube bei Baumbach können von einem Hochstand aus Fauna und Flora in der Flussauenlandschaft beobachtet werden.

▸ Naturbadesee

An heißen Tagen können sich Wanderer und Radfahrer im Naturbadesse bei Heinebach erfrischen. Allerdings ist der See unbeaufsichtigt.

▸ Umweltbildungszentrum

Im ökologischen Schullandheim Licherode werden Seminare für praxisnahen Umweltschutz angeboten. Die Teilnehmer-Gruppen, darunter auch Schulklassen, können dort bei voller Verpflegung auch übernachten. Außerdem gibt es auf dem Gelände ein vielfältiges Freizeitangebot. Adresse: Lindenstr. 14, 36211 Alheim-Licherode ☎ 05664/94860
🌐 umweltbildungszentrum-licherode.de

Info-Schild am Wassererlebnispfad.

Allendorf (Eder)

(Landkreis Waldeck-Frankenberg)

Rund 5600 Menschen leben in Allendorf und in vier weiteren Ortsteilen. Die Gemeinde liegt im Tal der Eder zwischen Frankenberg und Battenberg. In Allendorf ist mit der Firma Viessmann ein international führender Hersteller von Heiztechnik und der größte Arbeitgeber der Region beheimatet.

Verwaltungsgemeinschaft Allendorf (Eder)/Bromskirchen
Schulstr. 5
35108 Allendorf (Eder)
06452/9131-0
www.allendorf-eder.de
www.ederbergland-touristik.de

Sehenswertes

Kirchen
Zu den Sehenswürdigkeiten zählen vier Kirchen: Die 1496 erbaute Alte Kirche in Allendorf aus der Spätgotik mit wuchtigem Chorturm, in Battenfeld die romanische kreuzförmige Basilika aus dem 12. und 13. Jahrhundert, die Fachwerkkirche in Rennertehausen aus dem Jahr 1609 und in Haine die Fachwerkkirche mit wertvoller Ausstattung von 1676. Zudem sind alle Ortsteile reich an sehenswerten Fachwerkhäusern.

Museen

Ofenmuseum
Nicht nur für Technikinteressierte ist das Ofenmuseum in den Viessmann-Werken ein besonderer Anziehungspunkt. Auch Führungen durch das Werk sind möglich. In den einzelnen Ortsteilen können außerdem Heimatstuben besucht werden. Kontakt über die Firma Viessmann unter 06452/70-0

Natur und Freizeit

Hobby-Fliegerei
Wer in die Luft gehen möchte, kann das auf dem Verkehrslandeplatz von Viessmann tun, denn dort ist auch der Luftsportverein Ederbergland e. V. beheimatet, der Rundflüge anbietet. Auf einer Luftfahrerschule können Pilotenscheine unter anderem auch für Segelflugzeuge erworben werden.
Adresse: Otto-Lilienthal-Str. 3,
35108 Allendorf
06452/6877
www-lsv-ederbergland.de

Veranstaltungen und Feste

Eine lange Tradition hat der Battenfelder Kram- und Viehmarkt. Er findet jeweils am ersten Oktober-Wochenende statt und ist die größte Veranstaltung dieser Art im oberen Edertal.

Bad Arolsen

(Landkreis Waldeck-Frankenberg)

Ein wahres Kleinod ist die barocke, 16 500 Einwohner zählende Stadt Bad Arolsen inmitten des Waldecker Landes. Sie ist ein beliebtes Ziel von Kunst- und Musikliebhabern sowie von Kurgästen und Freizeitsportlern. Allein die Barock-Festspiele locken jedes Jahr Tausende von Besuchern an. Ein bedeutender Kulturförderer ist die im Residenzschloss lebende Fürstenfamilie zu Waldeck und Pyrmont, die verwandtschaftliche Beziehungen zum niederländischen Königshaus hat. Die Ursprünge der Stadt reichen bis ins Jahr 1131 zurück, als das Augustinerinnen-Stift „Aroldessen“ gegründet wurde.

Touristik-Service
Große Allee 24
34454 Bad Arolsen
05691/801-240
www.bad-arolsen.de

Sehenswertes

Residenzschloss
Das von 1710 bis 1810 errichtete Residenzschloss gilt als Wahrzeichen der Stadt. Am 2. August 1858 wurde in dem Schloss die spätere Königin Emma der Niederlande geboren. 1879 hatte sie als Prinzessin zu Waldeck und Pyrmont den niederländischen König Willem III. geheiratet. Die Schlossräume können im Rahmen von Führungen besichtigt werden. In dem historischen Ambiente finden neben den Barock-Festspielen auch die traditionellen Schlosskonzerte und wechselnde Kunstausstellungen statt.

Residenzschloss Arolsen

Neues Schloss mit Park und Heilquelle
Unweit des Residenzschlosses steht das Neue Schloss, das zwischen 1764 und 1778 als Witwensitz der Fürstin Christiane erbaut wurde. Danach entstand ein großflächiger Schlosspark, der überwiegend mit exotischen Nadelbäumen bepflanzt wurde. In einer Trinkhalle kann man Heilwasser genießen, das aus 400 Metern Tiefe nach oben gefördert wird.

Altstadt
Noch heute ist die Altstadt Bad Arolsens durch den barocken Baustil geprägt. Anhand des „Historischen Stadtführers" (unter www.bad-arolsen.de) kann man selbstständig einen Stadtrundgang unternehmen. Samstags werden auch kostenlose Führungen angeboten.

Schlossstraße und Große Allee
Einen reizvollen Anblick bieten Bürgerhäuser aus dem 18. Jahrhundert, die sich in der Schlossstraße aneinanderreihen. Die 1,6 Kilometer lange Große Allee durchzieht als „grüne Lunge" fast den gesamten Stadtkern. Sie weist 880 in sechsreihiger Ordnung gepflanzte Eichen auf.

Burg Mengeringhausen und Wetterburg
Im Bad Arolser Stadtteil Mengeringhausen stand eine mittelalterliche Wasserburg. Von der einstigen Befestigung ist allerdings außer dem dicken Rundturm nicht mehr viel auszumachen, da das Gebäude nach einigen Bränden von Grund auf renoviert wurde. Im Stadtteil Wetterburg wurde auf dem Gelände einer alten Burg im Jahre 1576 die Wetterburg als Schloss errichtet. Heute befindet sich dort ein Erlebnisrestaurant.

Landau
Dieser Stadtteil präsentiert sich als geschlossenes und denkmalgeschütztes Fachwerkensemble. Zu einer Burganlage aus dem 13. Jahrhundert gehört ein gut erhaltenes Grafenschloss. Ein technisches Denkmal ist die restaurierte Trinkwasser-Förderanlage, die 1535 gebaut wurde. Im Sommer speist sie den historischen Marktbrunnen.

Museen

Christian Daniel Rauch
Fünf architektonisch unterschiedliche Gebäude beherbergen die Museen Bad Arolsens. Im Residenzschloss werden wechselnde Kunstausstellungen gezeigt. Gegenüber im Fürstlichen Marstall befindet sich das Chris-

tian Daniel Rauch Museum, das Werke des berühmten klassizistischen Bildhauers zeigt.

▸ Historische Geburtshäuser
Die Geburtshäuser von Rauch und des Historienmalers Wilhelm von Kaulbach würdigen die Bedeutung dieser Künstlerpersönlichkeiten des 19. Jahrhunderts, während im früheren noblen Beamtenhaus, dem Schreiberschen Haus, die Entwicklung der Residenzstadt erläutert wird.
Adresse: Museum Bad Arolsen, Schlossstr. 30, 34454 Bad Arolsen ☎ 05691/625734
🌐 www.museum-bad-arolsen.de

Natur und Freizeit

▸ Wandern und Rad fahren
Bad Arolsen ist von dichten Laub- und Nadelwäldern umgeben, die zu ausgiebigen Wandertouren einladen. Die Länge der rund um die Stadt verlaufenden Wege beträgt insgesamt 400 Kilometer. Auch zum Twistesee, einem Stausee, kann man zu Fuß gelangen. Radfahrer können auf dem regionalen R 1 vom Bad Arolser Stadtkern aus mehrere ländliche Stadtteile erreichen und selbstverständlich auch den Twistesee.

▸ Twistesee und Freizeitbad Arobella
Der unweit von Bad Arolsen gelegene Twistesee gehört zu den saubersten Stauseen Deutschlands. Naturliebhaber, Angler, Sonnenhungrige und Wassersportler kommen hier voll auf ihre Kosten. Wasserski kann mithilfe einer lautlosen, rund 800 Meter langen Seilbahn gefahren werden. Am Ufer sind Sandstrände angelegt.
Baden ist auch im Freizeitbad Arobella und zwei weiteren Freibädern möglich.
Adresse: Freizeitbad Arobella, Schlesienstr. 23, 34454 Bad Arolsen ☎ 05691/806200
🌐 www.arobella.de

▸ Bootstouren
Der Twistesee kann mit Schlauch-, Paddel- und Tretbooten befahren werden, die man sich auch mieten kann.
Adresse: Bootsverleih Seeschwalbe, Im Vogelsang 1, 34454 Bad Arolsen ☎ 05691/50233

▸ Golfen
Auf den Berghängen westlich des Twistesees befindet sich eine 9-Loch-Anlage. Komplettiert wird das Golferlebnis durch eine in unmittelbarer Nähe entstandene Adventuregolf-Anlage für die ganze Familie.
Adresse: Zum Wiggenberg 33, 34454 Bad Arolsen ☎ 05691/628444
🌐 www.golf-arolsen.de

▸ Fliegen
Auf dem Flugplatz Mengeringhausen kann man Rundflüge buchen.
Adresse: Flugplatz 1, 34454 Bad Arolsen
☎ 0173/6384931

Bad Emstal

(Landkreis Kassel)

Etwa 20 Kilometer südwestlich von Kassel liegt im Südteil des Naturparks Habichtswald die Gemeinde Bad Emstal mit knapp 6000 Einwohnern, die in vier Ortsteilen leben. Den Zusatz „Bad" erhielt die Gemeinde 1992, nachdem man in Sand eine Thermalquelle gefunden und ein Mineral-Thermalbad erbaut hatte. Das Gebiet war schon im 2. Jahrhundert vor Chr. durchgehend besiedelt.

Gemeinde Bad Emstal
Kasseler Str. 57
34308 Bad Emstal
☎ 05624/9997-0
🌐 www.bad-emstal.de

Sehenswertes

▸ Kirchen
In Balhorn wurde bereits 1342 eine erste Kirche erwähnt. Der im gotischen Stil errichtete Turm der Wehrkirche stammt aus dem Jahr 1488, die heutige barocke Haube erhielt er 1724. Der gotische Unterbau des Torhauses und der Gerichtstisch mit der Dorflinde gehen auf die Entstehungszeit der Kirche zurück. Von der spätmittelalterlichen Kirche im Bad Emstaler Hauptort Sand existiert aus dem Jahre 1519 eine urkundliche Erwähnung als „Capella zum Sande".

▸ Merxhausen
Am heutigen Standort der psychiatrischen Heilanstalt Merxhausen befand sich ab 1213 ein Kloster, das jedoch nach einem Brand 1489 aufgegeben wurde. Ein Grund für die Aufhebung des Klosters soll nach historischen Zeugnissen auch ein Sittenverfall unter den Nonnen gewesen sein. Auf den Resten des Gebäudes errichtete Landgraf Philipp II. im Jahr 1533 ein Landeshospital. Etwa 1,5 Kilometer südlich von Merxhausen führt die sogenannte Kurfürstenbrücke aus dem Jahre 1756 über den Bach Ems.

▸ Schloss Riede
Wahrzeichen des idyllisch gelegenen Dorfes Riede ist das 1563 erbaute und 2009 restaurierte Renaissanceschloss, das in der Vergangenheit mehrmals umgebaut und erweitert wurde. Verwalterhaus, Burgscheune und eine kleine Barockkirche sind in ihrer historischen Substanz erhalten. Das Schloss ist in Privatbesitz und kann nur nach vorheriger Anmeldung besichtigt werden. Es liegt inmitten eines englischen Landschaftsparks. Vom 414 Meter hohen Klauskopf oberhalb von Riede bietet sich ein weiter Rundblick in die Landschaft.

Schloss Riede

▸ Altenburg
Östlich von Sand in Richtung Niedenstein, von Wanderern gut zu erreichen, liegt mit der Altenburg die größte Ringwallanlage Niederhessens. Sie war bereits im 2. Jahrtausend v. Chr. besiedelt und wurde etwa 25 n. Chr. aufgegeben. Ausgrabungen ergaben, dass die Wallanlagen eine Länge von insgesamt 3000 Meter hatten. Von der Höhenburg auf dem gleichnamigen bewaldeten Berg sind allerdings nur noch Überreste zu erkennen.

Natur und Freizeit

▸ Wandern und Rad fahren
Viele gepflegte Wander- und Radwege durchziehen die waldreiche Umgebung Bad Emstals. Zwischen Bad Emstal und Niedenstein lädt außerdem der Nordic-Walking-Fitness-Park mit sechs verschiedenen Routen zum flotten Wandern mit Stöcken ein. Für Radfahrer besonders attraktiv ist der 43 Kilometer lange Hessen-Courrier-Radweg entlang der Strecke der historischen Kleinbahn Kassel-Naumburg.

▸ Kurpark
Zum Flanieren lädt der Kurpark von Sand ein. Im Rosengarten sind über 200 verschiedene Rosenarten sowie – in Verbindung damit –

viele Exponate von Künstlern zu bewundern. Dazu gibt es einen Heil- und Kräutergarten, einen Fitnesspfad und einen Wasserspielplatz.

Natur und Freizeit

▸ Freizeitanlage Merxhausen
Bis zu 60 Personen können sich im Haus dieser Anlage aufhalten. Für Kinder sind im Freien Spielgeräte aufgebaut. Die Anlage – mit kleiner Küche und Grillplatz – ist rund um die Uhr geöffnet.
Adresse: Ölmühle 4, 34308 Bad Emstal
Auskunft und Reservierungen unter:
✆ 05624/9997-14

Bad Hersfeld

(Landkreis Hersfeld-Rotenburg)

Kurgäste, Urlauber und vor allem Theaterfreunde strömen jedes Jahr in die Kur- und Festspielstadt Bad Hersfeld im Herzen der Region Waldhessen. Die Geschichte der heute gut 30 000 Einwohner zählenden Stadt geht auf den Mainzer Bischof Lullus zurück, der im Jahr 769 das Benediktinerkloster Hersfeld gründete. Über die Grenzen Deutschlands hinaus bekannt ist Bad Hersfeld durch die Festspiele, die jeden Sommer in der Stiftsruine stattfinden, der größten romanischen Kirchenruine Europas. Die Stadt liegt in einer Senke, die durch die Einmündung der Haune in die Fulda entstanden ist.

Tourist-Information
Am Markt 1
36251 Bad Hersfeld
✆ 06621/201-886
www.bad-hersfeld.de

Sehenswertes

▸ Stiftsruine
An der Stelle einer früheren im 9. Jahrhundert erbauten karolingischen Basilika wurde 1038 mit dem romanischen Neubau begonnen. Die Hauptweihe der Kirche erfolgte 1144 in Anwesenheit von König Konrad III. Während des Siebenjährigen Krieges diente sie französischen Truppen als Nachschubdepot. Bei ihrem Abzug 1761 verbrannten sie die Vorräte, wobei auch die Kirche ein Raub der Flammen wurde. Während der Festspiele, die erstmals 1951 veranstaltet wurden, haben über 1600 Zuschauer in der Ruine Platz. Die Bühne ist 1400 Quadratmeter groß.

▸ Katharinenturm
Als im Jahr 1100 der Nordturm der Stiftskirche einstürzte, erbaute man den freistehenden Katharinenturm, um die Glocken aufzunehmen. Heute hängt hier nur noch die Lullus-Glocke. Sie ist die älteste datierte Glocke Deutschlands von 1038.

▸ Schloss Eichhof
Im 14. Jahrhundert von den Hersfelder Äbten als Trutzburg gegen die Bürger der Stadt errichtet, dient Schloss Eichhof nun als zweiter Spielort für Theateraufführungen im Rahmen der Festspiele. In dem Schloss, später im Renaissancestil umgebaut, übernachtete auch schon der Reformator Martin Luther.

▸ Linggplatz
Der Linggplatz ist nach dem badischen Offizier Lingg von Linggenfeld benannt, der 1807 als Kommandeur der Napoleonischen Besatzungstruppen die Stadt vor der Brandschatzung rettete. Das Doppelkreuz auf dem Platz – ursprünglich Grenzzeichen der Hersfelder Äbte – ist heute Teil des Stadtwappens.

▸ Stadtkirche

Der markante Turm der evangelischen Stadtkirche in der Altstadt ist das Wahrzeichen Bad Hersfelds. Die Geschichte der Kirche begann um 1060 mit der Errichtung einer romanischen Marktbasilika. Im Laufe der folgenden 420 Jahre erfolgte der Umbau zu einer gotischen, dreischiffigen Hallenkirche, so wie sie heute noch besteht.

▸ Rathaus und Fachwerkhäuser

Ein Hingucker ist das historische Rathaus im Herzen der Altstadt, das seit dem 14. Jahrhundert Sitz der Stadtverwaltung ist. Es zeigt sich nach diversen Umbauten heute im Stil der Weserrenaissance. Im Altstadtkern sind über 200 unter Denkmalschutz stehende Gebäude zu bewundern, darunter viele gut erhaltene Fachwerkhäuser.

Museen

▸ Stadtmuseum

Einen Überblick über die Geschichte Bad Hersfelds gibt das Stadtmuseum im Ostflügel des ehemaligen Benediktiner-Klosters. Präsentiert werden Ausgrabungsfunde und Modelle von Gebäuden. **Adresse**: Im Stift 6A, 36251 Bad Hersfeld ✆ 06621/75774
🌐 www.museen.bad-hersfeld.de

▸ Duden-Museum

An das Wirken von Konrad Duden, der sich sein Leben lang – vor allem durch die Herausgabe eines Wörterbuchs – für die Vereinheitlichung der deutschen Sprache einsetzte, erinnert das gleichnamige Museum in seinem Geburtshaus. Duden war von 1876 bis 1905 Direktor des Königlichen Gymnasiums in Hersfeld.
Adresse: Neumarkt 31, 36251 Bad Hersfeld
✆ 06621/201886

▸ ☺ wortreich - Wissens- und Erlebniswelt für Sprache und Kommunikation

Besucher aller Altersklassen können hier spielerisch die Themen Sprache und Kommunikation erleben. wortreich-Besucher spielen u. a. mit Buchstaben Basketball, schreiben mit den Augen oder schlüpfen in die Rolle eines Schauspielers.
Adresse: Benno-Schilde-Platz 1, 36251 Bad Hersfeld ✆ 06621/794890
🌐 www.wortreich-badhersfeld.de

Natur und Freizeit

▸ Naturpark

Bad Hersfeld ist reich an Grünanlagen. Die größte zusammenhängende Fläche ist mit sieben Hektar der Kurpark. Er wird flankiert von der Stadthalle, dem Kurhaus und der Kurbad-Therme. Die Stadt hat – neben den

Festspielen – auch als Kur- und Heilbad eine lange Tradition. Erholungssuchende trinken die Heilwasser „Lullus" und „Vitalis".

Natur und Freizeit

▸ Wandern und Rad fahren
Wie überall in der nordhessischen Mittelgebirgslandschaft bietet auch die Umgebung Bad Hersfelds viele Möglichkeiten für Wanderer und Radfahrer. Angeboten werden zahlreiche Routen mit unterschiedlichen Schwierigkeitsgraden. Fast immer ergeben sich eindrucksvolle Panorama-Ausblicke. Dasselbe gilt für das Radwander-Streckennetz mit Einzeltouren bis zu 55 Kilometer Länge. Wer in die Luft gehen will, kann auf dem Flugplatz Johannesberg Rundflüge buchen.

▸ Kurbad Therme
Die traditionsreiche Kurbad Therme umfasst vier Bereiche: Badelandschaft, Beautystudio, Entspannungswelt und Saunaparadies. Auch Kinder haben hier viel Spaß.
Adresse: Am Kurpark 10, 36251 Bad Hersfeld
☏ 06621/9750910, 🌐 www.baeder-hef.de

▸ ☺ Jahnpark
In diesem Spielpark können Jung und Alt sich kostenlos sportlich betätigen. Die Palette reicht von Ballspielen, Kletterwald, Minigolf und Kleinspielarena bis zur „Erlebniswelt der Sinne".
Adresse: Am Schwimmbad 4, 36251 Bad Hersfeld

▸ Reiterhöfe
Die Glockenreiter: Fuldastraße 17, 36251 Bad Hersfeld
Pony-Reiten für Kinder: Hof Wehneberg 2, 36251 Bad Hersfeld
✉ info@reitanlage-hofwehneberg.de
Steinhoff's Pony Reiterhof: Auf dem Tageberg 1, 36251 Bad Hersfeld ☏ 06621/3894

▸ Lullusfest
Benannt nach dem Mainzer Bischof Lullus, dem Kloster- und Stadtgründer, ist das jahrhundertealte Lullus-Fest eines der größten Volksfeste in Deutschland. Es findet jedes Jahr in der Woche des 16. Oktober statt.

Das Lullusfest ist eines der größten Volksfeste Deutschlands.

Bad Karlshafen

(Landkreis Kassel)

Im nördlichsten Zipfel Nordhessens, am Zusammenfluss von Weser und Diemel, liegt die „Weiße Stadt im Grünen", wie Bad Karlshafen auch genannt wird. Sie gilt als Juwel im Weserbergland. Der hessische Landgraf Carl hatte sie 1699 im Barockstil gegründet, um hier hugenottische Glaubensflüchtlinge aus Frankreich anzusiedeln. An diese Zeit erinnern neben den typisch weißen Häuserfassaden die symmetrischen Häuserkarrees. Zusammen mit dem 1972 eingemeindeten Luftkurort Helmarshausen zählt Bad Karlshafen rund 3700 Einwohner.

Kur- und Touristik-Information
Weserstr. 19
34385 Bad Karlshafen
05672/9226140
www.bad-karlshafen.de

Sehenswertes

▸ Pack- und Lagerhaus
Direkt am historischen Hafenbecken gelegen, sticht das ehemalige Pack- und Lagerhaus mit mächtigem Walmdach und zentralem Dachreiter ins Auge. Es ist heute das Rathaus der Kurstadt. Früher pflegte der Landgraf bei Besuchen hier abzusteigen.

▸ Gradierwerk
An der Kurpromenade kann man am Gradierwerk auch vorbeugend etwas gegen eine Erkrankung der Atemwege tun: Die Sole rieselt über die Schwarzdornhecke des Werks ab und reichert die Luft salzhaltig an – eine Wohltat für Besucher beim Inhalieren der Luft. Die Sole mit einem Salzgehalt von 23 Prozent findet Verwendung in der Therapieabteilung des Kurmittelhauses und in der Wesertherme. Das Solewasser hilft besonders bei Gelenk-, Atemwegs- und Hauterkrankungen. In der Saunalandschaft kann man sich vom Alltagsstress erholen.

▸ Klosteranlage Helmarshausen
In dem südlich der Kernstadt gelegenen Stadtteil Helmarshausen lädt das ehemalige Benediktinerkloster zu einem Besuch ein. Es war 997 durch Kaiser Otto gegründet worden. Berühmt waren im Mittelalter die Gold- und Silberschmiedearbeiten der Mönche. Hier entstand auch das berühmte, aus dem 12. Jahrhundert stammende Evangeliar für den welfischen Sachsen-Herzog Heinrich den Löwen.

▸ Fachwerkhäuser Helmarshausen
Zahlreiche Fachwerkhäuser aus dem 17. und 18. Jahrhundert prägen den Ort Helmarshausen, der zu den ältesten Siedlungen in Nordhessen zählt und erstmals im Jahr 944 urkundlich erwähnt wurde. Auffällig sind mehrere mit reich geschnitzten Torständen versehene Dielenhäuser.

▸ Krukenburg
Von der nahe gelegenen Ruine der einst mächtigen Krukenburg bietet ein Aussichtsturm einen weiten Blick zu den bewaldeten Bergen. Von besonderer kunsthistorischer Bedeutung ist die bereits um 1100 entstandene Johanneskapelle in der Mitte der Burg. Der Rundbau ähnelt stark der Grabeskirche in Jerusalem.

Museen

▸ Deutsches Hugenotten-Museum
In einer früheren Tabakfabrik ist das 1980 gegründete Deutsche Hugenotten-Museum untergebracht. Es behandelt auf mehreren Etagen ausführlich die Geschichte der französischen Glaubensflüchtlinge, ihre Kultur und ihre Ansiedlung in Deutschland.
Adresse: Hafenplatz 9 a, 34385 Bad Karlshafen 05672/1410
www.hugenottenmuseum.de

▸ Museum des Heimatvereins Helmarshausen
Ein Faksimile des Evangeliars Heinrich des Löwen wird im Heimatmuseum Helmarshausen gezeigt, während das Original in Wolfenbüttel aufbewahrt wird. Mit der Ausstellung „Buchmalerei im Mittelalter" wird hier an die bedeutende Epoche des ehemaligen Benediktinerklosters erinnert.

Adresse: Poststr. 40, 34385 Bad Karlshafen-Helmarshausen
🌐 www.heimatverein-helmarshausen.de

Natur und Freizeit

▸ Wandern und Aussichtspunkte

Solling und Reinhardswald sind Gebiete in der direkten Umgebung von Bad Karlshafen, in die Wanderer förmlich eintauchen können. Ein beliebter Aussichtspunkt ist der 1913 westlich der Kernstadt erbaute Hugenottenturm auf einem Felssporn der Hessischen Klippen. Nordwestlich von Bad Karlshafen erheben sich die bis zu 80 Meter hohen Hannoverschen Klippen mit der Aussichtsplattform Weser-Skywalk.

▸ Rad fahren

Für lange Radtouren fast ohne Steigungen bieten sich die Täler der Weser und Diemel an. Der Diemelradweg und der Weserradweg sind Zubringer zu den Fernradwegen R 1 und R 4. Mountainbiker können sich auf ausgeschilderten Strecken im Solling austoben.

▸ Auf dem Wasser

Vielfältige Ausflugsziele per Schiff werden von Bad Karlshafen aus angeboten. Bei den Fahrten mit dem Weserschiff „Hessen" unter anderem bis nach Höxter kann man das Dreiländereck (Hessen, Niedersachsen, Nordrhein-Westfalen) aus einer völlig neuen Perspektive entdecken.
Abfahrt: An der Schlagd, 34385 Bad Karlshafen ☏ 05672/9226140

▸ ☺ Freizeitanlage

Am Zusammenfluss von Weser und Diemel bietet diese Anlage viel Spaß für Erwachsene und Kinder. Beliebt ist vor allem die gepflegte Minigolfanlage. Hier kann man Bahnengolf, Pit-Pat und Jetgolf spielen.
Adresse: An der Schlagd 4, 34385 Bad Karlshafen ☏ 05672/922883
🌐 www.minigolf-bad-karlshafen.de

▸ Reiten

Reitverein Hohes Holz: ☏ 0175/4231550
🌐 www.rv-hohesholz.de
Birkenhof Thiel: OT Helmarshausen, ☏05672/492

▸ Wesertherme

Die Wesertherme lädt zur Erholung im warmen Solewasser ein. Dazu stehen verschiedene Becken im Innen- und Außenbereich zur Verfügung. Die Therme ist barrierefrei. Außerdem kann man verschiedene Saunen besuchen oder es sich bei einer Massage oder Kosmetikbehandlung gut gehen lassen.
Adresse: Kurpromenade 1, 34385 Bad Karlshafen ☏ 05672/92110
🌐 www.wesertherme.de

Das Solewasser der Wesertherme hilft gegen diverse Krankheiten.

Bad Sooden-Allendorf

(Werra-Meißner-Kreis)

Tourismus-Attraktionen vielfältigster Art bietet Bad Sooden-Allendorf. Die 8400-Einwohner-Stadt liegt beiderseits der Werra und grenzt direkt an Thüringen. Der Ort war mindestens seit dem Ende des 8. Jahrhunderts besiedelt. Über 1000 Jahre wurde hier bis zum Ende des 19. Jahrhunderts Solesalz gewonnen. Heute gehört Bad Sooden-Allendorf zu den führenden Sole-Heilbädern Deutschlands.

Tourist-Information
Landgraf-Philipp-Platz 1–2
37242 Bad Sooden-Allendorf
05652/9587-0
www.bad-sooden-allendorf.de

Sehenswertes

▸ Gradierwerk

Das 1638 errichtete Gradierwerk (140 Meter lang und 12 Meter hoch) ist mit seiner imposanten Holzkonstruktion eines der letzten Bauwerke dieser Art in Deutschland. Es versorgt auch heute noch das Kurmittelhaus mit zwölfprozentiger Sole. Bei Touristen ist es als ein für die Atemwege wohltuendes Freiluftinhalatorium beliebt.

Das Gradierwerk – eine Wohltat für die Atemwege.

▸ Brunnen vor dem Tore

Das bekannte Volkslied „Am Brunnen vor dem Tore" geht der Legende nach auf den gleichnamigen Brunnen vor dem Südtor der Allendorfer Altstadt zurück. 1218 war an dieser Stelle eine Linde gepflanzt worden. Dieses Ensemble hat möglicherweise den aus Dessau stammenden Dichter Wilhelm Müller zu seinem Gedicht „Der Lindenbaum" inspiriert. In der Vertonung von Franz Schubert wurde es zu dem bekannten Volkslied. Während 1912 eine neue Linde gesetzt wurde, befindet sich der mittelalterliche Brunnen noch im Originalzustand.

▸ Allendorfer Altstadt

Fachwerk in seiner schönsten und reichsten Form findet sich in der Allendorfer Altstadt. Ein Spaziergang durch die engen Gassen versetzt einen gefühlsmäßig in eine wohlhabende Stadt im Mittelalter. Ein besonderer Blickfang ist das Patrizierhaus „Löwe", eigentlich das „Bürgersche Haus". Am Nordeingang zur Altstadt steht die Heilig-Geist-Kapelle, die zum gleichnamigen Hospital aus dem 14. Jahrhundert gehörte. Die Stadtmauer mit dem Diebesturm stammt aus der Mitte des 13. Jahrhunderts.

▸ Rathaus

Nach den Schrecken des Dreißigjährigen Krieges – 1637 wurde die Stadt komplett niedergebrannt – entstand auf den Grundmauern eines gotischen Vorgängerbaus das historische Rathaus. Jeden Tag um 11.00 und um 17.00 Uhr erklingt ein Glockenspiel mit – je nach Jahreszeit – Volks- oder Adventsliedern.

▸ Fischerstad

Außerhalb der früheren Stadtbefestigung liegt das malerische Stadtviertel Fischerstad.

Es war der Wohnbereich der Werra-Fischer. Die am Ufer vertäuten Boote gaben dem Bereich den Namen „Klein-Venedig“.

Museen

▸ Salzmuseum

Der Wohlstand Bad Sooden-Allendorfs beruht vor allem auf dem Solevorkommen. Die Geschichte des „weißen Goldes“ wird im Salzmuseum dargestellt, das sich im Söder Tor befindet, dem Wahrzeichen der Stadt. Der Besucher erfährt alles Wissenswerte über die Solequellen, die Salzgewinnung und die uralten Salzstraßen. Zum Museum gehören unter anderem auch das Gradierwerk und die Pfennigstube, in dem sich früher die Kasse des Salzwerks befand.
Adresse: Im Söder Tor, 37242 Bad Sooden-Allendorf ✆ 05652/2556
🌐 www.salzmuseum.heimatkunde-bsa.de

▸ Grenzmuseum Schifflersgrund

Nordöstlich von Allendorf wurde am 3. Oktober 1991, dem ersten Jahrestag der Wiedervereinigung, das erste deutsche Grenzmuseum eröffnet. Es liegt auf dem Grenzstreifen der ehemaligen innerdeutschen Grenze und informiert in sieben Abteilungen über die innerdeutsche Teilung sowie über die Zustände am „Todesstreifen“.
Adresse: Platz der Wiedervereinigung 1, 37318 Asbach-Sickenberg ✆ 038087/98409
🌐 www.grenzmuseum.de

Natur und Freizeit

▸ WerratalTherme

Besucher der WerratalTherme genießen die Naturkraft der Sole in Innen-, Außen- und Wellenbecken. Dazu gehören ein großer Wellnessbereich mit Saunalandschaft und integriertem Gradierwerk sowie der „Totes-Meer-Salzgrotte“ mit separatem Eingang.
Adresse: Am Gradierwerk 2a, 37242 Bad Sooden-Allendorf ✆ 05652/958780
🌐 www.werrataltherme.de

▸ Rosskopf

Der im Westen der Stadt gelegene 482 Meter hohe Rosskopf ist der höchste und zentrale Berg des Soodener Berglandes. Sein knapp zwölf Meter hoher Aussichtsturm bietet grandiose Ausblicke auf die thüringische Teufelskanzel, die Werraschleife und zum Hohen Meißner.

▸ Wandern

Bad Sooden-Allendorf hat eine ideale Lage für Wanderfreunde, denn von hier führen in alle Himmelsrichtungen ausgewiesene Routen zu attraktiven Zielen. Neben Rundwanderstrecken durchziehen allein das Werratal zehn Premium-Wanderwege. Dazu zählt der 133 Kilometer lange Fernwanderweg Werra-Burgen-Steig.

▸ Rad fahren

Eine der bekanntesten Routen für Radwanderer ist der Werratal-Radweg. Er führt von den beiden Werraquellen am Rennsteig des Thüringer Waldes bis zur Weser-Mündung. Die 306 Kilometer lange Strecke ist gut ausgeschildert und kann problemlos auch von Familien befahren werden.

▸ Kanufahren

Mit 20 Anlegestellen und Rastplätzen sowie grandiosen Ausblicken auf die Stadt ist die Werra ideal für Kanutouren.
Kanuverleih: Markus Wilhelm-Heckmann, Kellerstr. 2, 37242 Bad Sooden-Allendorf, ✆ 05652/2942

▸ Kutsch- und Planwagenfahrten

Heidis Pferdehof, Hauptstr. 23, 37359 Wachstedt ✆ 036075/526123

Bad Wildungen

(Landkreis Waldeck-Frankenberg)

Das Heilbäderzentrum Bad Wildungen (17 800 Einwohner), zwischen der Eder und dem Kellerwald gelegen, verfügt über 14 verschiedene eisen-, magnesium- und kohlensäurehaltige Quellen. Der in mehrere unterschiedliche Flächen gegliederte Kurpark gilt mit seinen 50 Hektar als der größte in Europa. Die Kliniken bieten moderne Therapien bei vielen Krankheitsbildern an. Dazu kommen Altenwohn- und Altenpflegeheime sowie Wellness- und Fitness-Einrichtungen. Heute gehören zu Bad Wildungen 13 weitere Ortsteile.

Kur- und Tourist-Information
Brunnenallee 1
34537 Bad Wildungen
05621/96567-41
www.bad-wildungen.de

Sehenswertes

Berühmter Flügelaltar

Das Zentrum der malerischen Fachwerk-Altstadt bildet auf dem höchsten Punkt die aus dem 13. und 14. Jahrhundert stammende Stadtkirche. In der gotischen Hallenkirche befindet sich mit dem „Wildunger Altar" einer der bedeutendsten Flügelaltäre der Spätgotik, geschaffen von Conrad von Soest (1403 vollendet). Der Marktbrunnen vor dem Rathaus und die zahlreichen Brunnenanlagen werden jeweils zu Ostern prächtig geschmückt. Am Rande der Altstadt lädt der trutzige Wehrturm „Roter Hahn" zu einem Blick über Bad Wildungen ein.

Kurschattenbrunnen

Auf der Promenade zwischen Altstadt und Kurviertel steht der Kurschattenbrunnen. Den Mittelpunkt der Anlage bildet der „Menschenknoten", eine Gruppe von stehenden nackten Personen. Unter ihnen sind die Wasserspeier angebracht.

Fürstenhof

In der Stadt finden sich auch mehrere prachtvoll im Jugendstil erbaute Häuser. Das größte und eindrucksvollste Gebäude ist der 1902 ursprünglich als Luxushotel für den europäischen Hochadel errichtete Fürstenhof. Heute wird er als Fachklinik für Kardiologie und innere Krankheiten genutzt. Die Sehenswürdigkeiten ihrer Stadt zeigen die Bad Wildunger ihren Gästen und Tagesbesuchern bei Stadt- und Museumsführungen, Stadtrundfahrten und humorvollen Erlebnisführungen.

Schneewittchendorf

Im Ortsteil Bergfreiheit, einem früheren Bergmannsdorf im Kellerwald, erinnern eine Figurengruppe und Theateraufführungen auf einer Naturbühne an das Märchen vom Schneewittchen. Die Brüder Grimm sollen hier und im nahen Bergwerk Anregung und Vorlagen für ihre Erzählung gefunden haben. Im liebevoll eingerichteten Schneewittchenhaus werden Führungen, Märchenerzählungen, Kindergeburtstagsfeiern sowie Spiel- und Bastelnachmittage veranstaltet.
www.bergfreiheit.de

Museen

Stadtmuseum

Das Leben der Menschen in der Vorgeschichte des Wildunger Raums veranschaulicht das Stadtmuseum mit Funden aus der Eis- und der Steinzeit. Höhepunkt ist ein vollständig erhaltenes Hockergrab. Zweiter Schwerpunkt ist die Darstellung der Geschichte der

einstigen Ackerbürgerstadt bis zu dem Zeitpunkt, als in Wildungen der Kurbetrieb das Geschehen zu bestimmen begann.
Adresse: Lindenstr. 9, 34537 Bad Wildungen
05621/73666

Museum Schloss Friedrichstein
Im Stadtteil Altwildungen erhebt sich auf dem Schlossberg Schloss Friedrichstein. Erst eine gotische Burg (um 1200) und dann ein Barockschloss nach dem Umbau im 17. Jahrhundert, beherbergt der Gebäudekomplex heute neben einem Restaurant eine umfangreiche Ausstellung über die hessische Militärgeschichte. Glanzstück ist die sogenannte Türkenbeute des hessischen Landgrafen Karl. Auch alte Waffen und Jagdgeräte werden gezeigt.
Adresse: Schlossstr., 34537 Bad Wildungen,
05621/6577

Quellenmuseum
Das Quellenmuseum befindet sich in der Wandelhalle und dokumentiert die Geschichte der Heilquellen und die Entwicklung des kleinen Städtchens zur vielbesuchten Kurstadt. Außerdem widmet man sich der „Bad Wildunger Operation", einem einst erfolgreichen Verfahren zur Zertrümmerung von Blasensteinen.
Adresse: An der Georg-Viktor-Quelle 3, 34537 Bad Wildungen 05621/967960

Besucherbergwerk
Seit 1552 wurde beim heutigen Ortsteil Bergfreiheit im Tal der Urff Eisen und Mangan abgebaut. Heute kann die ehemalige Kupfererzgrube Bertsch als Besucherbergwerk besichtigt werden. In einem 1676 errichteten Fachwerkgebäude ist das Museum Historisches Bergamt untergebracht. Gezeigt werden Erze und Mineralien des Kellerwalds sowie das Modell eines Hammerwerks und eine rekonstruierte Schmiede. Im „Lebendigen Museum" in Odershausen dreht sich alles um das dörfliche Leben und die Landwirtschaft in alter Zeit.
www.bergfreiheit.de

Natur und Freizeit

Kurpark
Der Bad Wildunger Kurpark wurde nach Mitte des 19. Jahrhunderts in seiner heutigen Form im Stil eines englischen Gartens angelegt. Er beherbergt eine Vielzahl seltener und exotischer Pflanzen. Ende der 1990er-Jahre wurden die Kurparks von Bad Wildungen und dem Kur- und Stadtteil Reinhardshausen durch eine naturnahe „grüne Brücke" miteinander verbunden. Sie stellt eine direkte Verbindung zwischen den beiden Wandelhallen an der Georg-Viktor-Quelle und der Reinhardsquelle her. In einem etwas verträumt anmutenden Bereich des Kurparks am Fuße des Schlossberges befindet sich die Königsquelle, die bereits vor über 2400 Jahren genutzt wurde.

Der Kurpark ist nicht nur im Frühling einen Besuch wert.

Wandern und Rad fahren
Das hügelige und waldreiche Umland Bad Wildungens bietet Wanderern beste Möglichkeiten für ausgedehnte Touren. Dasselbe gilt auch für Radfahrer. So lädt der überre-

gionale Hessen-Radweg R 6 zur Rast an der Königsquelle ein. Insgesamt gibt es 14 Rad- und Fernradstrecken sowie neun Mountainbike-Strecken. In der Wandelhalle Reinhardshausen können E-Bikes geliehen werden.

▸ Weitere Angebote
Sportlich aktiv sein kann man auch beim Reiten, auf einer Golf-Anlage, beim Gleitschirmfliegen und bei Rundflügen mit dem Segelflugzeug.
Auskünfte unter ☏ 05621/96567-41

▸ Heloponte und QuellenTherme
Zum Besuch laden zwei Bäder ein, die Freizeitanlage Heloponte und die Wohlfühl-Oase Quellen-Therme mit Außenschwimmbecken und Wellnessbereich.
Adresse: Heloponte, Stresemannstr. 2, 34537 Bad Wildungen ☏ 05621/1600
🌐 www.heloponte.de
Adresse: QuellenTherme, Hauptstr. 2, 34537 Bad Wildungen-Reinhardshausen
☏ 05621/786 4500
🌐 www. quellentherme.de

▸ Hochseilgarten
Am Rande des Kurparks liegt ein aus drei Elementen bestehender Hochseilgarten mit unterschiedlichen Schwierigkeitsgraden.
Adresse: DRK Soziale Einrichtungen, 34537 Bad Wildungen, ☏ 05621/78920
🌐 www.drk-hochseilgarten.de

▸ Blumenkorso und Osterschmuck
Alle zwei Jahre am ersten September-Wochenende (wieder 2024) wird die Promenade der Brunnenalle zur einer quirligen Festivalmeile. Höhepunkt des Stadtfestes ist der inzwischen berühmt gewordene Blumenkorso mit phantasievollen Motivwagen. Bereits im Frühjahr lockt der legendäre Osterschmuck Zehntausende Besucher nach Bad Wildungen. Dann säumen geschmückte Brunnen und fantasievolle Ostermotive die Brunnenallee, die Altstadt und die Hauptstraße in Reinhardshausen.
🌐 www.stadtfest-bad-wildungen.de

▸ Lichterfest
Einen ganz besonderen Zauber entfaltet Mitte August in Europas größtem Kurpark das Lichterfest mit riesigen farbigen Motiven aus mehr als 15 000 Kerzen.

Bad Zwesten

(Schwalm-Eder-Kreis)

Zwesten, in den östlichen Ausläufern des Kellerwalds gelegen, wurde bereits 817 erstmals als „Tuwesten“ urkundlich erwähnt. Die Quelle des seit Jahrhunderten bekannten Sauerbrunnens nutzte man ab 1922 als Sprudel-Abfüllbetrieb. 1960 kam das Prädikat „Heilquelle“ hinzu, und 1975 wurde die Gemeinde staatlich anerkannter Luftkurort. In Bad Zwesten und seinen vier weiteren Ortsteilen leben rund 4000 Menschen.

Tourist-Information
Ringstr. 1
34596 Bad Zwesten
☏ 05626/773
🌐 www.badzwesten.de

Sehenswertes

▸ Schloss Zwesten
Das aus Herrenhaus und sogenanntem Kavaliershaus bestehende Schloss Zwesten entstand im 18. Jahrhundert aus einem landwirtschaftlichen Gutsbetrieb. Das klassizisti-

sche Herrenhaus wurde seit dem Bau eines Portikus Schloss genannt und wird heute unter anderem als Wellness-Hotel genutzt.

▸ Wehrkirchen
Die evangelische Pfarrkirche St. Jakobus in der Kerngemeinde wurde im Mittelalter als Wehrkirche errichtet. Sie weist im Turm Schießscharten auf und verfügt in Teilen noch über eine Wehrmauer, auch mit Schießscharten. Im Ortsteil Niederurff steht ebenfalls eine um 1085 erstmals erwähnte Wehrkirche, die früher mit der benachbarten Burg eine Einheit bildete.

Museen

▸ Heimatmuseum
Das Heimatmuseum versetzt den Besucher in die Zeit der letzten beiden Jahrhunderte. In einem Fachwerkhaus aus dem Jahr 1760 werden unter anderem die Wohnräume einer bürgerlichen Familie und die Einrichtung eines alten Klassenzimmers gezeigt.
Adresse: Ringstr. 2, 34596 Bad Zwesten
☏ 05626/921678
🌐 www.museumbadzwesten.de

▸ Alte Pfarrei
Mit wechselnden Ausstellungen und Kulturveranstaltungen wartet die Alte Pfarrei in Niederurff auf. Ein Schwerpunkt liegt auf der Präsentation und Förderung einheimischer Künstler. Darüber hinaus werden in den Räumen des denkmalgeschützten Gebäudes Konzerte und Vorträge angeboten.

Natur und Freizeit

▸ Kurparkanlagen
Der Reiz des verhältnismäßig kleinen, aber ausgesprochen familienfreundlichen Kurorts Bad Zwesten beruht vor allem auf seiner idyllischen Lage inmitten einer unberührten Natur. Im Kurpark am Löwensprudel findet der Besucher unter dem alten Baumbestand Ruhe und Zeit zum Träumen. Im Kurpark am Kurhaus lässt sich die Natur mit allen Sinnen wahrnehmen, etwa bei einem Spaziergang durch die Rosen-, Duft- und Kräutergärten.

▸ Hallenbewegungsbad
Das Bad im Kurhaus von Bad Zwesten ist hervorragend für sportliche Aktivitäten geeignet. Es dient aber auch der Entspannung, etwa nach einer langen Wanderung. Den Besuchern stehen außerdem Sonnenstudios, ein Sauna-Bereich und ein Dampfbad zur Verfügung.
Adresse: Hardtstr. 7, 34596 Bad Zwesten
☏ 05626/1077
Das Bewegungsbad wird zzt. saniert. Informationen zum Stand der Arbeiten unter
☏ 05626/773 oder
✉ tourismus@badzwesten.de

Der Brunnentempel – hier sprudelt der Löwenbrunnen.

Wandern und Rad fahren
Die Region Bad Zwesten ist ein Wandertouren-Paradies. Es gibt 15 ausgeschilderte Strecken, darunter mehrere Natur-Lehrpfade. Radfahrer haben sechs ausgewählte Touren zur Auswahl, darunter Teilstrecken auf mehreren Fernwanderwegen.

Veranstaltungen und Feste

Musik und Literatur in nahezu allen Varianten werden im ganzjährigen Veranstaltungskalender Bad Zwestens geboten. Ein Höhepunkt ist das Lichterfest im Sommer, wobei der Kurpark in eine romantische Beleuchtung getaucht wird. Dazu kommen pro Jahr rund 20 Konzerte sowie Theater- und Kabarett-Abende.

Battenberg

(Landkreis Waldeck-Frankenberg)

Zwischen dem Sauerland und dem Burgwald liegt die Kleinstadt Battenberg. Überregional bekannt wurde sie durch die Geschichte der Adelsfamilie von Battenberg: Deren englischer Zweig nahm während des Ersten Weltkrieges aus politischen Gründen den Namen Mountbatten an, also die deutsche Übersetzung. Battenberg wurde 1232 erstmals schriftlich erwähnt, aber schon um 500 v. Chr. war das Gebiet besiedelt. Zur Kernstadt zählen vier weitere Ortsteile mit insgesamt 5400 Einwohnern.

Stadtverwaltung
Hauptstr. 58
35088 Battenberg (Eder)
06452/93440
www.battenberg-eder.de
06451/717672
www.ederbergland-touristik.de

Sehenswertes

Kellerburg
Mitten in der Stadt steht als Aussichtsturm der restaurierte Bergfried der früheren Kellerburg. Reste der Umfassungsmauer und des Wallgrabens aus dem 13. Jahrhundert sind noch heute zu erkennen. Vom Bergfried aus bietet sich ein guter Ausblick über das Ederbergland.

Neuburg mit Barockgarten
Bis 1786 Jagdschloss des Landgrafen Ludwig VIII., ist die „Neuburg" heute Sitz der Stadtverwaltung. Die weitläufigen Gartenanlagen, darunter der barocke Rosengarten, sind nach historischen Vorgaben wiederhergestellt worden und werden für Ausstellungen und Konzerte genutzt.

Besucherbergwerk
In Battenberg wurde im 19. Jahrhundert Braunstein geschürft. Im Besucherbergwerk am Burgberg kann man bei Führungen (von Mai bis September) erfahren, wie damals der Braunstein gefördert wurde. Ein Highlight für Kinder sind „Arbeitseinsätze", die gebucht werden können.
Adresse: Biedenkopfer Str. 10 a,
35088 Battenberg
www.burgbergstollen.de

Museen

Stadtmuseum
Im historischen Rathaus, einem Fachwerkgebäude aus dem 17. Jahrhundert, ist das Stadtmuseum untergebracht. Es informiert über die Geschichte Battenbergs. Ein eigener Ausstellungsbereich ist dem Bergbau gewidmet. Ferner gibt es eine jagdgeschichtliche Ausstellung und eine Ahnengalerie von Landgrafen der hessen-darmstädtischen Linie. Eine besondere Attraktion ist die Abteilung über die Motorradrennen auf dem

Battenbergring zwischen 1950 und 1956. Sie wurden von jeweils bis zu 40 000 Besuchern verfolgt.
Adresse: Hauptstr. 46, 35088 Battenberg
06452/8133
www.stadtmuseum-battenberg.de

Das Stadtmuseum ist im wunderschönen historischen Rathaus untergebracht.

▸ Heimatmuseum Laisa

Liebevoll und detailgetreu ausgestattet ist das Heimatmuseum im Ortsteil Laisa. Der Schwerpunkt der Ausstellung liegt bei der dörflichen Alltagskultur vom letzten Viertel des 19. Jahrhunderts bis zum Beginn des 20. Jahrhunderts. In der alten Backstube wird noch heute in regelmäßigen Abständen Brot gebacken. **Adresse**: Kirchstr. 16, 35088 Battenberg-Laisa 0645/931830

Natur und Freizeit

▸ Wandern und Rad fahren

Wie überall im Ederbergland ist auch die Region um Battenberg ein beliebtes Ziel von Wanderern und Radfahrern. Insgesamt stehen 19 abwechslungsreiche Rundwanderwege zur Verfügung.

▸ Bärenbad Battenberg

Im Hallen- und Freibad von Battenberg sind außerdem ein Solarium, ein Dampfbad und eine Grillstation untergebracht. **Adresse**: Senonchestr. 2, 35088 Battenberg (Eder)
06452/3366

Baunatal

(Landkreis Kassel)

Über die Grenzen Deutschlands hinaus bekannt geworden ist die Mittelstadt Baunatal durch das „VW-Werk Kassel“, der zweitgrößten Produktionsstätte der Volkswagen-AG in Deutschland. Baunatal liegt unmittelbar südlich der nordhessischen Metropole Kassel. In den sieben Stadtteilen leben rund 27 600 Einwohner. Baunatal entstand durch den Zusammenschluss ehemals selbstständiger Gemeinden als Folge der Ansiedlung des VW-Werks.

Stadtmarketing Baunatal GmbH
Friedrich-Ebert-Allee 8a
34225 Baunatal
0561/95379580
www.stadtmarketing-baunatal.de

Sehenswertes

▸ Hütt Brauerei

In der Knallhütte, in der seit Jahrhunderten Bier gebraut wird, wurde 1755 die Märchenerzählerin der Brüder Grimm, Dorothea Viehmann, geboren. Was sie von durchreisenden Fuhrleuten und Handelsreisenden an Geschichten und Schrullen hörte, erzählte sie den Grimm-Brüdern weiter. Heute findet hier jeder im Brauereimarkt sein Lieblingsbier: vom klassischen Pils über das spritzige Radler bis hin zur alkoholfreien Weizenbrause.
Adresse: Knallhütte, 34225 Baunatal
☏ 0561/492076
🌐 www.huett.de

Die Märchenerzählerin Dorothea Viehmann.

▸ Hünstein

Eines der ältesten Kulturdenkmale in Nordhessen ist der Hünstein im Ortsteil Großenritte. Der vier Tonnen schwere Menhir aus Quarzit war das Zentrum einer rituellen Versammlungsstätte aus dem 4. bis 3. Jahrtausend v. Chr. In Altenbauna steht neben der Friedenskirche noch ein mittelalterlicher Gerichtstisch und eine zwischen 1885 und 1890 gepflanzte Linde.

Museen

▸ Heimatmuseum Hessenstube

Die Hessenstube widmet sich der bäuerlich-handwerklich geprägten Lebens- und Arbeitswelt der Menschen bis in die 1930er-Jahre. Im ersten Stock erhält man einen Einblick in die damaligen Wohnverhältnisse. Im Untergeschoss befindet sich eine mit alten Maschinen und Werkzeugen ausgestattete Schmiede.
Adresse: Ritterstr. 1, 34225 Baunatal
Die aktuellen Öffnungszeiten erfragen Sie bitte unter ☏ 0561/4992274.

Natur und Freizeit

▸ Sportstadt

Aufgrund der guten Infrastruktur und des regen Vereinslebens hat sich Baunatal selbst zur Sportstadt ernannt. Mit der Rundsporthalle und dem Parkstadion stehen zwei Wettkampfstätten zur Verfügung. Ein Schmuckstück ist der mitten im Herzen Baunatals gelegene Aqua-Park. Er ist eine großflächige Bäderlandschaft inkl. Saunabereich, die allen Altersgruppen etwas zu bieten hat.
Adresse: Aqua-Park, Altenritter Str. 41, 34225 Baunatal ☏ 0561/4992-430
🌐 www.aquapark-baunatal.de

▸ Rad fahren und Wandern

Bei Rad- und Wanderfreunden besonders beliebt sind der Märchenlandweg sowie die Route auf der Deutschen Märchenstraße. Der Baunataler Rundweg verbindet alle Stadt- und Ortsteile und verläuft rund um das VW-Werk. Während Wanderer unter anderem im Naturpark Habichtswald viele Ausflugsziele ansteuern können, stehen Radfahrern insgesamt 47 Strecken zur Verfügung.

▸ Eco-Pfade
Abseits der Neustadt kann man die historischen Wurzeln Baunatals am besten auf unterschiedlichen Eco-Pfaden erkunden. Diese Rundwege durch die alten Ortskerne lassen die örtliche Kulturgeschichte anhand von historischen Gebäuden und Denkmälern lebendig werden.

Veranstaltungen

Der Veranstaltungskalender in Baunatal wird vor allem von sportlichen Aktivitäten bestimmt. Der KSV Baunatal mit über 6000 Mitgliedern in rund 40 Sparten ist Nordhessens größter Sportverein.

Bebra

(Landkreis Hersfeld-Rotenburg)

Die Kleinstadt Bebra, etwa 45 Kilometer südlich von Kassel an der Fulda gelegen, zählte bereits zum Ende des 19. Jahrhunderts zu den wichtigsten Eisenbahnknotenpunkten Deutschlands. In der Zeit der deutschen Teilung wurde in Bebra eine Grenzübergangsstelle eingerichtet, um den Interzonen- und später innerdeutschen Grenzverkehr abzufertigen. In einer ersten urkundlichen Erwähnung zwischen 775 und 786 taucht der Name „Biberaho" (Dorf am Biberfluss) auf. Die Kernstadt hat mit ihren elf angeschlossenen Gemeinden knapp 14 500 Einwohner.

Magistrat der Stadt Bebra
Rathausmarkt 1
36179 Bebra
06622/501-0, -200
www.bebra.de

Sehenswertes

▸ Herrenhaus von Imshausen
Der Bebraer Ortsteil Imshausen ist Sitz einer nach dem Hitler-Gegner Adam von Trott zu Solz benannten Stiftung. In dem 1791 von der Adelsfamilie errichteten Herrenhaus werden Gästegruppen Vortragsreihen und Seminare angeboten. Adam von Trott zu Solz hatte eine führende Rolle im Widerstand gegen das NS-Regime gespielt und war nach dem gescheiterten Attentat auf Hitler am 20. Juli 1944 hingerichtet worden. Auf einer nahen Bergkuppe mit weitem Rundblick ragt als Mahnmal zur Erinnerung an den Widerstandskämpfer ein großes Holzkreuz in den Himmel.

▸ Friedrichshütte und Kurfürstenstollen
Landgraf Friedrich I. von Hessen ließ 1732 die Friedrichshütte bei Bebra-Iba als Kupferschmelzanlage erbauen. Hier wurden beispielsweise im Jahr 1787 rund 1000 Zentner Kupfer gewonnen. 1886 wurde der Betrieb stillgelegt. In der Friedrichshütte hielten sich mehrmals die Brüder Grimm auf. Ebenfalls in Iba ist der 200 Jahre alte Kurfürstenstollen wieder begehbar. Hier kann der Besucher die Geschichte des Bergbaus im Richelsdorfer Gebirge nachvollziehen.

▸ Kirchen
Die Kirche in Gilfershausen prägt durch ihr wuchtiges Erscheinungsbild von allen Seiten das Dorfbild. Das 1239 zum ersten Mal in einer Urkunde erwähnte Gotteshaus besteht im Untergeschoss aus massiven bis zu 1,40 Metern dicken Bruchsteinen, ebenso

der Turm. Auf dem Kirchenschiff ruht ein leichtes Fachwerkgeschoss. Die Anfänge der Kirche in Weiterode gehen auf das 13. Jahrhundert zurück.

Museen

Wasserturm mit Eisenbahnmuseum
Das Wahrzeichen Bebras ist ein kugelförmiger Stahlbehälter auf dem Solzer Berg. In den Zeiten der Dampfeisenbahn versorgte der Turm mit dem aus der Fulda hochgepumpten Wasser die 15 Wasserkräne am Bahnhof, an denen die Lokomotiven dann „tankten“. Heute befindet sich im Wasserturm ein Eisenbahnmuseum mit zahlreichen Exponaten. Während der **Öffnungszeiten** verkehren im Viertelstundentakt Schmalspureisenbahnen auf einer Strecke rund ums Museum.
Adresse: Eisenbahnfreunde Bebra e.V., Oststr. 25, 36179 Bebra ☏ 06623/7964
🌐 www.ef-bebra.de

Der Wasserturm ist das Wahrzeichen von Bebra.

Natur und Freizeit

Wandern und Rad fahren
Naturschutzgebiete, Berge, Wälder und Wiesen bieten ideale Ausflugsziele für Leute, die auf Schusters Rappen unterwegs sind. Auf den 16 ausgeschilderten Wegen kann jeder seine individuelle Lieblingsroute entdecken. Für Radfahrer bis hin zu Mountainbikern stehen nicht weniger als 81 Routen zur Verfügung.

Erlebnisangebot „Quincunx“
Mit dem ungewöhnlichen Namen „Quincunx“ setzt Bebra einen neuen Maßstab für die gesamte Region. „Quincunx“ ist ein Ausdruck für die spezielle Anordnung von fünf Positionen, zum Beispiel auf einem Würfel, wo ein Punkt in der Mitte von vier weiteren in einem imaginären Quadrat umgeben wird. Genau wie auf einem Würfel ist auch die Anordnung der fünf Bebraer Ortsteile Braunhausen, Gilfershausen, Iba, Imshausen und Solz, die den Rahmen dieses besonderen Erlebnisangebots bilden.
Die fünf Orte werden verbunden durch die vier Wanderwege des „Quincunx“. Jeder einzelne davon widmet sich einem besonderen Thema, nach dem er benannt ist: Rotmilan, Adel, Orchideen und Bergbau.

Breitenbacher Seen
Die Breitenbacher Seen mit einer Wasserfläche von 17 ha liegen durchweg im Landschaftsschutzgebiet Aueverbund Fulda. Es ist die größte Seenfläche in Waldhessen. Auf dem Wasser und rund um die Seen gibt es vielfältige Möglichkeiten zur Freizeitgestaltung. So kommen Radfahrer, Läufer und Inline-Skater ebenso auf ihre Kosten wie Segler, Surfer und Angler. Wohnmobilisten sind auch willkommen.

☺ Biberino-Spielpark
Dieser Indoor-Spielpark ist eine Attraktion für Kinder aller Altersgruppen. Es gibt unter

anderem einen Riesen-Spielturm, eine 6er-Trampolinanlage und eine Fußballwand.
Adresse: Breitenbacher Weg 5, 36179 Bebra
06622/44173 www.biberino.de

Berkatal

(Werra-Meißner-Kreis)

Berkatal liegt mit seinen drei Ortsteilen und etwa 1600 Einwohnern im Quellgebiet der Berka inmitten des hügeligen Meißner-Vorlandes. Alle Ortsteile haben ihre gewachsene Struktur im Wesentlichen erhalten. Im Gemeindegebiet befinden sich 120 Kulturdenkmale. Im Mittelalter hatten die Bewohner hauptsächlich als Fuhrleute im Salz- und Weinhandel ihr Brot verdient. Im 19. Jahrhundert wurde der Bergbau Haupterwerbsquelle.

Gemeinde Berkatal
Berkastr. 54
37297 Berkatal
05657/98910
www.berkatal.de

Sehenswertes

Kirchen
Frankershausen, heute Sitz der Gemeindeverwaltung, wurde bereits 876 erstmals urkundlich erwähnt. Die evangelische Dorfkirche, früher Wehrkirche, weist alte Freskenmalereien auf. Ebenso die Kirche in Frankenhain. In der Kirche von Hitzerode steht ein Taufstein aus dem Jahre 1603.

Blick über Frankershausen.

Museen

Heimatmuseum
Alte Gebrauchsgegenstände des täglichen Lebens in der Region sind, liebevoll zusammengestellt, im Heimatmuseum Berkatal-Frankershausen zu besichtigen.
05657/790826
Öffnungszeiten: nach telefonischer Vereinbarung

Natur und Freizeit

Wandern
Im Gemeindegebiet können über 500 Höhenmeter erwandert werden. Die höchste Erhebung Nordosthessens auf dem Hohen Meißner, die Kasseler Kuppe, liegt mit rund 754 Metern in der Gemarkung Frankershausen. Drei Premiumwege des Geo-Naturparks Frau-Holle-Land durchziehen mit weiteren Verknüpfungen das Gemeindegebiet und erschließen die Sehenswürdigkeiten.

Kripp- und Hielöcher
Das gesamte Meißner-Vorland und der Berg selbst sind durch zahlreiche ausgeschilderte Wege für Wanderer erschlossen. Bei Frankershausen liegen die Kripp- und Hielöcher und ein malerischer Naturteich. Das unter Naturschutz gestellte Karstgebiet ist durch viele Einstürze geprägt. 1958 versank ein ganzes Kuhgespann in einem tiefen Erdfall.

Hünengräber und Römerlager

Nördlich von Hitzerode liegen fünf bis sieben Hünengräber aus der Zeit um 2000 v. Chr. Am Nordhang des Ihringberges sind die Reste einer Wallanlage zu erkennen. Hier befand sich früher ein Römerlager. Nordöstlich von Frankenhain liegen der Große Marstein und der Kleine Marstein, beides ausgewiesene Naturdenkmale.

Bilstein

Auf dem 284 Meter hohen Bilstein nördlich des Höllentals befinden sich noch Mauerreste und Schanzen der gleichnamigen Burg von 1120. Einen weiten Blick in die Täler bietet eine Aussichtsplattform.

Borken

(Schwalm-Eder-Kreis)

Die Kleinstadt Borken, zwischen Kassel und Marburg gelegen, war im 20. Jahrhundert ein Zentrum des Braunkohlebergbaus in Hessen. Der Kohleabbau, der auch unter Tage erfolgte, wurde nach dem schweren Grubenunglück von Stolzenbach am 1. Juni 1988 eingestellt. Borken und seine 14 ländlichen Stadtteile haben rund 13 000 Einwohner. Eine besondere Attraktion sind das Hessische Braunkohle Bergbaumuseum und das aus der Rekultivierung der Tagebaulöcher entstandene Borkener Seenland.

Tourist-Information
Am Rathaus 7
34582 Borken
05682/808-271
www.borken-hessen.de

Sehenswertes

Altes Kraftwerk

1922/23 erbaut, wurde das Braunkohlekraftwerk Borken in mehreren Ausbaustufen kontinuierlich vergrößert. Bis zur Stilllegung 1991 verbrauchte es 63 Millionen Tonnen Braunkohle, die hier im Revier gefördert wurden. Zeitweise arbeiteten über 2000 Menschen im Kraftwerk und in der Kohleförderung. Einen Teil der verbliebenen Kraftwerksgebäude nutzt man heute für Messen und Märkte sowie als Disko.

Wasserturm

Das Wahrzeichen Borkens ist der in unmittelbarer Nähe zum Sportstadion gelegene 45,50 Meter hohe Wasserturm. In seinem oberen Bereich bietet eine Aussichtsplattform einen guten Blick auf Borken und die Nachbargemeinden.

Historisches Rathaus und Altes Amtsgericht

Im Jahr 1611 errichtet, diente das Fachwerkhaus ab 1777 bis 1920 als Rathaus. Nach einer zwischenzeitlichen anderen Nutzung kaufte die Stadt 1993 das Gebäude zurück. Heute beherbergt es unter anderem ein Trauzimmer. Noch älter ist das von 1473 stammende Kulturzentrum „Altes Amtsgericht“ mit Stadtbücherei und Besucherstollen.

Evangelische Stadtkirche

Schon zu Beginn des 12. Jahrhunderts stand an der heutigen Stelle der evangelischen Kirche ein Kirchengebäude, das aber im Mittelalter und im Dreißigjährigen Krieg mehrfach zerstört wurde. 1845 wurde ein Neubau eingeweiht, wobei man die frühere Orgel aus dem 17. Jahrhundert übernahm. Der Taufstein aus dem Jahr 1100 wurde 1973 restauriert und wieder in der Kirche aufgestellt. Zuvor war er unter anderem als Futtertrog zweckentfremdet worden.

Kaiserkreuz Kleinenglis
Am 5. Juni 1400 fiel im Stadtteil Kleinenglis Herzog Friedrich von Braunschweig und Lüneburg einem Attentat zum Opfer. Er war auf der Rückreise vom Fürstentag in Frankfurt/M. Im 15. Jahrhundert wurde an der Stelle der Mordtat ein 2,10 m hohes Gedenkkreuz, das sogenannte Kaiserkreuz errichtet. Die St. Michael-Kirche in Kleinenglis ist eine mittelalterliche Wehrkirche und Kulturdenkmal.

Museen

Hessisches Braunkohle Bergbaumuseum
Die Welt des Bergbaus entdecken – ein Ausflug Untertage im Besucherstollen führt in die Arbeitswelt der Bergleute. Im Kindererlebnisstollen lernen die Kinder die Arbeitsbedingungen mit allen Sinnen kennen. Übertage wird im Themenpark Kohle & Energie die Gewinnung der Braunkohle im Tagebau und der Prozess ihrer Verstromung vermittelt. Sonntags fährt eine Besucherbahn. Für Kinder gibt es Spiel- und Experimentierbereiche. Im Naturschutzinformationszentrum „Borkener See" wird die Rekultivierung der Tagebaulöcher zum Borkener Seenland veranschaulicht.
Adresse: Am Freilichtmuseum 1, 34582 Borken 05682/808-271
www.braunkohle-bergbaumuseum.de

Natur und Freizeit

Wandern und Rad fahren
Im Raum Borken kommen Wanderer und Radfahrer voll auf ihre Kosten. Die überregionalen Radwege R4, R5 und der Schwalm-Radweg komplettieren das ohnehin schon attraktive Radwegenetz. Auf dem neuen Seenrundweg lässt sich das gesamte Borkener Seenland erkunden.

Schaufelradbagger im Themenpark Kohle.

Naturschutzgebiet Borkener See
Der Borkener See ist Kernstück eines 350 Hektar großen Naturschutzgebietes von überregionaler Bedeutung. Er ist eine Idylle der stillen Erholung, eine Oase für Menschen, Tiere und Pflanzen. Vom acht Kilometer langen Rundweg kann man die Einmaligkeit der Landschaft betrachten.

Baden, Segeln und Surfen
Das Borkener Seenland bietet vielerlei Wasserspaß. Der Singliser See ist für Segler, Surfer und Taucher das ideale Ziel. Ein ehemaliges Küstenwachboot und ein Bistro mit Biergarten runden das Freizeitvergnügen ab. Mit bester Wasserqualität, Sandstrand, Gastronomie und weiteren Attraktionen gilt der Naturbadesee Stockelache als ideales Badeziel. Der Gombether See wird in den nächsten Jahren das Borkener Seenland vervollständigen.

Hallenbad
In dem Bad findet man außer dem großen Schwimmbecken eine Empore mit Liegewiese und bei der Cafeteria einen Kleinkinder-Erlebnisbereich.
Adresse: Westrandstr. 40, 34582 Borken
05682/2512
Das Hallenbad ist zzt. wegen Sanierung geschlossen. Infos unter
stadtverwaltung@borken-hessen.de

▸ Reiten
Reitverein am Steinhof: Am Steinhof 17, 34582 Borken, ✆ 0173/9586580
Susis Reit- und Ferienhof: Lohwiesenweg 9, 34582 Borken-Trockenerfurth, ✆ 05682/732448

Breitenbach am Herzberg

(Landkreis Hersfeld-Rotenburg)

Die in fünf Ortsteile gegliederte Gemeinde Breitenbach am Herzberg liegt am südlichen Knüllgebirge und zählt rund 1800 Einwohner. Die waldreiche Region war vermutlich schon zwischen 400 und 800 besiedelt.

Gemeinde Breitenbach
Machtloser Str. 5
36287 Breitenbach a. H.
✆ 06675/551
www.breitenbach-am-herzberg.de

Sehenswertes

▸ Burg Herzberg
Ein ungewöhnlich beeindruckendes Erlebnis ist ein Besuch auf der Burg Herzberg, deren Bau Ende des 13. Jahrhunderts begann und die später durch den berühmten Baumeister Hans-Jakob von Ettlingen zu einer Festung ausgebaut wurde. Die größte Höhenburg Hessens liegt südlich des 592 m hohen Rimbergs zwischen Bad Hersfeld und Alsfeld in beherrschender Lage auf einem gestreckten Basaltgipfel.

▸ Geschichte
Im Dreißigjährigen Krieg wurde die Burg Herzberg, von hessischen Truppen verteidigt, mehrmals belagert, aber nie eingenommen. Später verfiel sie, Teile wurden auf Abbruch verkauft. Doch in der Neuzeit wurden mit großem Erfolg umfangreiche Sanierungsarbeiten eingeleitet. Seit 1477 befindet sich die Burg ununterbrochen im Besitz der Familie von Dörnberg.

Natur und Freizeit

▸ Wandern
Von den örtlichen Rundtouren hat man Zugang zu mehreren Fernwanderwegen wie die Hessenwege 10 und 11. Ein lohnendes Ausflugsziel in der Nähe ist neben Burg Herzberg der 592 Meter hohe Rimberg in der Nähe der A 5.

▸ Silbersee
Auf diesem idyllisch gelegenen Natursee kann man schwimmen, Boot fahren und angeln. Das Freizeitgelände mit Campingplatz eignet sich gut für Familienurlaube.
Adresse: Schulstr. 101, 36287 Breitenbach am Herzberg ✆ 06675/471

▸ Feste auf der Burg
Das ganze Jahr über finden um und in der Burg Herzberg zahlreiche Veranstaltungen und Feste statt. Mittelalterliche Events sind beispielsweise vor Ostern der Frühlingsmarkt, im Sommer die Ritterspiele und am dritten Advent der Weihnachtsmarkt. ✆ 06675/512
www.burg-herzberg.de

▸ Open-Air-Festival
Jeden Sommer zieht es Tausende von Besuchern aus ganz Europa zum Open-Air-Festival am Fuße des Burgberges. Es ist ein überregional und international bekanntes Musikfestival der Hippie-Szene. Gefeiert wird

bei einem bunten Mix aus Rock, Jazz, Blues und dem Auftritt von Liedermachern. Bunte Zelte, bemalte Wohnwagen und Biertische beherrschen die Szene. Für Kinder wird ein umfangreiches Rahmenprogramm geboten.
Telefon: 0661/25055525
burgherzberg-festival.de

Fachwerk prägt das Ortsbild von Breuna.

Breuna

(Landkreis Kassel)

Die Gemeinde Breuna liegt nordwestlich der documenta-Stadt Kassel und ist über die A 44 und die B 7 gut zu erreichen. In den fünf Ortsteilen leben rund 1600 Menschen. Der kleinste und älteste Ortsteil ist Rhöda, er wurde erstmals zwischen 820 und 840 erwähnt.

Gemeinde Breuna
Volkmarser Str. 3
34479 Breuna
05693/98980
www.breuna.de

Sehenswertes

Kirchen

Mit der St. Margarethenkirche in Breuna und der St. Andreaskirche im Ortsteil Wettesingen besitzt die Gemeinde zwei bemerkenswerte sakrale Gebäude. Die Kirche in Breuna – erstmals erwähnt im 13. Jahrhundert – hat ein Taufbecken von 1200, das als bedeutendstes Denkmal romanischer Bildhauerkunst im Wolfhager Land gilt. Eine der schönsten Dorfkirchen Nordhessens ist die alte Wettesinger Kirche mit Wehrturm aus dem 12. Jahrhundert. Im Chor finden sich Wandmalereien aus dem 15. Jahrhundert.

Soldatenfriedhof

Ein Ort der Besinnung ist der sorgfälig gestaltete Soldatenfriedhof in Breuna. 490 deutsche und 145 Soldaten anderer Nationen haben hier ihre letzte Ruhestätte gefunden. Unter den früheren Wehrmachts-Angehörigen sind auffallend viele junge Männer, die offensichtlich noch in den letzten Kriegstagen gefallen sind.

Natur und Freizeit

Wandern und Rad fahren

Wandervergnügen auf hohem Niveau verspricht der neue Habichtswaldsteig mit der Extratour H 1. Der Märchenlandweg sowie weitere Rundwanderwege um Breuna lassen keine Wünsche offen. Ein lohnendes Ziel ist unter anderem die 300 Jahre alte Gerichtseiche an der Straße nach Volkmarsen. Mehrere Fahrradwege führen durch den Naturpark Habichtswald. Rund um die Gemeinde herum sind viele Schlösser und Burgen als Ausflugsziele erreichbar.

Märchenlandtherme

Entspannung und Badevergnügen bietet die Märchenlandtherme Breuna. Der Schwimmbadbereich hat neben einem Schwimmbecken mit zwei Rutschen einen Eltern-Kind-Bereich für die Kleinsten. Im Sau-

na- und Wellnessbereich genießt man Entspannung und Wohlbefinden. Zu jeder vollen Stunde finden Aufgüsse statt. In einem Bistro können sich die Besucher stärken.
Adresse: Schulstr. 5, 34479 Breuna
05693/91 85120
www.maerchenlandthermebreuna.de

Veranstaltungen

Von Lesungen und Kabarett bis zu verschiedenen Märkten reichen die Veranstaltungen, die in der Kulturscheune Breunas stattfinden.

Bromskirchen

(Landkreis Waldeck-Frankenberg)

Bromskirchen, in der Region Oberes Edertal am Rande des Rothaargebirges gelegen, war ursprünglich wahrscheinlich eine karolingische Höhenwegs-Siedlung. Erstmals urkundlich erwähnt wurde die Gemeinde im Jahre 1238 in einem Schriftstück des Erzbistums Mainz. Durch Brände in den Jahren 1556, 1843 und 1953 wurde der größte Teil der historischen Bausubstanz vernichtet. 1945 wurde Bromskirchen – fünf Ortsteile mit rund 1800 Einwohnern – kurzzeitig weltweit bekannt, als amerikanische Truppen auf dem Bahnhof einen Wehrmachtszug mit zehn V-2-Raketen erbeuteten.

Verwaltungsgemeinschaft Allendorf (Eder)/Bromskirchen
Unterm Stein 2
59969 Bromskirchen
02984/92110
www.bromskirchen.de
www.ederbergland-touristik.de

Sehenswertes

Historischer Ortskern
Das denkmalgeschützte Fachwerk-Rathaus im Ortskern von Bromskirchen wurde von 1619 bis 1621 erbaut und weist ornamentale Schnitzereien auf. Die Fassaden der Fachwerkhäuser sind zum Teil vom sauerländischen Baustil geprägt.

St. Martinskirche
Sehenswert ist auch die St. Martinskirche aus dem 12. Jahrhundert. Zwischen 1574 bis 1584 wurde sie zu einer evangelischen Predigtkirche umgebaut. Das gotische Altarkreuz stammt aus dem Jahr 1430.

Natur und Freizeit

Wandern und Rad fahren
Die größtenteils als Naturschutzgebiete ausgewiesenen Waldungen am Südrand des Rothaargebirges sind ein Dorado für Wanderer und Radfahrer. Die wildromantische Landschaft ermöglicht immer wieder herrliche Panoramablicke. Die Freizeitanlage am „Silbersee“ lädt zum Rasten und Feiern ein.

Burgwald

(Landkreis Waldeck-Frankenberg)

Die Gemeinde Burgwald liegt südlich von Frankenberg und etwa 30 Kilometer nördlich der Universitätsstadt Marburg am Westrand des namensgebenden Burgwaldes. Die Einwohnerzahl in den fünf Ortsteilen beträgt knapp 4200. Der Ortsteil Burgwald entstand als Nachkriegssiedlung auf dem Gelände einer ehemaligen Munitionsanstalt (Muna). Die anderen Ortsteile gehen auf mittelalterliche Gründungen zurück.

Gemeinde Burgwald
Hauptstr. 73
35099 Burgwald
06451/7206-0
www.burgwald.de

Sehenswertes

Frühere Komturei Wiesenfeld
Besonders geschichtsträchtig ist der kleinste Ortsteil Wiesenfeld, denn hier stand ursprünglich eine Kommende bzw. Komturei des geistlichen Ritterordens der Johanniter. Erstmals urkundlich erwähnt wurde das Haus 1238. Bis zur Reformation wurde es von fünf bis sechs Ordensbrüdern bewohnt. Danach zogen Hugenotten, Glaubensflüchtlinge aus Frankreich, in das Klostergut ein. Später kamen Waldenser aus Italien dazu. Im ehemaligen Komturhaus wird die Geschichte des Dorfes dargestellt.

Kräutergarten neben Kirche
Die im 13. Jahrhundert errichtete gotische Johanniterkirche mit Wehrturm prägt bis heute das Bild des Dorfes Wiesenfeld. Im Kräutergarten neben der Kirche wachsen Heil- und Küchenpflanzen sowie heimische Blumen. Der frühere Klostergarten ist so angelegt, dass er auch Kinder fasziniert.

Im Kräutergarten neben der Johanniterkirche wachsen Heil- und Küchenpflanzen.

Museen

Heimatmuseum
Im Ortsteil Birkenbringhausen können Besucher des Heimatmuseums in verschiedenen Räumen das Leben in einem typischen Haushalt der 1950er-Jahre nachvollziehen. Nach der Besichtigung bietet der Museumsvorstand Kaffee und Kuchen an. In der alten Dorfschmiede werden auf Wunsch frühere Schmiedetechniken vorgeführt.
Adresse: Buchwaldstr. 2, 35099 Burgwald-Birkenbringhausen 06451/25545

Natur und Freizeit

Kutsch- und Planwagenfahrten
Mit Pferdegespannen durch den Burgwald – die nostalgischen Ausflüge kann man im Heuhotel Burgwald buchen.
Adresse: Rotlehm 18, 35009 Burgwald OT Bottendorf 06451/23604
heuhotel-burgwald.de

Wandern und Rad fahren
Das dichte Netz der Wanderwege ist über 700 Kilometer lang. Ein vielfältiges Angebot an Radwegen führt in die malerischen Täler der Lahn, der Eder, der Ohm und anderer Flüsse. Mehrere Reiterhöfe bieten Wanderritte und Kutschfahrten an.

Calden

(Landkreis Kassel)

Zwölf Kilometer nordwestlich der Innenstadt von Kassel liegt Calden. In den sechs Ortsteilen leben knapp 8000 Menschen. Bekannt ist Calden vor allem durch das Rokokoschloss Wilhelmsthal und den in seiner Gemarkung gelegenen Flughafen Kassel

Airport. Als ältester Ortsteil wurde Ehrsten im Jahre 817 erstmals urkundlich erwähnt.

Tourismusbüro
Holländische Str. 35
34379 Calden
05674/7020
www.calden.de

Sehenswertes

Schloss Wilhelmsthal

Es ist ein Juwel aus dem späten, reifen Rokoko, gehört zum Typ der aufgelösten dreiteiligen Schlossanlage, und alles spiegelt Kostbarkeit: das ehemalige landgräfliche Lust- und Jagdschloss Wilhelmsthal. Der um 1747 begonnene Bau wurde erst in den Jahren nach 1770 nach teilweise geänderten Plänen von Landgraf Friedrich II. vollendet. Seit einigen Jahren kann man sich in dem Schloss standesamtlich trauen lassen.

Schloss Wilhelmsthal – ein Juwel des späten Rokoko.

Schlosspark

Der ursprünglich im Rokokostil angelegte Schlosspark wurde nach 1796 zu einem englischen Landschaftsgarten umgestaltet. Erkennbar geblieben sind aber noch die drei Hauptachsen. Ein Blickfang ist die von Georg Wenzeslaus von Knobelsdorff entworfene Grotte mit Wasserbecken und vergoldeten Putten. Park und Schloss dienten mehrfach als Kulisse für filmische Dreharbeiten.

Schlacht von Wilhelmsthal

Am 24. Juni 1762 fand während des Siebenjährigen Krieges in der Nähe des Schlosses die „Schlacht von Wilhelmsthal" statt, die zum endgültigen Abzug der Franzosen aus Hessen führte. Entlang der Mauer des Schlossparks wurden wahrscheinlich 3000 gefallene Soldaten – in der Mehrzahl Franzosen – beerdigt. Eine Bronzetafel erinnert an die Opfer der Schlacht.

Flughafen Kassel

Der Kassel Airport, wie er sich seit Januar 2015 nennt, ist ein am 4. April 2013 eröffneter Regionalflughafen nordwestlich der nordhessischen Metropole. Er liegt in Nachbarschaft des früheren von 1970 bis 2013 betriebenen Verkehrslandeplatzes Kassel-Calden. Westlich des Flughafen-Vorfeldes steht ein Infopoint mit Aussichtsplattform. **Adresse**: Fieseler-Storch-Str. 40, 34379 Calden 05674/21530
www.kassel-airport.de

Galeriegräber und Erdwerk

Südlich des Flughafens wurde 1976 ein etwa 5700 Jahre altes, 14 ha großes Erdwerk entdeckt, das von einem doppelten Graben umgeben war. Unweit davon befindet sich eine aus derselben Zeit stammende Grabanlage, das Galeriegrab II. Bereits 1948 hatte man nicht weit von der Ortsmitte Caldens entfernt das Galeriegrab I aus der Jungsteinzeit entdeckt. Die erhaltenen Steine wurden später im Bereich der heutigen Mittelpunktschule wieder aufgebaut.

Museen

Schlossmuseum

Im Schloss Wilhelmsthal kann man die im reinen Rokoko-Stil ausgestalteten Räume

und wertvolle Möbel aus französischer Herstellung bewundern. Zur Sammlung gehören zahlreiche chinesische und japanische Porzellane sowie Gemälde von Johann Heinrich Tischbein dem Älteren.
Adresse: Schloss Wilhelmsthal, 34379 Calden ☏ 05674/6898

Natur und Freizeit

▸ Flugsport
Am Airport Kassel hat man die Möglichkeit, kleinere Reise- und Sportmaschinen zu chartern sowie Rund- und Schnupperflüge zu buchen. Eine Flugschule bietet die Ausbildung zum Privatluftfahrzeugführer an. Außerdem ist in der Nähe eine Fallschirmspringerschule angesiedelt. Auch Ballonfahrten sind möglich:
🌐 www.flugschule-herkules.de
🌐 www.charterflug-kassel.de
🌐 www.ballon-reise.de

▸ Wandern und Rad fahren
Wanderer und Radfahrer nehmen gern den Tiergarten zum Ziel, ein Waldgebiet unweit von Schloss Wilhelmsthal. Es war früher ein bevorzugtes Jagdrevier der hessischen Landgrafen. Zu längeren Touren lädt unter anderem der Dörnberg mit seinem Segelfluggelände ein.

▸ Waldschwimmbad
In idyllischer Lage mitten im Grünen lädt das Bad mit Rutsche zur erfrischenden Abkühlung ein.
Adresse: Waldschwimmbad 1, 34379 Calden
☏ 05674/6262
🌐 www.waldschwimmbad-calden.de

Cornberg

(Landkreis Hersfeld-Rotenburg)

Cornberg ist die kleinste Gemeinde in Waldhessen und hat in ihren drei Ortsteilen etwa 1500 Einwohner. Das Gemeindegebiet erstreckt sich am Oberlauf der Sontra zischen dem Stölzinger Gebirge und dem Richelsdorfer Gebirge. Die Geschichte Cornbergs reicht zurück bis in die Zeit des Klosters Cornberg im 13. Jahrhundert.

Tourismusbüro
Am Markt 8
36219 Cornberg
☏ 05650/9697-0
🌐 www.cornberg.de

Sehenswertes

▸ Kloster Cornberg
Die eigentliche Siedlung Cornberg wurde erst zwischen 1938 und 1941 für die Beschäftigten des Kupferschieferbergbaus im Richelsdorfer Gebirge angelegt. Doch schon im Jahr 1296 bestand hier ein Benediktinerinnenkloster, ein Ableger der Abtei Hersfeld. 1596 wurde das Kloster in ein landgräfliches Hofgut umgewandelt. Erhalten ist noch das gotische Klostergeviert und die ehemalige zweischiffige Kirche mit der noch erhaltenen Nonnenempore. Das Gebäude wird heute als Kulturbühne genutzt.

▸ Schloss Rittershain
Schon seit vielen Jahrzehnten ist Schloss Rittershain im Ortsteil Rockensüß ein beliebtes Ausflugsziel. Auf dem Standort eines früheren Hofgutes war es 1854 mit Park im Jugendstil erbaut worden. Zeitweise befand sich in dem Schloss eine Gaststätte.

Museen

▸ Saurierfährten

Im ehemaligen Kloster Cornberg ist im Obergeschoss des Westflügels das 1994 eröffnete Sandsteinmuseum untergebracht. Neben der Ortsgeschichte beschäftigt sich die Ausstellung mit den Verwendungsmöglichkeiten des Sandsteins, der seit dem Mittelalter in einem nahen Steinbruch abgebaut wird. Spannend ist vor allem die geologische und paläontologische Abteilung, die fossile Pflanzen und Fährten von Kleinsauriern aus der jüngeren Permzeit enthält. Sie waren in gewonnenen Sandsteinplatten entdeckt worden.

Veranstaltungen und Feste

Von Kabarett-Darbietungen über Lesungen bis zu Konzerten reicht die Palette der Veranstaltungen in der Kulturbühne des früheren Klosters Cornberg. Sie gehört auch zu den Spielstätten des „Kultursommers Nordhessen". ☎ 05650/9218990
🌐 www.kulturverein-kloster-cornberg.de

Diemelsee

(Landkreis Waldeck-Frankenberg)

Die Gemeinde Diemelsee mit rund 4800 Einwohnern ist in 13 Ortsteile aufgeteilt. Sie liegt im hessischen Teil des östlichen Sauerlandes, das hier Upland genannt wird. Große Teile der Gemeinde gehören zum Naturpark Diemelsee. Sitz der Gemeindeverwaltung ist Adorf, der größte Ortsteil.

Tourist-Information
Kirchstr. 6
34519 Diemelsee
☎ 05633/91133
🌐 www.diemelsee.de

Sehenswertes

▸ Diemelsee

Die Diemeltalsperre ist Mittelpunkt des Naturparks Diemelsee und der gleichnamigen Ferienregion. Die weit verwinkelte Form des Sees erstreckt sich über die Grenzen Nordhessens und Nordrhein-Westfalens hinweg. Die Wassertiefe beträgt maximal 34 Meter, die Ufer sind ca. 16 Kilometer lang. Im Zweiten Weltkrieg wurde die Staumauer mehrmals von der alliierten Luftwaffe erfolglos angegriffen. In der Nacht vom 16. zum 17. Mai 1943 stürzten drei britische Bomber durch deutschen Flakbeschuss ab.

▸ Kirchen

Die denkmalgeschützte Pfarrkirche im Ortsteil Adorf stammt aus der zweiten Hälfte des 12. Jahrhunderts. Der romanische Bau ist der größte seiner Art im weiteren Umkreis. Flechtdorf war im Mittelalter Sitz eines Benediktinerklosters. Davon zeugt noch die Abteikirche mit zwei wuchtigen Doppeltürmen. Die St. Barbara-Kirche in Heringhausen wurde um 1100 n. Chr. als stilreine romanische Basilika erbaut.

Museen

▸ ☺ Besucherbergwerk

Die 800-jährige Tradition des Adorfer Erzbergbaus kann man bei einer Führung durch das dortige Besucherbergwerk „Grube Christiane" erleben. Ehemalige Kumpel erzählen vom Leben und der Arbeit unter Tage. Auch Kindergeburtstage können im Bergwerk gefeiert werden.

Adresse: Bredelarer Str. 30, 34519 Diemelsee-Adorf ☎ 05633/5955
🌐 www.grube-christiane.diemelsee.de

Natur und Freizeit

▸ Ferienregion Diemelsee

Die Ferienregion Diemelsee, eingebettet in Berge und Wälder, ist ein Dorado für Naturbeobachter, Wanderer und Wassersportler. Auf und am Diemelsee selbst kann man angeln, segeln, surfen und tauchen oder mit einem Fahrgastschiff Rundfahrten unternehmen.

▸ Wandern und Rad fahren

Aus dem großen Wanderwegenetz sticht der anspruchsvolle Diemelsteig mit einer Länge von 63 Kilometern hervor. Er weist größere Steigungen auf, bietet aber dafür herrliche Panoramablicke. Radfahrer können den Diemelsee umrunden, Mountainbiker finden in der waldreichen Mittelgebirgslandschaft ein reiches Betätigungsfeld. Auf dem Gipfel des 738 Meter hohen Dommel genießt man von einem Turm aus eine herrliche Aussicht.

▸ Martenbergklippe

Direkt an der Straße von Adorf nach Marsberg-Giershagen steht in einem ehemaligen Eisenerz-Tagebau die etwa 8 Meter hohe Martenbergklippe. Für Geologen hat sie weltweit eine große Bedeutung, denn sie ermöglicht einen Blick in die Erdgeschichte vor 300 Millionen Jahren.

▸ ☺ Familien- und Erlebnisbad Heringhausen

Eine Attraktion in diesem Bad im Luftkurort Heringhausen ist die Kinderbadelandschaft, in der die Kleinen baden, plantschen und viel Spaß haben unter anderem mit einem Wasserclown. Auf die Eltern warten eine Saunalandschaft, eine Solargrotte sowie Innen- und Außenschwimmbecken. Angeboten werden ferner Aqua- und Fitnesskurse.

Adresse: Kirchstr. 6, 34519 Diemelsee-Heringhausen ☎ 05633/91135

Das Familien- und Erlebnisbad des Luftkurortes Heringhausen.

▸ ☺ Visionarium

Natur interaktiv sehen und berühren – das ist das Motto der Erlebnisausstellung „Visionarium Diemelsee“. Hier kann man erkunden, was alles im Naturpark Diemelsee und in der Ferienregion zu erleben ist. Der Besuch ist für Kinder und Erwachsene gleichermaßen ein spannendes Event.

Adresse: Kirchstr. 6, 34519 Diemelsee-Heringhausen ☎ 05633/91133

Diemelstadt

(Landkreis Waldeck-Frankenberg)

Die Gemeinde Diemelstadt liegt mit ihren neun Orts- und Stadtteilen ganz im Norden Nordhessens und grenzt dort an die Stadt Warburg in Nordrhein-Westfalen. Verwaltungssitz ist das Städtchen Rhoden. Rund 5300 Menschen leben in Diemelstadt. Die Gemeinde bezeichnet sich selbst als nördliches Eingangstor in das Waldecker Land.

Stadt Diemelstadt
Lange Str. 6
34474 Diemelstadt
05694/97980
www.diemelstadt.de

Sehenswertes

Alt-Rhoden
Im Jahre 1020 wurde erstmals Alt-Rhoden als Vorläufer der heutigen Stadt erwähnt. Von ihrer Existenz zeugen noch ein altes Gräberfeld und die Ruinen einer romanischen Kirche mit einem Tympanon (Bogenfeld über einem Portal). Das große Relief ist noch gut erhalten. Ab 1250 siedelten sich die Bewohner der Ortschaft im Schutz der Burg Rhoden an.

Schloss Rhoden
Die Burg Rhoden wurde von 1648 bis 1654 durch ein Schloss ersetzt. Eine Zeit lang war es Residenz- und Jagdschloss des waldeckischen Herrscherhauses. Das Mausoleum des Fürstenhauses Waldeck-Pyrmont auf dem Hagenberg dient auch heute noch als Begräbnisstätte.

Die Altstadt
Den Ortsmittelpunkt Rhodens bildet die mittelalterliche Altstadt aus diemelsächsi-

Blick über Rathaus und Schloss von Diemelstadt.

schen Fachwerkensembles aus dem 17. bis 19. Jahrhundert. Von der Stadtmauer sind noch Reste vorhanden. Eine Attraktion: Die Straßenlampen erzählen mit ihren „Schattenbildern" die Geschichte der Stadt.

Pickhardshammer
Zum Komplex des Pickhardshammers, des ehemaligen Eisenhammers in Orpethal, gehörte ein 1692 errichtetes prächtiges Fachwerkgebäude. Es verfügt über reiche Schnitzornamente und zwei Neidköpfe zur Abwehr böser Geister. Die Existenz des Hammerwerks kann bis ins 16. Jahrhundert zurückverfolgt werden.

Kirche in Wethen
Sehenswert in Wethen ist vor allem die Kirche mit Wehrturm und Krypta als Rest der historischen Burgkapelle. Dasselbe gilt für das Rathaus mit Zehntscheune auf den Fundamenten einer alten Burganlage.

Museen

Heimatmuseum
Mit dem dörflichen Leben in alter Zeit befasst sich das Heimatmuseum in Wrexen. Die Exponate werden in heimeliger Umgebung liebevoll präsentiert.

▸ Museum für Waldarbeit
Interessant vor allem für Schulklassen und Gruppen ist ein Besuch (jeweils nach Vereinbarung) im Waldarbeitermuseum in Rhoden. Normalerweise ist es am letzten Freitag eines jeden Monats geöffnet. Texttafeln erläutern die Vielfalt der Arbeit im Wald. Zu den Exponaten zählen auch entsprechende Werkzeuge aus früherer Zeit.

Natur und Freizeit

▸ Wandern und Rad fahren
Viele Wanderwege im Gemeindegebiet, vor allem Feldwege, können auch von Radfahrern benutzt werden. Als Ziele bieten sich etwa die Hügelgräber im Waldgebiet von Ammenhausen und Dehausen oder der „Waldlehrpfad Rhodener Hude“ an. Pferdefreunde besuchen das Gut Billinghausen bei Orpethal, das als Reiterhof genutzt wird.

▸ Segelfliegen
Auf dem Flugplatz Dehausen kann man Schnupperflüge buchen.
Geflogen wird von März-Nov an Wochenenden ab 10.00 Uhr.
klv-waldeck.de

▸ Freibäder
Steinbergbad Wrexen: Steinberg 18, 34474 Diemelstadt-Wrexen, 05642/988277
Walmebad Rhoden: Teichheide 11, 34474 Diemelstadt-Rhoden, 0175/9724459

Edermünde

(Schwalm-Eder-Kreis)

Die südlich von Kassel gelegene Gemeinde Edermünde besteht aus den vier Ortsteilen Besse, Grifte, Haldorf und Holzhausen (Verwaltungssitz) und hat rund 8000 Einwohner. Seinen Namen verdankt die Gemeinde der Mündung der Eder in die Fulda im Ortsteil Grifte.

Gemeinde Edermünde
Brückenhofstr. 4
34295 Edermünde
05665/7909-0
www.edermünde.de

Sehenswertes

▸ Kirchen
Im Ortsteil Besse thront oberhalb eines alten Felsenkellers und eines Bunkers aus dem Zweiten Weltkrieg die frühere Wehrkirche – das Wahrzeichen des Ortes. Sie liegt inmitten des mittelalterlichen Wehrkirchhofes, der bis 1870 als Friedhof diente. Am starken Westturm aus dem Jahr 1518 ist ein spätgotisches Relief mit einer Christus-Darstellung angebracht. Auch in Grifte diente der Kirchturm von 1524 als Wehrturm. Das Kirchenschiff ist ein klassizistischer Saalbau aus dem Anfang des 19. Jahrhunderts.

Museen

▸ Heimatmuseum Haldorf
Eine Besonderheit ist das Haldorfer Heimatmuseum, denn es wurde im früheren Hirten-

Im Hirtenhaus in Haldorf ist das Heimatmuseum untergebracht.

haus des Ortes eingerichtet. Dort lebte bis zu seinem Tode 1948 der letzte Hirte Haldorfs, Georg Wicker. Im Museum werden Gegenstände des früheren bäuerlichen Lebens gezeigt. In dem Haus sind auch standesamtliche Trauungen möglich.
Adresse: Kultur- und Heimatverein Haldorf e.V., Rosenstr. 9, 34295 Edermünde
☏ 05665/6191 🌐 www.haldorf.de

▸ Dorfmuseum Holzhausen
Auch hier wird die alte Zeit wieder lebendig. In Sonderausstellungen werden Schwerpunktthemen gesetzt wie beispielsweise die 1950er-Jahre. Das damalige Lebensgefühl wird mit vielen Informationen und Fotos dokumentiert. **Adresse**: Kultur und Geschichte Holzhausen/Hahn e. V., Pfingstweide 7, 34295 Edermünde-Holzhausen
☏ 05665/5704 🌐 www.kug-holzhausen.de

▸ Mitte Deutschlands in Besse
Im Sommer 2017 wurde die geografische Mitte Deutschlands – berechnet nach dem Verfahren der Schnittpunktermittlung – am Rande der Langenberge auf einer idyllischen Wiese eingeweiht. Den genauen Punkt markiert eine rund drei Meter hohe Basalt-Steele, die von einem kleinen Rastplatz mit Bank und Informationstafel gut einsehbar ist. Von hier aus bietet sich ein wunderbarer Weitblick in die Landschaft des Chattengaus bis hinüber zur Söhre. Zu erreichen ist die Mitte Deutschlands über den Wanderparkplatz „Besse – Mitte Deutschlands" im Naturpark Habichtswald am Röder Weg in Besse.

Natur und Freizeit

▸ Wandern und Segelfliegen
Die Basaltkuppe „Naturdenkmal Hahn" bestimmt das Bild der Ortschaft Holzhausen. Das Massiv ist ein beliebtes Ziel von Wanderfreunden. Von der Kuppe aus hat man einen weiten Blick ins Umland. Wer gern in die Luft geht, kann das auf dem Segelflugplatz bei Grifte tun: Dort werden Schnupperflüge und die Ausbildung zum Segelflug-Piloten sowie Gleitschirm-Kurse angeboten.
Adresse: Niederhessischer Verein für Luftfahrt e. V., Baunatalweg, 34295 Edermünde
🌐 www.nvfl.de

Veranstaltungen und Feste

Während der Sommermonate laden familienfreundliche Radveranstaltungen wie das Fuldaradeln und die Tour de Chattengau zum Mitmachen ein.

Edertal

(Landkreis Waldeck-Frankenberg)

Die an der Eder gelegene Gemeinde breitet sich am südlichen Ufer des Edersees und östlich und südöstlich seiner Staumauer aus. Einige der 13 Ortsteile liegen im Naturpark Kellerwald-Edersee, der den Nationalpark Kellerwald-Edersee einschließt. Rund 6300 Menschen leben in der Feriengemeinde Edertal. Während des Zweiten Weltkrieges starben viele Menschen in den Wassermassen, die nach einem britischen Angriff auf die Sperrmauer die Dörfer im Tal überfluteten.

Edersee-Touristik GmbH
Hemfurther Str. 14
34549 Edertal-Affoldern
☏ 05623/99980
🌐 www.edersee.com

Sehenswertes

▸ Edersee
Der Edersee gehört zu den größten Talsperren Europas und ist zugleich über die

Grenzen Hessens hinaus als eines der attraktivsten Urlaubsziele bekannt. Bei Vollstau mit über 200 Millionen Kubikmeter Wasser sind nahezu alle Wassersportmöglichkeiten gegeben. Die gewaltige 48 Meter hohe Sperrmauer wurde zwischen 1908 und 1914 erbaut. Bei Einbruch der Dämmerung wird sie in mehreren Farben beleuchtet. Überragt von Schloss Waldeck, breitet sich der See zwischen bewaldeten Höhen malerisch aus. Wenn im Herbst der Pegel stark sinkt, tauchen die Reste von Dörfern auf, die beim Bau der Sperrmauer geräumt werden mussten.

▸ Kavernenkraftwerk

Unterhalb des Edersees liegt der Affoldener See. An seinem Nordende erzeugt ein ständig erweitertes und modernisiertes Kavernenkraftwerk Strom. Das technische Meisterwerk kann besichtigt werden.
Adresse: Standseilbahn Uniper Kraftwerk, Kraftwerkstr. 10 , 34549 Edertal
☏ 05623/948390

▸ Kirchen

Die Barockkirche im Ortsteil Kleinern besitzt einen sehenswerten Schnitzaltar aus dem Jahr 1521. Er wurde aus Lindenholz gefertigt. Von der mehrfach umgebauten Kirche von Gellershausen ist das Mauerwerk des romanischen Chorraumes aus dem 13. Jahrhundert noch erhalten. Davor soll an dieser Stelle bereits eine Kapelle aus Holz gestanden haben. Die zweischiffige Hallenkirche in Bergheim wurde erstmals 1085 urkundlich erwähnt.

Natur und Freizeit

▸ Wassersport

Der Edersee bietet auf 27 Kilometer Länge mit einer hervorragenden Wasserqualität so gut wie alle Wassersport-Möglichkeiten wie Segeln, Surfen und Wasserski. An vielen Stellen werden Tret-, Ruder- und Elektroboote zum Mieten angeboten. In speziellen Tauchzonen kann man die Unterwasserwelt des Sees erkunden. Ein reiches Betätigungsfeld finden auch Angler. Ferner gibt es mehrere Badestrände. Die Weiße Flotte der Fahrgastschifffahrt bietet Rundfahrten auf dem See an.

▸ ☺ Wandern

Eine Vielzahl von Wanderwegen führt in den Natur- und den Nationalpark Kellerwald-Edersee. Spektakuläre Einblicke in alte und neue Wildnis eröffnen sich entlang des Urwaldsteigs Edersee. Vorbei an Schluchten, Bächen und Felsen verlaufen Wege, auf denen man sich Park-Rangern als Führer anvertrauen kann. Lohnende Ziele sind auch der Kletterpark Edersee und der Baumkronenweg.
Adresse: Kletterpark Edersee, Am Eschelsberg 1, 34549 Edertal Hemfurth
☏ 01577/38 28 012
🌐 www.kletterpark-edersee.de

Im Kletterpark Edersee können Kinder und Erwachsene klettern.

▸ Rad fahren

Ein besonderes Erlebnis für Radfahrer ist der 50 Kilometer lange Edersee-Rundweg, den auch Familien gut befahren können. Dazu kommen mehrere Fernradwege, die den Edersee berühren und streckenweise genutzt werden können.

▸ Wildtierpark Edersee
Ab Hemfurth-Edersee ausgeschildert ist der Weg zum Wildtier-Park. In großräumigen Gehegen zeigen sich einheimische Tierarten aus Gegenwart und Vergangenheit wie Wolf, Luchs und Wisent. Eine besondere Attraktion ist die Greifvogelschau mit täglichen Vorführungen.
Adresse: Am Bericher Holz 1, 34549 Edertal-Hemfurth ☏ 05623/9040200
🌐 www.wildtierpark-edersee.eu

▸ Baumkronenweg
Am Südufer des Edersees lädt der Baumkronenweg Jung und Alt zu einer Wanderung durch die Baumwipfel ein. Man erhält einmalige Einblicke in das oberste Stockwerk des Waldes und Ausblicke über den See bis zum Schloss Waldeck. Auch Menschen, die auf einen Rollstuhl angewiesen sind, können den Pfad durch die Baumkronen benutzen.
Informationen: Brühlfeld 3, 34549 Edertal-Hemfurth ☏ 05623/9737977
🌐 www.baumkronenweg.de

▸ Goldwaschen
Seit mehr als zehn Jahren werden an verschiedenen Stellen der Eder Goldwaschkurse angeboten. Vermittelt wird nicht nur die Technik beim Umgang mit der Goldwaschpfanne, sondern man erfährt auch Wissenswertes über die chemischen und physikalischen Eigenschaften des edlen Metalls.
Kontakt unter ☏ 0163/4054970

Eschwege

(Werra-Meißner-Kreis)

Das Erscheinungsbild Eschweges ist neben dem reichen Fachwerk vom Wasser geprägt. Die Stadt liegt östlich des Hohen Meißners (754 m) an einer weitläufigen Flussniederung der Werra, in der sich malerisch ganze Häuserzeilen spiegeln. Die Kernstadt und die sieben Stadtteile haben etwa 19 500 Einwohner. Erstmals erwähnt wurde Eschwege in einer Urkunde Kaiser Ottos II. im Jahr 974. Zeitweise war Eschwege eine Residenz der Landgrafen von Hessen-Kassel.

Tourist-Information
Obermarkt 8
37269 Eschwege
☏ 05651 /807111
🌐 www.eschwege.de

Sehenswertes

▸ Altstadt
Eschwege zählt zu den schönsten Fachwerkstädtchen Nordhessens. Nur wenige der in den 1970er- Jahren begangenen Bausünden stören das Gesamtbild der Altstadt. Besonderer Blickfang sind die Flachschnitzereien an vielen der rund 1000 Fachwerkbauten. Am Marktplatz ist täglich ein Glockenspiel zu hören. Empfehlenswert ist eine Stadtführung.

▸ Landgrafenschloss
Das ehemalige Landgrafenschloss, eine Nebenresidenz der hessischen Landgrafen, war 1386 als Burg errichtet worden. Im 16. und 17. Jahrhundert im Renaissance-Stil ausgebaut, ist das Schloss seit 1821 Sitz des Landrats und der Kreisverwaltung.

Nicht nur der Marktplatz macht Eschwege zu einer der schönsten Fachwerkstädte Nordhessens.

▸ Dietemann
Als Symbolfigur Eschweges gilt der Dietemann: Mit Hellebarde und Laterne ausgestattet, bläst er tagsüber zu jeder vollen Stunde bei einem Rundgang auf dem Schlosstürmchen in sein Horn. Einmal im Jahr, beim Eschweger Johannisfest, steigt der Dietemann von seinem Turm herab, um den Festzug anzuführen.

▸ Hochzeitshaus und Karlsturm
Das Hochzeitshaus wurde 1578 im Renaissancestil errichtet und diente als repräsentatives „Bürgerhaus" der Ausrichtung von Festen wie Hochzeiten oder Veranstaltungen der Gilden und der Zünfte. In der Nachbarschaft des ehemaligen Festgebäudes steht der Karlsturm aus dem 11. Jahrhundert, auch „Schwarzer Turm" genannt.

▸ Nikolaiturm
Als höchster Turm ragt der Nikolaiturm über die Dächer der Stadt hinaus. Er wurde 1455 an der Westseite der bereits vorhandenen ehemaligen Kirche St. Godehard errichtet. Vom Altan des Turms hat man einen ausgezeichneten Blick über die gesamte Stadt.

▸ Dünzebacher Tor-Turm
Er ist der letzte Überrest der einst turmreichen mittelalterlichen Stadtbefestigung und wurde in seiner heutigen Form 1531 errichtet. Bis ins 19. Jahrhundert diente er als städtisches Gefängnis.

▸ Marktkirche St. Dionys
Die Marktkirche St. Dionys ist das älteste Gotteshaus Eschweges. Ihre Ursprünge reichen vermutlich bis ins 8. Jahrhundert zurück. Während des Dreißigjährigen Krieges brannte sie großenteils aus und wurde später unter anderem mit Spenden der Bürger wieder neu aufgebaut. Der gedrungene Westturm stammt aus der zweiten Hälfte des 13. Jahrhunderts.

▸ Neustädter Kirche
Die dreischiffige spätgotische Hallenkirche, zwischen 1374 und 1520 erbaut, ist eine der letzten bedeutsamen Nachbauten der Marburger Elisabethkirche. Größter Kunstschatz ist die reich gegliederte Steinkanzel, die bedeutendste ihrer Art in Hessen. 1862/63 erfolgte die Neugestaltung des Turms durch den „Neugotiker" Georg Gottlieb Ungewitter.

▸ Botanischer Garten und Sophiengarten
Einen hohen Erholungswert hat der am Rande der Altstadt angelegte Botanische Garten. Götterbaum, Ginkgobaum, Kaukasische Flügelnuss oder Urweltmammutbaum gehören zu den Exoten, die hier bewundert werden können. Der Sophiengarten mitten in der Stadt repräsentiert im oberen Teil mit seinen Küchen- und Heilkräutern den mittelalterlichen Garten des früheren Cyriakusstifts.

Museen

▸ Stadtmuseum
Auf drei Geschossen präsentiert das Eschweger Stadtmuseum eine umfangreiche

heimat- und naturkundliche Sammlung. Sie reicht von archäologischen Funden aus der Jungsteinzeit bis zu zahlreichen Exponaten zur Eschweger Stadtgeschichte.
Adresse: Vor dem Berge 14a, 37269 Eschwege ✆ 05651/331986

▸ Zinnfigurenkabinett und Eisenbahnmuseum
Über 15 000 Zinnfiguren und 200 Dioramen stellen im Eschweger Zinnfigurenkabinett alltägliche und bedeutende Begebenheiten der Weltgeschichte und Stadtgeschichte dar. Das Kabinett ist in der historischen Kemenate untergebracht, die dem früheren Augustiner-Kloster angegliedert war. Im Eisenbahnmuseum wird der Besucher in die Zeit des historischen Bahnbetriebs zurückversetzt und kann sich eine persönliche Fahrkarte ausdrucken lassen.
Adresse: Hospitalstr. 7, 37269 Eschwege
Informationen und Führungen unter
✆ 05651/807111
🌐 www.eschweger-zinnfigurenkabinett.de

Natur und Freizeit

▸ Wandern
Die Region um Eschwege gilt als ein Wandertouren-Paradies. Von der Stadt aus erreicht man den Premiumwanderweg P3 Blaue Kuppe–Leuchtberge (19 km). Insgesamt verfügt die Region über 22 Premium-Wanderwege. Die Fernwanderwege Werra-Burgen-Steig Hessen X5 H (133 km) und der Fernwanderweg E 6 Ostsee-Alpen-Adria führen direkt durch Eschwege.

▸ Rad fahren
Pedalritter können zwischen Radrundtouren von sieben bis fast 100 Kilometer Länge wählen. Beliebt sind auch der Werratal-Radweg (306 km) und der Rundkurs Werra–Fulda (190 km). Pauschalarrangements zum Radwandern ohne Gepäck können in der Tourist-Information gebucht werden.

▸ Bismarckturm und Blaue Kuppe
Stadtnah auf dem großen Leuchtberg lohnt es sich, den 26 Meter hohen Bismarckturm zu besteigen. Eine Wendeltreppe mit rund 110 Stufen führt zu einer Aussichtsplattform, von der man einen grandiosen Rundumblick auf Eschwege mit dem Werratalsee und auf den Hohen Meißner genießen kann. Ein interessantes Wanderziel ist auch die Blaue Kuppe, ein erkalteter Vulkanschlot aus Basalt. Hier wurden früher Steine gebrochen.

▸ Werratalsee
Segeln, Surfen, Stehpaddeln, Rudern und Schwimmen, all das ermöglicht der 110 ha große Werratalsee. Neben Segelregatten finden hier alljährlich die Hessischen Rudermeisterschaften statt. Zwei Badestellen mit Sandstrand, Liegewiesen, Abenteuerspielplätzen, Beach-Volleyball und Boule sowie das Ausflugsschiff „Werranixe" sind Attraktionen direkt am See. Ein Campingpark mit Wohnmobilstellplätzen ist für Campingfreunde ein Eldorado am See. Der Werratalsee-Rundweg wird gleichermaßen von Spaziergängern und Radfahrern genutzt. Die Fachwerk-Altstadt Eschwege ist nur 15 Gehminuten entfernt.

▸ Segelfliegen
Der Eschweger Luftsportverein bietet Rundflüge mit Segelflugzeugen ab Flugplatz Stauffenbühl an. Gutscheine für einen Rundflug über Eschwege und das Werratal sowie weitere Infos sind in der Tourist-Information erhältlich.
Adresse: Otto-Lilienthal-Weg, 37251 Eschwege
✆ 05651/13939
🌐 www.elv-eschwege.de

▸ **Open-Flair-Festival**
Bis zu 20 000 Besucher beleben alljährlich im August die Kreisstadt Eschwege, wenn auf dem Festplatz Werdchen, der Werra-Flussinsel am Rande der Fachwerk-Altstadt, das Open-Flair-Festival über die Bühne geht. Dann treten mehrere Pop- und Rockbands auf. Kleinkunst und ein Kinderprogramm werden im Schlossgarten in Eschwege geboten. 🌐 www.open-flair.de

▸ **Espada Freizeitbad**
Gegliedert in ein Frei- und ein Hallenbad, bietet das Schwimmzentrum eine Fülle sportlicher Aktivitäten. Angeboten wird unter anderem ein Kraft- und Ausdauertraining im Wasser. Es gibt eine Gegenstromanlage, Massagedüsen und mehrere Saunen.
Adresse: Goldbachstr. 55, 37269 Eschwege
☏ 05651/807-289
🌐 www.espada.de

Espenau

(Landkreis Kassel)

Espenau liegt nördlich von Kassel zwischen dem Habichtswald und dem Reinhardswald. Rund 5200 Menschen leben in den vier Ortsteilen. Der Name der Gemeinde verweist auf die Lage im Espetal.

Gemeinde Espenau
Im Ort 1
34314 Espenau
☏ 05673/9993-0
🌐 www. gemeinde-espenau.de

Sehenswertes

▸ **Hohenkirchen**
Die frühere Wehrkirche von Hohenkirchen wurde offenbar an der Stelle einer Kapelle aus der Mitte des 12. Jahrhunderts erbaut. Der Ort hat zudem eine 400 Jahre lange Geschichte als Bergbaugebiet für Eisen- und Manganerz. Der Betrieb in der dazugehörenden Eisenhütte Veckerhagen wurde erst 1903 eingestellt.

▸ **Schäferberg**
Während des Zweiten Weltkriegs wurde im Ortsteil Schäferberg ein Barackenlager der Kasseler Firma Henschel für Fremd- und Zwangsarbeiter angelegt. In den ersten Nachkriegsjahren fanden dort deutsche Ost-Vertriebene ein Unterkommen. Heute besteht dort eine Wohnsiedlung.

Museum

▸ **Heimatmuseum**
Im Espenauer Heimatmuseum wird das Leben im 18., 19. und 20. Jahrhundert anschaulich dargestellt. Ausgestellt sind Haushaltsgeräte, Werkzeuge alter Handwerksberufe und Geräte aus der Landwirtschaft.
Adresse: Am Kirchberg 4, 34314 Espenau
Informationen unter ☏ 05673/913638

Natur und Freizeit

▸ **Wandern**
Ein Streckenabschnitt des Märchenlandwegs verläuft durch das Gemeindegebiet Espenaus. Ein Abstecher führt zur „Freizeitanlage im Steinbruch“ und zum „Denkmal der Heimatvertriebenen“.

Veranstaltungen

▸ Laienspielgruppe
Einen weithin guten Ruf hat die Amateurbühne e.V. Espenau 82. Die Laienspielgruppe führt regelmäßig Stücke vornehmlich aus dem Bereich Boulevard-Komödie/Lustspiel auf. Auch Märchen und Sketche stehen auf dem Programm.
🌐 www.amateurbuehne-espenau.de

Felsberg

(Schwalm-Eder-Kreis)

Die Stadtgemeinde Felsberg, gut 20 Kilometer südlich von Kassel, umfasst 16 Stadtteile mit rund 10 700 Einwohnern. Die Region war schon zur Eiszeit besiedelt. Die erste urkundliche Erwähnung Felsbergs als Stadt stammt aus dem Jahr 1286. Weil auf ihrem Gebiet die Ruinen dreier Burgen liegen, spricht man auch von der „Drei-Burgen-Stadt".

Stadtverwaltung
Vernouillet-Allee 1
34587 Felsberg
☏ 05662/502-0
🌐 www.felsberg.de

Sehenswertes

▸ Altstadt
Die Felsberger Altstadt mit ihren Fachwerkhäusern und idyllischen Plätzen lädt geradezu zu einem Bummel ein. Zu den historischen Bauwerken zählt die St. Jakobskapelle (1230), das älteste Gebäude der Stadt. Die Nikolaikirche am Marktplatz, mit deren Bau 1320 begonnen wurde, fiel 1640 einem Feuer zum Opfer. Beim Wiederaufbau wurde sie mehrfach verändert. An der Stelle stand vermutlich bereits im Jahr 808 ein karolingisches Kirchenbauwerk.

▸ Felsburg
Das weithin sichtbare Wahrzeichen der Stadt ist die Felsburg, deren Bau bis in das 11. Jahrhundert zurückgeht. Sie thront auf einem 200 Meter hohen Basaltkegel über der Stadt. Ihr Turm, der sich nach oben verjüngt, ist mit 30 Metern einer der höchsten Burgtürme in Hessen. Im Volksmund wird er auch „Butterfass" genannt.
🌐 www.burgverein-felsberg.de

▸ Burg Heiligenberg
Einen einzigartigen 360-Grad-Blick hat man vom Bergfried der Burgruine Heiligenberg oberhalb des Felsberger Stadtteils Gensungen. In frühchristlicher Zeit existierte auf dem Berg eine Allerheiligenkapelle, nach der die Burg benannt wurde. Die zwischen 1180 und 1186 erbaute Festungsanlage war in den Kämpfen zwischen den kurmainzischen Erzbischöfen und den hessischen Landgrafen ein ständiges Streitobjekt. In den 1930er-Jahren wurden Teile der Burg restauriert. Am Fuße des Heiligenberges befindet sich ein Hotel mit Restaurant.

Museen

▸ Museum Gensungen
Das Gensunger Museum besteht aus einem Hauptgebäude mit angrenzendem Museumshof, der von einem Backhaus, einem Laubengang und einer Museumsscheune umrahmt wird. Zu sehen sind Exponate aus der Vor- und Frühgeschichte der Region sowie Zeugnisse alten Brauchtums und alter Trachten.
Adresse: Bahnhofstr. 12,
34587 Felsberg-Gensungen
🌐 museum-gensungen.de

▸ Bienenkundemuseum
Das Torhaus des ehemaligen Klosters Kartause beherbergt heute ein sehenswertes Bienenkundemuseum. Dabei wird alles Wissenswerte rund um die Honigbiene und ihren Nutzen für Mensch und Natur vermittelt. Die Ruine des Klosters und das umliegende Gelände stehen unter Naturschutz.
Adresse: Schönbergstr. 13, 34587 Felsberg
📞 0176/32225013
🌐 www.imkerverein-felsberg.de

▸ Museen Wolfershausen und Heßlar
Die Heimatstuben im Stadtteil Wolfershausen stellen alte Gerätschaften aus verschiedenen Handwerken und Trachten aus sowie Erinnerungsstücke von Heimatvertriebenen aus. Auch das Heimatmuseum in Heßlar zeigt, wie die Menschen früher lebten und arbeiteten.

Natur und Freizeit

▸ Wandern und Rad fahren
In Felsberg und Umgebung erwarten Wanderer rund 150 Kilometer markierte Routen, darunter auch Anschlüsse an Fernwanderwege. Radfahrer können die Region auf sechs Radtouren und zwei Fernradtouren erkunden. Dazu kommen 18 Mountainbike-Strecken.

▸ Riesenstein
Der „Riesenstein von Wolfershausen“, ein Megalith, liegt am nördlichen Ufer der Eder am Rand des Stadtteils. Unter den Menhiren im Kassel-Fritzlarer Raum ist die tertiäre Quarzitplatte mit vier Metern Breite und Höhe die größte. Der Stein wiegt rund 25 Tonnen.

Radfahrer finden rund um Felsberg ein gut ausgebautes Wegenetz.

▸ Böddiger Berg
Der Böddiger Berg in der Gemarkung Böddiger ist der nördlichste Weinberg Hessens und Deutschlands. Schon vor Jahrhunderten wurde hier Wein angebaut. Der gute Tropfen wird von der auf dem Weinfest gekürten Felsberger Weinkönigin präsentiert.
🌐 www.boeddiger-berg.de

▸ Kanuverleih
Die Eder mit ihrer zum Teil verträumten Flusslandschaft ist ideal für Kanu- und Kajakfahrten. Boote kann man leihen bei Erlebnistouren Odenhardt.
Adresse: Wegaer Str. 1, 34549 Edertal-Anraff
📞 05621/74391 🌐 www.eder-kanu.de

▸ Reiten, Ponyreiten und Kutschfahrten
Reithalle 4 You Quarter Horses:
📞 05662/931693
Forstmühle Niedervorschütz:
📞 0163/1452239
Reiten am Sunderbach: 📞 0175/6389453
Fuhrhalterei Döring: 📞 05683/8312

Frankenau

(Landkreis Waldeck-Frankenberg)

Die Kleinstadt Frankenau liegt im Westteil des Naturparks Kellerwald-Edersee und zugleich südlich des gleichnamigen Nationalparks. In der Kernstadt und fünf weiteren Ortsteilen leben etwa 3000 Menschen. Ihre Stadtrechte erhielt Frankenau um das Jahr 1242 von Heinrich Raspe, dem Landgrafen von Thüringen. Die vom germanischen Stamm der Chatten gegründete Siedlung ist jedoch viel älter.

Magistrat der Stadt Frankenau
Ehlingshäuser Str. 1
35110 Frankenau
06455/7990
www.frankenau.de

Sehenswertes

Neugotische Kirche

Ein prächtiges Beispiel neugotischen Baustils bietet die Kirche in Frankenau. Sie wurde 1865 errichtet, 13 Jahre nach dem großen Stadtbrand. Einige jahrhundertealte große Quadersteine der früheren Kirche wurden als Fußbodengrund verwendet.

Quernstkirche und -kapelle

Auf einer unbewaldeten Hochfläche nördlich der Anhöhe „Quernst" liegen die Überreste der Quernstkirche. Im Mittelalter diente sie als Wallfahrtsort. In vorchristlicher Zeit stand hier vermutlich eine heidnisch-germanische Kultstätte. In der Nähe der Ruinen wurde 2006 die Quernstkapelle errichtet, in der auch Gottesdienste stattfinden. Außerdem hat sie einen Ruheraum für Wanderer.

Altes Backhaus Allendorf

In alter Zeit pflegten die Allendorfer Bürger ihr Brot gemeinsam im Alten Backhaus zu backen. Heute kann man es mieten oder sich dort alte Backtechniken vorführen lassen. Außerdem ist es eine Begegnungs- und Bildungsstätte für ältere Menschen.

Museen

Museum Schulscheune Louisendorf

Von hugenottischen Glaubensflüchtlingen aus Frankreich wurde im Stadtteil Louisendorf die aus Feldsteinen gemauerte Schulscheune errichtet. Heute beherbergt sie ein heimatkundliches Museum. Ein Nutz- und Ziergarten umgibt das Gebäude.

Informationen über Führungen von der Interessengemeinschaft Schulscheune unter 06455/8227

Heimatmuseum Allendorf und Hülsenbeckmuseum

In einer ehemaligen Scheune ist das Heimatmuseum untergebracht. Sammlungsschwerpunkte sind die historische Landwirtschaft, das Handwerk, die Trachten und die ländliche Alltagskultur. Das Hülsenbeckmuseum in Frankenau erinnert an den Psychoanalytiker, Mitbegründer des Dadaismus und Schriftsteller Richard Hülsenbeck.
Informationen zu Führungen im Heimatmuseum vom Heimatverein unter Telefon: 06455/7248 und Telefon: 06455/8269

Natur und Freizeit

Wandern und Rad fahren

Die Lage der Gemeinde Frankenau am Rande des Nationalparks Kellerwald-Edersee und im Naturpark Kellerwald-Edersee bietet Wanderern und Radfahrern alle Möglichkeiten. Ein spannendes Ziel ist die Erlebnislandschaft im Weidengrund und am Mittelberg. Hier erlebt man auf engstem Raum viele alte bodenständige Haustierrassen. Detaillierte Informationen bietet die „Kultur-Arche" in Frankenau.
www.arche-region-kellerwald.de

Goethe-Anlage

Als die kleinste Parkanlage Hessens gilt die Goethe-Anlage in Frankenau. Sie wurde 1949 zum 200-jährigen Gedenken an Johann Wolfgang von Goethe angelegt.

Kutsch- und Planwagenfahrten

Ausflüge mit Kutsche und Planwagen in Wald und Feld mit der Fuhrhalterei Finke.
Adresse: Am Sternberg, 35110 Frankenau
0172/3590807
www.arche-hof-kellerwald.de

Frankenberg (Eder)

(Landkreis Waldeck-Frankenberg)

Frankenberg liegt mitten in der Urlaubsregion Ederbergland. Das Fachwerk-Schmuckstück hat eine lange Geschichte: Der Berg an einer Furt der Eder, auf dem die Stadt angelegt wurde, war bereits in den Sachsenkriegen der Franken ein befestigter Ort. Als Stadt entstand Frankenberg 1244 unter Landgraf Konrad von Thüringen. Heute haben die Kernstadt und die zwölf Ortsteile rund 18 000 Einwohner.

Stadtverwaltung
Obermarkt 7–13
35066 Frankenberg (Eder)
06451/505-0
www.frankenberg.de
www.ederbergland-touristik.de

Sehenswertes

▸ Altstadt
Auf Schritt und Tritt begegnen dem Besucher sehenswerte Fachwerkhäuser mit aufwendig restaurierten Gebäudefassaden. Bei genauem Hinsehen entdeckt man kunstvolle Ausmalungen und Schnitzereien, die Auskunft über die frühere Nutzung der Häuser geben. Die Stadt bietet kostenlose Führungen jeweils an den ersten Samstagen von April bis Oktober an.

▸ Rathaus
Das Herzstück der Frankenberger Altstadt ist das berühmte zehntürmige Rathaus mit Glockenspiel. Der 1509 im gotischen Stil erbaute Fachwerkbau hat in seinem Untergeschoss eine eindrucksvolle Markthalle. Hier findet neben verschiedenen Veranstaltungen und Empfängen samstags am Vormittag der Wochenmarkt statt.

Für sein zehntürmiges Rathaus ist Frankenberg berühmt.

▸ Steinhaus
Das bereits um 1240 erbaute Steinhaus überstand den großen Frankenberger Brand von 1476 und ist das älteste Haus der Stadt. Bauherr war eine angesehene Ratsfamilie. Das Gebäude diente dem städtischen Rat auch als Versammlungsraum.

▸ Liebfrauenkirche
Die Liebfrauenkirche, mit deren Bau 1286 begonnen wurde, überragt weithin sichtbar die Stadt. Nach der Feuersbrunst 1476 wurde bei der Restaurierung das Gewölbe mit gotischer Rankenmalerei ausgeschmückt, in der auch die Zunftzeichen wie die der Schmiede, Schneider und Schuster abgebildet sind. Die Kirche ist als nationales Kulturdenkmal anerkannt.

Museen

▸ Museum im Kloster Frankenberg
Eine stilvolle Unterkunft besitzt das Museum mit dem früheren Zisterzienserkloster St. Georgenberg. Ein Schwerpunkt sind die Werke der beiden Frankenberger Künstler Philipp Saddan

und Tyle von Frankenberg. Auch die große Stülpchen-Sammlung und der älteste Blaudruck Hessens sind sehenswert.
Kontakt: Bahnhofstr. 8–10, 35066 Frankenberg (Eder)

▸ Thonet-Museum

Mit der Firma Thonet ist einer der erfolgreichsten und fortschrittlichsten Designer-Möbelhersteller in Frankenberg angesiedelt. Im Firmen-Museum werden Produktionstechniken und die Weiterentwicklung von Möbel-Produkten gezeigt.
Adresse: Thonet GmbH, Michael-Thonet-Str. 1, 35066 Frankenberg (Eder) ☏ 06451/508-0
🌐 www.thonet.de

Natur und Freizeit

▸ Wandern und Rad fahren

Wanderer haben in der Region die Qual der Wahl, denn das Angebot an markierten Strecken ist ungewöhnlich breit gefächert. 19 zertifizierte Premium-Rundwanderwege laden zu Touren in das Ederbergland ein. Radfahrer schätzen den Eder-Radweg, die Georadroute Ruhr-Eder sowie die Fernwege R 6 und R 8.

▸ ☺ Wildpark Frankenberg

Gegenüber der historischen Frankenberger Altstadt befindet sich als beliebtes Ausflugsziel der städtische Wildtierpark. Der Ederhöhenpfad führt zum Teil durch die Anlage und erlaubt Tierbeobachtungen aus nächster Nähe. Die Tiere können auch von Kindern gestreichelt werden.
Adresse: Wildparkweg 3, 35066 Frankenberg (Eder) ☏ 06451/5050

▸ Ederberglandbad

Wer sich erfrischen möchte, besucht das Ederberglandbad mit Hallen- und Freibad am Eingang des Frankenberger Naherholungszentrums „Teichgelände". **Adresse**: Teichweg 17–19, 35066 Frankenberg (Eder)
🌐 www.egf-frankenberg.de

Veranstaltungen und Feste

Sehr rührig ist der Frankenberger Kulturring, der das ganze Jahr über Theatervorstellungen, Kabarett und Konzerte organisiert.
Zu den Stadtfesten zählen unter anderem der Pfingstmarkt, das Maistadtfest und Herbststadtfest sowie das Halloween-Midnight-Shopping.
🌐 www.kulturring-frankberg.de

Friedewald

(Landkreis Hersfeld-Rotenburg)

Friedewald liegt zwischen den nördlichsten Ausläufern der Rhön und südlich vom „Toten Mann", der höchsten Erhebung des Seulingswalds. Der Ort wurde im Jahr 1430 erstmals schriftlich erwähnt. In der Kerngemeinde und den drei weiteren Ortsteilen leben etwa 2400 Menschen.

Gemeindeverwaltung
Schlossplatz 2
36289 Friedewald
06674/9210-0
www.gemeinde-friedewald.de

Sehenswertes

▸ Wasserburg Friedewald
Wuchtig und repräsentativ wirkt auf den Betrachter die Ruine der Wasserburg Friedewald. Als sie 1476 von der Abtei Hersfeld in den Besitz der hessischen Landgrafen überging, baute sie in deren Auftrag der berühmte Festungsbaumeister Hans Jakob von Ettlingen zu einer mächtigen Bastion mit vier massiven Ecktürmen aus. Zugleich hatte die Landgrafschaft das einträgliche Geleitrecht auf der Handelsstraße durch die „Kurzen Hessen" zwischen Frankfurt und Leipzig erhalten. Ab dem ausgehenden 16. Jahrhundert erhielt die Vorburg durch Ergänzungsbauten einen schlossartigen Charakter und diente dann als landgräfliches Jagdschloss.

Museen

▸ Heimatmuseum Friedewald
Friedewald wurde im Oktober 1865 von einem Großbrand heimgesucht. Die ohnehin nicht begüterte Gemeinde verarmte danach vollends. Daraufhin wanderten in den Folgejahren mehrere hundert Einwohner nach Amerika aus. Zeugnisse aus dieser schweren Zeit finden sich im Heimatmuseum, das in den Schlossgebäuden untergebracht ist. Kontakt über den Heimatverein Friedewald e.V., Am Schlossplatz 2, 36289 Friedewald
www.museum-friedeald.de

Natur und Freizeit

▸ Wandern
Wanderwege, darunter der Lutherweg, führen unter anderem durch das Naturschutzgebiet Dreienberg und zur Ruine der Dryggenburg und zur Wüstung Hammundeseiche. Eine kleine Sehenswürdigkeit findet sich an der Straße Friedewald–Hönebach mit dem „Nadelöhr". In den aus drei behauenen Sandsteinen zusammengefügten Bogen wurden in das südliche Giebelfeld die Initialen „MLZH" (Landgraf Moritz zu Hessen) eingemeißelt. Drei Kilometer weiter steht das Steinmal „Zollstock", das im Mittelalter eine hessische Zollstelle war.

Die Wüstung Hammundeseiche bei Friedewald.

Veranstaltungen und Feste

Jedes Jahr im Oktober findet in der Festhalle in Friedewald das traditionelle Kirmestreiben statt. Von Donnerstag bis Sonntag werden heiße Rhythmen präsentiert. Die Trachten-

und Volkstanzgruppe Lautenhausen richtet in jedem Jahr den sogenannten Dorfabend mit Tanzdarbietungen und Mundartbeiträgen aus.

Frielendorf

(Schwalm-Eder-Kreis)

Der staatlich anerkannte Luftkurort Frielendorf liegt am Nordwestrand des Knüllgebirges. Erstmals urkundlich erwähnt wurde der Kernort 1197 in einem Einkommensverzeichnis des Klosters Spieskappel als Frillingendorf. Etwa 150 Jahre lang, bis Ende der 1960er-Jahre, waren die Braunkohlenförderung und die Brikettherstellung die Haupteinnahmequelle Frielendorfs. Die Einwohnerzahl beträgt hier und in den anderen 15 Ortsteilen rund 7500.

Touristikbüro
Silbersee 333
34621 Frielendorf
05684/7827
www.frielendorfaktiv.de

Sehenswertes

Klosterkirche
Sie wird meist nur Klosterkirche genannt, die 1255 geweihte Kirche St. Johannes im Ortsteil Spieskappel. Sie gehörte zum früheren Kloster Spieskappel. Die Rokoko-Orgel wurde Mitte des 18. Jahrhunderts in der Werkstatt des Orgelbauers Johannes Schlottmann aus Bad Hersfeld hergestellt.

Johanneskapelle Todenhausen
Im Ortsteil Todenhausen wurde schon 1383 eine Kapelle urkundlich erwähnt. Ihr Nachfolgebau ist die heutige Johanneskapelle aus dem 19. Jahrhundert. Der Dachreiter der Fachwerkkirche dient als Glockenturm.

Spießturm
Der 14 Meter hohe Wartturm steht bei Spieskappel auf der Grenze zwischen Nieder- und Oberhessen. Hier kreuzten sich im Mittelalter mehrere Handelsstraßen. Der Grenzturm wurde im 15. Jahrhundert errichtet und diente auch als Versammlungsort für Landtage und Gerichte.

Museen

Museumsladen Frielendorf
Hier ist unter anderem ein alter Kolonialwarenladen aus den 1920er- und 1930er-Jahren zu bestaunen, als man beim Einkauf noch Zeit zu einem Schwätzchen hatte. Ferner wird gezeigt, wie früher die Schuster und Töpfer arbeiteten und wie Handel betrieben wurde. Dargestellt wird auch die Geschichte des Braunkohlenbergbaus in Frielendorf.
Adresse: Hauptstr. 51, 34621 Frielendorf
Informationen zu Führungen unter
05684/923458 (ab 15.00 Uhr)

Natur und Freizeit

Wandern und Rad fahren
Überall in der Gemeinde gibt es gut markierte Wander-Rundwege. Eine Besonderheit ist eine 7 Kilometer lange Route nahe dem Silbersee, der aus einem Tagebergbaugelände entstand und als einer der saubersten Badeseen Hessens gilt. Der Wanderweg umfasst verschiedene Anlaufstationen mit Anschauungstafeln zur Geschichte des Frielendorfer Bergbaus. Für Radfahrer bieten sich die Radwege R14 und R15 an.

▸ Wellness-Paradies am Silbersee
In dieser Freizeitanlage können sich kleine und große Wasserratten in Schwimmbecken und auf einer großen Wasserrutsche austoben. In der Saunawelt kann der Gast seinen Körper in fünf unterschiedlichen Saunen entschlacken. Massagen und Kosmetikbehandlungen ergänzen das breite Wohlfühl-Angebot.
Adresse: Silbersee 333, 34621 Frielendorf
056 84/92264-0
wellnessparadiese-silbersee.de

Das Freizeitparadies von Frielendorf – der Silbersee.

▸ Silbersee-Bob
Die 750 Meter lange Abfahrt der Allwetter-Rodelbahn weist neun Steilkurven und fünf Bögen auf. Die Geschwindigkeit der entgleisungssicheren Bobs regelt der Fahrer selbst.
Adresse: Am Silbersee 1, 34621 Frielendorf
05684/922999 www.silbersee-bob.de

▸ Frielo-Land
Zum Freizeitpark Silbersee gehört auch eine große Kinder-Spielhalle (Frielo-Land) mit Hüpfburgen, Klettergeräten, Billardtischen, mit Tischtennis und anderen Freizeit-Angeboten. Hier können Kinder auch ihre Geburtstage feiern.
Adresse: Silbersee 300, 34621 Frielendorf
05684/1503 www.frieloland.de

Veranstaltungen und Feste

Frielendorf begeht im Jahr mehrere feststehende Feste: den Himmelfahrtsmarkt, den Rotkäppchentag (Ende Juli) und das Sonnwendfeuer (Anfang August). Im sportlichen Bereich wird jedes Jahr der Silbersee-Triathlon ausgetragen.

Fritzlar

(Schwalm-Eder-Kreis)

Im Jahre 723 fällte der angelsächsische Missionar Bonifatius in der Nähe des heutigen Fritzlarer Stadtteils Geismar die Donareiche, die dem germanischen Gott Thor geweiht war und bei den Chatten als Heiligtum galt. Als dies ohne den befürchteten strafenden Blitz vom Himmel geschah, kam es zu einer Massentaufe von Chatten, und es begann die Christianisierung Mittel- und Norddeutschlands. Bonifatius errichtete eine Kirche aus Holz und gründete ein Kloster. Daraus entwickelte sich die Stadt Fritzlar, die im Mittelalter häufig von deutschen Königen und Kaisern aufgesucht wurde. Heute leben in der Kernstadt und den zehn Stadtteilen 14 400 Menschen.

Tourist-Information
Zwischen den Krämen 5
34560 Fritzlar
05622/988-643
www.fritzlar.de

Sehenswertes

▸ Dom St. Peter
An der Stelle des im 8. Jahrhundert errichteten Vorgängerbaus der Kloster- und Stiftskirche St. Peter entstand in zwei romanischen Bauphasen etwa von 1085 bis 1118 der Fritzlarer Dom, der auch heute das Stadtbild prägt. Später erfolgten noch einige Um- und Anbauten. Seit 2004 ist der Dom päpstliche Basilika.

Seit 2004 päpstliche Basilika – der Dom St. Peter.

▸ Evangelische Stadtkirche
1237 begannen die Franziskaner mit dem Bau eines Klosters in Fritzlar. Um 1400 kam eine gotische Hallenkirche dazu. Im 17. Jahrhundert gestaltete man ihr Inneres im Barockstil um. 1817 wurde die Kirche der evangelischen Gemeinde übergeben.

▸ Stadtbefestigung
Zur früheren Stadtbefestigung der „Dom- und Kaiserstadt" gehörten zahlreiche Türme, von denen unter anderem der Rosen- und der Grebenturm aus dem 13. Jahrhundert noch stehen. Es sind die beiden ältesten noch erhaltenen Wehrtürme Hessens. In dem etwa 38 Meter hohen „Grauen Turm" mit Verließ im Untergeschoss sind Ausstellungen zum Beispiel zur Gerichtsbarkeit und Hexenverfolgung zu besichtigen. Von der mächtigen Stadtmauer sind noch 2,5 Kilometer erhalten geblieben. Rings um Fritzlar stehen noch fünf sogenannte Warten (Türme) als Vorposten gegen Überfälle.

▸ Marktplatz
Ein einzigartig geschlossenes und anheimelndes Fachwerkensemble stellt der Marktplatz mit zum Teil spätgotischen Gebäuden dar. Die Rolandstatue und der Renaissancebrunnen stammen aus dem Jahr 1564. Das Brunnenwasser wurde früher durch Holzrohre aus dem Edertal heraufgepumpt.

▸ Rathaus
Neben dem Fritzlarer Dom steht das älteste Rathaus Deutschlands. Es entstand ursprünglich in romanischer Zeit als „Vogtei" und wurde bereits 1109 urkundlich erwähnt. Im 15. Jahrhundert erhielt das steinerne Bauwerk ein reich verziertes Fachwerkobergeschoss.

▸ Spitzenhäuschen
Das ungewöhnlichste Haus der Stadt ist das 1415 erbaute Spitzenhäuschen. Durch fehlerhafte Eingriffe in die Statik war im Lauf der Zeit die Westfassade abgesackt, sodass keine Wand und keine Decke mehr im Lot ist.

▸ Büraberg
Auf dem Büraberg südwestlich von Fritzlar stand im 8. Jahrhundert eine starke fränkische Grenzfestung, die Büraburg. Während

der Sachsenkriege Karls des Großen bot sie mehrfach den Einwohnern Fritzlars Schutz. Aus dem 6. Jahrhundert stammt die der irischen Nationalheiligen Brigida geweihte Kapelle St. Brigida. Seit 1773 ist die Kapelle das Ziel jährlicher Prozessionen und Wallfahrten.

▸ Schloss Garvensburg

Das Jagdschloss aus dem 19. Jahrhundert liegt inmitten einer großen romantischen Parkanlage. In den Bau der Villa wurden Reste der ehemaligen Züschener Burg integriert. Nach der Nutzung als Hotel und Restaurant wurde das Schloss 2020 verkauft und wird seitdem privat bewohnt.

▸ Steinkammergrab Züschen

Zwischen den Ortsteilen Züschen und Lohne liegt auf freiem Feld eine vorgeschichtliche Megalithanlage. Das Steinkammergrab stammt aus dem 3. Jahrtausend vor Chr. Eine Abschlussplatte trennt die eigentliche Grabkammer von einem kleinen Vorraum. Die Platte hat in der Mitte eine kreisrunde Öffnung, das sogenannte Seelenloch.

Museen

▸ Museum Hochzeitshaus

Aufgrund von Umbauarbeiten ist das in zwei Fachwerkhäusern angesiedelte Regionalmuseum derzeit geschlossen. Es hat eine frühgeschichtliche Abteilung mit steinzeitlichen Funden und volkskundliche Sammlungen aus den letzten Jahrhunderten. Nach Sanierung und konzeptioneller Umgestaltung wurde es Anfang 2022 neu eröffnet.
Adresse: Am Hochzeitshaus 6–8,
34560 Fritzlar ✆ 05622/79 85 97

▸ Dom-Museum

Im Kreuzgang befindet sich das Dom-Museum, das viele sakrale Kostbarkeiten vom Mittelalter bis zum 20. Jahrhundert enthält. Herzstück des Dom-Schatzes ist das Kaiser-Heinrich-Kreuz, ein Geschenk von Heinrich II. aus dem Jahr 1020. Das Altarkreuz ist mit fast 350 Edelsteinen und Perlen verziert und trägt in der Mitte einen Holzspan, der zum Kreuz von Christus gehört haben soll. Es gehört zu den bedeutendsten Kunstwerken in Hessen.
🌐 www.katholische-kirche-fritzlar.de

Natur und Freizeit

▸ Wandern und Rad fahren

Viele Wege führen nach Rom – auch nach Fritzlar. Wanderer können den Barbarossaweg oder den Kunstwanderweg Ars Natura benutzen. Vier größere markierte Routen stehen den Radfahrern zur Verfügung. Zu den Freizeitangeboten in der Region gehören auch Reiten und Planwagenfahrten.

▸ Reiten und Planwagenfahrten

Reit- und Ferienhof Emstal: In der Lücke 4, 34560 Fritzlar, ✆ 05622/1724
Fuhrhalterei Döring: Gippes 6, 34590 Wabern, ✆ 05683/8312

▸ Kaiserfest und Karneval

Wegen seiner großen Vergangenheit im Mittelalter – unter anderem aufgrund zahlreicher Königs- und Kaiserbesuche bis zum Ende der Salierzeit – feiert Fritzlar in geraden Jahren am dritten August-Wochenende das sogenannte Kaiserfest. Dabei kann man in der Altstadt einen mittelalterlichen Markt erleben. Traditionelle Feste sind ferner der Pferdemarkt und das Stadtfest. Der Fritzlarer Rosenmontagsumzug ist der größte in Nordhessen.

Fuldabrück

(Landkreis Kassel)

Südöstlich bis südlich von Kassel liegt am Nordwesthang der Söhre die aus vier Ortsteilen bestehende Gemeinde Fuldabrück. Sie hat rund 8600 Einwohner. Sitz der Verwaltung ist Dörnhagen.

Gemeinde Fuldabrück
Am Rathaus 2
34277 Fuldabrück
05665/94630
www.fuldabrueck.de

Sehenswertes

Kirche Dörnhagen
Die denkmalgeschützte evangelische Kirche steht auf einem Wehrfriedhof mit Schießscharten in der spätgotischen Ringmauer. Das ursprünglich flach gedeckte Schiff stammt aus dem 12. Jahrhundert. Bis ins 18. Jahrhundert nahm man immer wieder bauliche Veränderungen vor. Das reich verzierte Deckengemälde wurde in den 1960er-Jahren restauriert.

Natur und Freizeit

Wandern und Rad fahren
Die Fulda, die durch die Ortsteile Dennhausen/Dittershausen und Bergshausen direkt vorbeifließt, sowie der nahe Geo-Naturpark Frau-Holle-Land und die Waldungen rund um Kassel bieten Wassersportlern und Wanderern alle Möglichkeiten. Auch Radfahrer finden überall markierte Wege.

Fuldatal

(Landkreis Kassel)

Nordöstlich von Kassel am Südrand des Reinhardswalds und am linksseitigen Ufer der Fulda liegen die sechs Ortsteile der Gemeinde Fuldatal. Ihre Einwohnerzahl beträgt knapp 12 500. In Wahnhausen und Wilhelmshausen wird die Fulda durch zwei Staustufen zu einem lang gestreckten und zu einem kleineren See aufgestaut.

Gemeindeverwaltung
Am Rathaus 9
34233 Fuldatal
0561/9818-0
www.fuldatal.de

Sehenswertes

Marienbasilika Wilhelmshausen
Der Ort Wilhelmshausen entstand aus dem ehemaligen Kloster Wahlshausen. Es war ursprünglich ein Nonnenkloster, das 1320 in ein Zisterzienser-Männerkloster umgewandelt wurde. An diese Zeit erinnert die 1145 erbaute Marienbasilika, das einzige noch erhaltene Klostergebäude. Im Dreißigjährigen Krieg wurde sie wiederholt zerstört, aber immer wieder neu aufgebaut. Die Rokoko-Orgel stammt aus dem 18. Jahrhundert. Da die Marienbasilika direkt am Fernradweg R 1 liegt, ist sie besonders bei Radfahrern ein beliebtes Ausflugsziel und „Radwegkirche" der Evangelischen Kirche in Deutschland.

Volkssternwarte Rothwesten
Auf einem früheren Aussichtsturm auf dem Häuschenberg ist die Volkssternwarte Rothwesten installiert. Sie ist ein beliebter Anlaufpunkt von rund 1000 Besuchern pro Jahr. Unter der Kuppel stehen – neben anderen Geräten – drei große Teleskope

zur Verfügung, mit denen auch Sonnen-Beobachtungen möglich sind. Die Sternwarte wird ehrenamtlich betrieben. Sie ist nur bei klarem Himmel geöffnet.
05607/7712
www.volkssternwarte-rothwesten.de

Wassererlebnishaus Fuldatal
Die Einrichtung liegt im idyllischen Rohrbachtal und bietet in einem überschaubaren Naturraum eine Vielzahl von Lernorten zum Thema „vernetzte ökologische Zusammenhänge der Lebensräume im und am Wasser". Ein weiterer Schwerpunkt ist der nachhaltige Umgang mit Energie.
Adresse: Junghecksweg 9,
34233 Fuldatal-Simmerhausen
0561/9812346
www.wassererlebnishaus-fuldatal.de

Museen

Museum Währungsreform 1948
In Fuldatal-Rothwesten schlug 1948 die Geburtsstunde der D-Mark: Elf deutsche Finanzexperten aus den Ländern der damaligen westlichen Besatzungszonen bereiteten die Währungsreform vor. Die Beratungen fanden auf dem früheren Luftwaffen-Stützpunkt Rothwesten im „Haus Posen" statt. Heute befindet sich dort das „Museum Währungsreform 1948". Es ist jeweils am ersten Samstag eines Monats geöffnet.
Adresse: Haus Posen, Edward-Tenenbaum-Str. 1, 34233 Fuldatal

Der Original-Konferenztisch im Haus Posen in Rothwesten.

Telefonische Anmerlung zu Führungen unter 0561/818858 oder 811267.

Heimatmuseum Fuldatal
Das 1974 im Ortsteil Simmershausen eröffnete Heimatmuseum besitzt neben einer volkskundlichen Abteilung noch eine naturkundliche und geologische Abteilung.
Adresse: Teichstr. 8, 34233 Fuldatal
0561/ 59861046

Mahnmal für „tapfere Hessen"
Während des Siebenjährigen Krieges kam es am 23. Juli 1758 auf dem Sandershäuser Berg zu einem Gefecht zwischen hessischen Truppen und einem weit überlegenen französischen Heer. An dieses Ereignis und die „tapferen Hessen" erinnert ein Gedenkstein an der Landstraße von Sandershausen nach Landwehrhagen, unweit des Fuldataler Ortsteils Spiekershausen.

Natur und Freizeit

Wandern und Rad fahren
Wie Fuldabrück liegt auch Fuldatal durch seine Nähe zu den Naturparks im näheren und weiteren Umfeld Kassels für Wanderer sehr günstig. Empfehlenswert sind mehrere Eco-Pfade zu kulturhistorischen Stätten. Auf Radfahrer warten Radwege entlang der Fulda bis weiter zu Werra und Weser.

Waldschwimmbad
Das Freibad verfügt über Nichtschwimmer, Schwimmer-, Springer- und Kleinkinderbecken. Hinzu kommen eine Wärmehalle mit Durchschwimmkanal und Sonnenterrassen sowie weiträumige Liegewiesen mit Volleyballfeld und Tischtennisplatten.
Adresse: Weserstr. 40, 34233 Fuldatal
0561/813248

Gemünden (Wohra)

(Landkreis Waldeck-Frankenberg)

Erstmals schon im 8. Jahrhundert erwähnt, wurde sie 1223 als Stadt geführt: Die Stadt Gemünden am westlich angrenzenden Burgwald, rund 30 Kilometer nordöstlich von Marburg. In der Stadt und den sechs ländlichen Ortsteilen sind rund 4000 Menschen beheimatet. Gemünden wird von der Wohra durchflossen.

Stadtverwaltung
Marktstr. 10
35282 Gemünden (Wohra)
06453/91230
www.gemuenden-wohra.de

Sehenswertes

▸ Stadtkirche
Das Wahrzeichen Gemündens, der 55 Meter hohe Turm der Stadtkirche, wurde 1485 vollendet und ist in seiner Form bis heute erhalten geblieben. Archäologische Funde belegen, dass die Kirche mehrere steinerne Vorgängerbauten hatte. Die älteste Grundmauer aus dem 8. Jahrhundert gehört zu den frühesten frühchristlichen Zeugnissen in Hessen.

Ein Ausflug entlang des Kunst- und Erlebnispfades lohnt sich.

▸ Rathaus
Das prächtige Fachwerk-Rathaus wurde 1823 und 1824 erbaut. Es hat ungewöhnlich viele Fenster. Eine Besonderheit ist ein Gefängnisgewölbe von 1546, das sich unter dem Rathaus befindet.

Natur und Freizeit

▸ Wandern und Rad fahren
Ein geschlossenes Wander- und Radfahr-Areal ist der 900 ha große Stadtwald. Ein kulturhistorischer Rundgang in Gemünden vermittelt die vielschichtige Geschichte dieser mittelalterlichen Stadt. Auf einem 2,3 Kilometer langen Kunst- und Erlebnispfad erhält man Informationen zu den Themen Natur, Spiel, Sport und Kunst.

▸ Freizeitbad
Gemünden verfügt über ein großzügig angelegtes Freibad mit Wasserfall und Rutschen, die vor allem bei Kindern beliebt sind.
Adresse: Auestr. 28, 35285 Gemünden
06453/1010

Gilserberg

(Schwalm-Eder-Kreis)

Die Großgemeinde erstreckt sich mit ihren elf Ortsteilen am südlichen Ende des Naturparks Kellerwald-Edersee. Der Verwaltungssitz ist Gilserberg, das 1262 erstmals urkundlich erwähnt wurde. Die Gemeinde im „Rotkäppchenland“ ist die westlichste des Schwalm-Eder-Kreises und hat etwa 3500 Einwohner.

Gemeinde Gilserberg
Bahnhofstr. 40
34630 Gilserberg
06696/96190
www.gilserberg.de

Sehenswertes

Burgruine Schönstein
Mitten im Wald liegt, einsam und romantisch, die Ruine der Burg Schönstein. Bis Mitte des 16. Jahrhunderts war die zwischen 1331 und 1350 erbaute Burg von Amtmännern des Grafen von Ziegenhain bewohnt und diente auch als Gerichtsplatz.

Kellerwaldturm
Wer einen fantastischen Rundblick erleben will, muss auf den Aussichtsturm des Wüstegartens klettern, der mit 675 Metern höchsten Erhebung des Kellerwalds. Auf der Plattform des „Kellerwaldturms" hat man dann eine Höhe von 700 Metern erreicht. Der Berggipfel ist von Schönstein aus gut zu erreichen. Auf der Kuppe sind noch Überreste einer uralten Wallanlage zu erkennen.

Museen

Museumsscheune
Im Ortsteil Sebbeterode wandelten die Dorfbewohner die Wiesmannsscheune, die früher als Speicher diente, zwischen 2000 und 2005 in ein Heimatmuseum um. Die Ausstellungsstücke in dem 180 Jahre alten Fachwerkhaus sind alte Gegenstände aus dem bäuerlichen Leben und dem Handwerk sowie alte Fotografien.

Natur und Freizeit

Wandern und Rad fahren
Wandern und Rad fahren am Rande und innerhalb der Mittelgebirge Kellerwald und Jeust sowie der jährlich veranstaltete internationale Kellerwald-Bikemarathon sind attraktive Angebote der Urlaubsregion. Eine Wandertafel am Infozentrum der Gemeinde Gilserberg verschafft einen Überblick über die verschiedenen Routen.

Umsäumt von herrlichen Rapsfeldern – die Gemeinde Gilserberg.

Grebenstein

(Landkreis Kassel)

Das Städtchen Grebenstein tauchte erstmals 1272 in einer Urkunde als „Grevensteine" auf. Es liegt westlich des Reinhardswalds zwischen Kassel und Hofgeismar. In Grebenstein und seinen drei weiteren Ortsteilen leben rund 5800 Menschen.

Stadtverwaltung
Markt 1
34393 Grebenstein
05674/7050
www.stadt-grebenstein.de

Sehenswertes

Historische Altstadt
Ein Schmuckstück ist die historische Altstadt mit ihren im diemelsächsischen Stil erbauten Fachwerkhäusern. Sie stammen aus der

Zeit nach dem Dreißigjährigen Krieg. Im Mai 1637 hatten Kroaten die Stadt geplündert und in Brand gesteckt. Dem Feuer fielen fast alle Häuser zum Opfer. Dennoch hat die Altstadt ihr mittelalterliches Flair bewahrt.

▸ Stadtbefestigung
Fast vollständig erhalten ist noch die Stadtmauer Grebensteins mit ursprünglich 13 Türmen. Von diesen sind noch fünf vorhanden. Bemerkenswert ist vor allem der 40 Meter hohe Jungfernturm, den Besucher besteigen können. In alten Zeiten diente er auch als Gefängnis.

▸ Stadtkirche
Die heute evangelische Stadtkirche Grebensteins blickt auf eine jahrhundertealte Geschichte zurück. Mit ihrem Bau wurde zu Beginn des 14. Jahrhunderts begonnen, wobei man den Turm als Wehrturm anlegte. Fertiggestellt wurde die spätgotische, dreischiffige Kirche erst um 1350. Später fanden einige Erweiterungen und Umbauten statt. Noch bis ins frühe 19. Jahrhundert wurden von einem „Türmer" die Stunden geblasen.

Rathaus und evangelische Kirche von Grebenstein.

▸ Burgruine Grebenstein
Am Südrand von Grebenstein steht die Ruine der gleichnamigen Burg. Die Höhenburg war ab 1266 auf einer alten Befestigungsanlage errichtet worden. Im Jahr 1341 kam hier der spätere Landgraf von Hessen, Hermann II., zur Welt. Seit 1540 nutzte man die Burg nur noch als Erntespeicher, weil sie ihre strategische Bedeutung verloren hatte. Im Dreißigjährigen Krieg zerstört, war die Burg danach dem Verfall preisgegeben. Vom Burgturm bietet sich ein Blick über die Altstadt hinweg bis zu Habichts- und Reinhardswald.

▸ Rittergut Schachten
Schon von Weitem schälen sich die Gebäude des Rittergutes aus dem Ortskern des Dorfes Schachten heraus. Unverkennbar ist das weiße, mit einem behelmten Turm versehene Herrenhaus. Vor 100 Jahren wurde es rechtwinklig zum heute noch bestehenden alten Gutshaus errichtet. Im frühen Mittelalter befand sich an der Stelle des nach wie vor bewirtschafteten Gutes ein „Meierhof".

Museen

▸ Ackerbürgermuseum
Etwas Besonderes ist das Ackerbürgermuseum in der Grebensteiner Altstadt: In einem restaurierten diemelsächsischen Fachwerkhaus werden Besucher in „Deele", in Küche, Wohn- und Schlafstube sowie in den Stallungen über das Leben der Ackerbürger im 19. Jahrhundert informiert. Eine Ausstellung in der benachbarten „Alten Meierei" beschäftigt sich vorwiegend mit der Stadtgeschichte Grebensteins.
Adresse: Schachtener Str. 11 (Ackerbürgermuseum) und 4 (Alte Meierei), 34393 Grebenstein, ✆ 05674/7050

Natur und Freizeit

▸ Wandern und Rad fahren
In der Grebensteiner Altstadt beginnen drei Denklehrpfade, die sich mit globalen Grundfragen menschlichen Denkens befassen. Dann gibt es neben kürzeren Strecken auch den Märchenland-Wanderweg, der durch die Stadt führt, sowie den Märchenland-Radrundweg.

Amateurtheater
Einen guten Ruf hat das Amateurtheater „Kleine Bühne 77“. Spielort ist die frühere Staatsdomäne Burguffeln.
www.kleinebuehne77.de

Freibad Sauertal
Das Highlight des beheizten Freibades am Stadtrand von Grebenstein ist die 5 Meter lange Wellenrutsche. Das Bad ist aufgrund von Renovierungs- und Umbauarbeiten bis voraussichtlich 2024 geschlossen. Informationen unter 05674/6644
Adresse: Überm Sauertal, 34393 Grebenstein

Großalmerode

(Werra-Meißner-Kreis)

Mitten im Geo-Naturpark Frau-Holle-Land liegt Großalmerode, das 1775 Stadtrechte erhielt. Die Kernstadt und die sechs Ortsteile haben knapp 6200 Einwohner. Trotz einer zeitgemäßen Entwicklung auf allen Gebieten hat sich die Gemeinde eine ländlich-romantische Atmosphäre bewahrt. Umgeben ist sie von den Berghöhen Hirschberg, Steinberg, Bilstein und Hoher Meißner.

Stadtverwaltung
Marktplatz 11
37247 Großalmerode
05604/9335-0
www.grossalmerode.de
0561/992330
www.naturparkfrauholle.land

Sehenswertes

Kirchen
Eine Mischung aus neubarocken, neugotischen und späteren Stilelementen stellt die evangelische Pfarrkirche dar. Im Deckengewölbe findet sich als älteste Inschrift „1497“, wenngleich die Anfänge der eigentlichen Kirche wohl eher im 16. Jahrhundert liegen. Im Ortsteil Trubenhausen erhielt die romanische Wehrkirche (um 1100) knapp 500 Jahre später einen gotischen Westturm.

Museen

Glas- und Keramikmuseum
Großalmerode blickt auf eine über 800-jährige Tradition in der Glas- und Tonverarbeitung zurück. Diesem Thema widmet sich das Glas- und Keramikmuseum, das zugleich Einblicke in die Sozial- und Gewerbegeschichte der Region gibt. Dazu gehört auch die Alltagswelt der Bergleute im früheren Braunkohleabbau.
Adresse: Kleiner Kirchrain 3, 37247 Großalmerode

Natur und Freizeit

Wandern
Der 113 000 Hektar große Geo-Naturpark Frau-Holle-Land ist von einem dichten Netz markierter Wanderwege durchzogen, darunter zwei Premiumwanderwege. Überall warten Waldgaststätten auf hungrige Wanderer. Hoch geschätzt ist dabei die als regionale Spezialität bekannte „Ahle Worscht“.

Rad fahren
Mountainbiker kommen in dem bergigen Waldgebiet voll auf ihre Kosten. Eine erlebnisreiche Strecke ist der 215 Kilometer lange Herkules-Wartburg-Radweg. Eher weniger bekannt, aber durchaus interessant ist der

Blick vom Bilstein, der zweithöchsten Erhebung im Geo-Naturpark Frau-Holle-Land.

Gelstertal-Radweg entlang der alten Bahntrasse Großalmerode – Witzenhausen.

▸ Bilstein
Per Fuß und per Rad ist der Bilstein zu erreichen. Mit seinen 642 Metern Höhe ist er neben dem Meißner (754 m) die zweithöchste Erhebung im Naturpark Meißner-Kaufunger Wald. Der Aussichtsturm auf der Kuppe wurde vor über 100 Jahren errichtet und 1960 um sieben auf 20 Meter erhöht. Am 6. August 1907 besuchte die deutsche Kaiserin Auguste Victoria den Bilstein-Turm. Schon damals gab es hier eine kleine Berggaststätte.

▸ Männerspielplatz
Zwischen Großalmerode und Epterode werden auf dem „Erlebnispark Männerspielplatz" Männerträume wahr, nämlich mit Jeeps und schweren Fahrzeugen wie Bagger und Raupen durch das Gelände zu fahren. Derweil können sich die Kinder mit Bobbycars und Elektroautos vergnügen.

▸ Reiten
Reitbetrieb Eibenhof: Fabrikweg 8, 37247 Großalmerode, ☏ 05604/5295
🌐 www.pferde-zucht-sport.de

Reiterhof Hirschberg: Hof Hirschberg, 37247 Großalmerode, ☏ 05604/6412,
🌐 www.reiterhof-hirschberg.de

▸ Bilstein Bike Marathon
In unregelmäßigen Abständen treffen sich im Sommer Mountainbiker zum „Bilstein Bike Marathon". In den vergangenen Jahren betrug die Teilnehmerzahl jeweils über 500.
🌐 www.bilstein-bike-marathon.de

Gudensberg

(Schwalm-Eder-Kreis)

In der Umgebung von Gudensberg, das am äußersten Südostzipfel des Naturparks Habichtswand liegt, zeugen zahlreiche vorgeschichtliche Funde von einer Besiedlung der Region schon mehrere tausend Jahre v. Chr. Über Jahrhunderte war Gudensberg, 1254 erstmals als Stadt erwähnt, oberster Gerichtssitz der Grafschaft Hessen. In der Kernstadt und den sechs Stadtteilen leben rund 10 000 Menschen.

Stadt Gudensberg
Kesseler Str. 2
34281 Gudensberg
☏ 05603/933-0
🌐 www.gudensberg.de

Sehenswertes

▸ Obernburg
Auf dem 305 Meter hohen Schlossberg liegt oberhalb von Gudensberg die Ruine der Obernburg. Die Höhenburg spielte während der Kämpfe mit dem Erzbistum Mainz als landgräfliches Bollwerk eine wichtige Rolle.

Errichtet wurde sie im 12. Jahrhundert und seitdem immer wieder ausgebaut.

▸ Stadtkern Gudensberg
Ungewöhnlich reich an historischen Gebäuden ist der alte Stadtkern. Es sind meist Fachwerkhäuser. Besonders erwähnenswert ist das alte Amtshaus mit Renaissanceportal, das Pfarrhaus von 1642 sowie der ein Jahr später errichtete Renthof. 1365 wurde das Hospital zum Heiligen Geist gegründet, in das Aussätzige aufgenommen wurden. Der „Alte Friedhof" in der Altstadt weist historische Grabsteine aus dem 18. und 19. Jahrhundert auf.

Blick auf Gudensberg und die Obernburg.

▸ Gefangenenturm
Von der mittelalterlichen Stadtbefestigung ist als letzter Wehrturm nur noch der „Gefangenenturm" erhalten. Im 17. und 18. Jahrhundert wurde er als Verlies für Gefangene benutzt. Im Kuppelgewölbe befindet sich ein sogenanntes Angstloch.

▸ Stadtkirche St. Margarethen
Im späten 13. Jahrhundert entstand die heute evangelische Stadtkirche „St. Margarethen". Der im gotischen Stil errichtete Chor wurde 1271 geweiht, Kirchenschiff und Turm folgten 65 Jahre später. Die neugotische Orgel stammt aus der Mitte des 19. Jahrhunderts.

Natur und Freizeit

▸ Wandern und Rad fahren
Viele Wander- und Radwege führen in den umliegenden Chattengau. Dazu gehören der Gudensberger Panoramaweg und die Gudensberger Runde des Kunstwanderweges mit 17 Kunstwerken entlang der Strecke. Rund um den Odenberg ist ein Waldlehrpfad angelegt. Auf Radfahrer warten der Ederauenweg R10 und der Chattengauweg R21. Alljährlich am zweiten Sonntag im September findet die Tour de Chattengau statt. Die familienfreundliche, 36 km lange Radtour führt durch Gudensberg und die Nachbarkommunen.

▸ Odenberg
Auf dem Hochplateau des Odenbergs, einer Basaltkuppe bei Gudensberg, sind zwei Ringwallanlagen mit vorgelagerten Gräben erkennbar. Von einem Aussichtsturm aus bietet sich ein weiter Blick ins Hessenland.

▸ Scharfenstein
Als Klettergebiet beliebt ist der Basaltkegel des Scharfensteins. Er liegt etwa 2,5 Kilometer vom Gudensberger Stadtkern entfernt. Die bis zu 25 Meter hohen Felswände waren bereits vor 100 Jahren eine Herausforderung für Kletterer.

▸ Wartberg
Der Name des Wartbergs, einer Basaltkuppe zwischen Kirchberg und dem Ortsteil Gleichen, hat mit der Wartberg-Kultur (3500–2800 v. Chr.) aus der späten Jungsteinzeit zu tun. Der Verbreitungsschwerpunkt liegt in Nordhessen.

▸ Golfpark Gudensberg
Eingebettet in eine reizvolle Basaltkuppenlandschaft liegt die anspruchsvolle 9-Loch-Anlage. Zugleich bietet der Platz ideale Trainingsmöglichkeiten für Anfänger und Fortgeschrittene sowie Nordhessens erste

Fußballgolfanlage. Auch eine Minigolfanlage ist vorhanden. **Adresse**: Ziegelei 1, 34233 Gudensberg-Obervorschütz
05603/930730
www.golfpark-gudensberg.de

Eseltrekking
Ein besonderes Erlebnis vor allem für Kinder ist eine Wandertour mit Eseln. Sie tragen das Gepäck und freuen sich über Streicheleinheiten während der Picknick-Pause.
Adresse: Metzer Str. 7, 34281 Gudensberg
0173/2629770

Guxhagen

(Schwalm-Eder-Kreis)

Als Keimzelle Guxhagens, das 13 Kilometer südlich Kassels an der Fulda liegt, gilt das Kloster Breitenau. Erstmals in einer Urkunde erwähnt wurde der Ort im Jahr 1352. Die Gemeinde mit ihren sechs Ortsteilen hat etwa 5400 Einwohner.

Gemeinde Guxhagen
Zum Ehrenhain 2
34302 Guxhagen
05665/94990
www.guxhagen.de

Sehenswertes

Kloster Breitenau
Das Benediktinerkloster wurde 1113 vom hessischen Grafen Werner IV. von Grüningen in der „Breiten Aue" gegründet. Acht Jahre später bezogen 13 Mönche aus Hirsau im Schwarzwald die ersten Gebäude. Zwischen dem 12. und 14. Jahrhundert erlebte das Kloster seine Blütezeit. Mit Einführung der Reformation wurde es jedoch 1527 aufgelöst und wurde landgräfliches Kammergut. Die große Kirche, eine dreischiffige Basilika im romanischen Stil, überstand die Zerstörungswut der Soldaten im Dreißigjährigen Krieg. In der NS-Zeit waren hier zeitweise jüdische „Schutzhäftlinge" untergebracht. Daran erinnert heute die Gedenkstätte Breitenau. **Adresse**: Gedenkstätte Breitenau, Brückenstr. 12, 34302 Guxhagen 05665/3533
www.gedenkstaette-breitenau.de

Blick auf das Kloster Breitenau.

Ehemalige Synagoge
Anfang des 19. Jahrhunderts hatte die jüdische Gemeinde Guxhagens ein großes Fachwerkhaus als Synagoge und Schule mit Lehrerwohnung gebaut. In den November-Pogromen 1938 wurde es geschändet und geschlossen. Um 2001/2002 sanierte man das Gebäude und legte dabei auch alte Fresken im ehemaligen Altarraum frei. Jedes Jahr finden hier am 8./9. November Gedenkveranstaltungen statt.

Natur und Freizeit

Wandern und Rad fahren
Die waldreiche Umgebung und die Fulda sind ideal für Wanderer, Radfahrer und Freizeitsportler. Guxhagen liegt am Ederhöhen-

weg und am Fuldahöhenweg. Der Radfernweg R1 berührt gleich mehrere Ortsteile. Wassersportler können sich in Guxhagen Kanus leihen. Badevergnügen bietet das Freibad „Unter den Eichen".

Habichtswald

(Landkreis Kassel)

In einer der landschaftlich reizvollsten Regionen Nordhessens liegt die Gemeinde Habichtswald westlich von Kassel im gleichnamigen Naturpark Habichtswald. In den beiden Ortsteilen Dörnberg (Sitz der Verwaltung) und Ehlen leben knapp 5000 Menschen. Beide Orte wurden im Jahr 1074 in einer Schenkungsurkunde des Klosters Hasungen erstmals erwähnt.

Gemeinde Habichtswald
Breiter Weg 4
34317 Habichtswald
05606/5996-0
www.habichtswald.de

Sehenswertes

Kirchen
Die Kirche in Dörnberg wurde um 1160 auf den Grundmauern einer Kapelle errichtet. Der Turm diente zugleich als Wehrturm und besitzt in sechs Metern Höhe noch den alten Einstieg. Der Kirchbau, so wie er sich heute darstellt, wurde im 16. bis 17. Jahrhundert errichtet.
Auch der Turm der Ehlener Kirche wurde im 12. Jahrhundert als Wehrturm erbaut. Das Kirchenschiff kam erst Mitte des 17. Jahrhunderts dazu.

Gut Bodenhausen
An der Landstraße von Ehlen nach Zierenberg liegt im Tal der Warme das frühere Rittergut Bodenhausen, das nach dem Dreißigjährigen Krieg in repräsentativer Form neu aufgebaut wurde. Markant ist das alte Torbogenhaus, unter dem meist eine große Erntekrone hängt. Der Name des Vorgängerbaus „Botinhusun" erschien erstmals in einer Schenkungsurkunde aus dem Ende des 11. Jahrhunderts.

Museen

Museum für dörfliche Alltagskultur
Im Dorfgemeinschaftshaus von Ehlen ist ein kleines, aber liebevoll zusammengestelltes Museum über die dörfliche Alltagskultur untergebracht. Angeschlossen ist die alte Dorfschmiede aus dem Jahr 1893, die bis 1970 in Betrieb war. Heute werden hier alte Schmiedetechniken vorgeführt. Im Bauhof von Dörnberg befindet sich eine Geräte-Sammlung aus Landwirtschaft und Handwerk.
Adresse: Warmetalstr. 13, 34317 Habichtswald-Ehlen 05606/56640 oder 7763
Öffnungszeiten: nach Vereinbarung

Natur und Freizeit

Dörnberg
Die Lage der beiden Ortsteile mitten im Naturpark Habichtswald eröffnet Wander- und Radfahrfreunden alle Möglichkeiten. Vor allem Mountainbiker kommen hier voll auf ihre Kosten. Da ist zunächst das Bergmassiv des Hohen Dörnbergs (579 m), das man auf mehreren Routen erreichen kann. Im Sommer ist dort ein reger Segelflugbetrieb. Die Flächen des Dörnbergs stehen unter Naturschutz. Um das Massiv herum kann man den Eco-Pfad Archäologie begehen, der zu alten Wallanlagen aus zum Teil keltischer Besiedlungszeit führt.

Blick auf den Habichtswalder Ortsteil Ehlen.

▸ Habichtswald

Östlich der Gemeinde erstreckt sich der bewaldete Bergrücken des Habichtswalds, hinter dem die 15 Autominuten entfernte nordhessische Metropole Kassel liegt. Der Habichtswald, gekrönt vom Herkules-Bauwerk, besitzt ein weit verzweigtes Netz von Wanderwegen und mehrere urig-gemütliche Einkehrmöglichkeiten. Auf der höchsten Erhebung (614,8 m), dem Hohen Gras, ist ein Kletterwald eingerichtet.

▸ Erlebnisbad

Einen weithin guten Ruf hat das Erlebnisbad in Ehlen, zu dem auch aus Kassel viele Gäste anreisen. Auf einer parkähnlichen Fläche angelegt, verfügt es über ein Sportbecken, ein Erlebnisbecken mit Riesenrutsche und ein Planschbecken. **Adresse**: Hasenbreite, 34317 Habichtswald ✆ 05606–9035
🌐 erlebnisbad-habichtswald.de

Veranstaltungen

▸ Fest der leisen Töne

Jedes Jahr Ende August treffen sich auf dem Freizeitgelände „Am Höllchen" im Ortsteil Dörnberg Liedermacher, Bands, Poeten und Kleinkünstler zum „Fest der leisen Töne". Im Lauf der Zeit hat es sich zu einem Kulturereignis für die gesamte Region entwickelt. Informationen unter ✆ 05606/5996-0

▸ ☺ „Alles nur Theater"

Sehr beliebt sind die Aufführungen der Laienspielgruppe „Alles nur Theater e.V." Seit Jahren spielt sie Bauernstücke und Boulevardkomödien. Vereinsmitglieder schreiben das Drehbuch selbst und achten darauf, dass es auch Kinder anspricht. Spielort ist in wild-romantischer Lage die Bergbühne Burghasungen. Grill- und Getränkestände sorgen für das leibliche Wohl der Besucher.
🌐 allesnurtheater.de

Haina (Kloster)

(Landkreis Waldeck-Frankenberg)

Das ehemalige Zisterzienserkloster in Haina ist die Keimzelle der Großgemeinde Haina (Kloster) mit insgesamt zwölf Ortsteilen. Ihre Einwohnerzahl beträgt knapp 3600. Die Gemeinde liegt östlich des Burgwaldes am Südwestrand des Kellerwaldes.

Gemeinde Haina
Poststr. 4
35114 Haina
✆ 06456/92890-0
🌐 www.haina.de

Sehenswertes

▸ Kloster Haina

Das Zisterzienserkloster Haina, eine frühgotische Anlage, wurde 1188 gegründet. In der Folgezeit erhielt es durch Schenkungen einen riesigen Grundbesitz und entwickelte sich zu einem der reichsten Klöster in Hessen. Während der Reformation hob Landgraf Philipp I. das Kloster auf und wandelte es in ein Hospital für Arme und Geisteskranke um. Erst im Laufe der Zeit entwickelte es sich zu einer psychiatrischen Klinik. Mit dem Bau der

Klosterkirche wurde bereits um 1215 begonnen, spätestens seit der Mitte des 13. Jahrhunderts baute man gotisch weiter. Die Klosteranlage ist von April bis Oktober täglich außer montags von 11.00–17.00 Uhr für Besucher zugänglich.
Informationen zu Führungen unter
06456/245
www.klosterhaina.de

Innenraum der Kirche von Haina.

Kirche Mohnhausen
An der Stelle eines baufällig gewordenen Gotteshauses im Ortsteil Mohnhausen entstand 1911 die evangelische Fachwerkkirche mit Elementen des Jugendstils. Dadurch erhielt der Bau ein für Kirchen ungewöhnliches, aber gleichwohl sehr ansprechendes Aussehen. Über der Sakristei steht ein hoher Turm mit Zwiebelhaube.

Museen

Psychiatrie-Museum
Im Ostflügel des ehemaligen Klosters Haina ist das Psychiatriemuseum untergebracht. Die Sammlung gibt einen Einblick in die Geschichte der Armen- und Krankenfürsorge vom Hospital der Frühen Neuzeit bis zum modernen psychiatrischen Krankenhaus.
Adresse: 35114 Haina (Kloster)
06456/91-271
Das Museum ist zzt. wegen Umbauarbeiten geschlossen. Informationen unter
www.klosterhaina.de

Tischbein-Präsentation
Am 15. Februar 1751 kam in Haina der berühmte „Goethe-Maler" Johann Heinrich Wilhelm Tischbein zur Welt. Seinen Werken und denen der weiteren Künstler aus der Maler-Familie zu Ehren ist in einem Nebenraum des Klosters eine Tischbein-Präsentation untergebracht.

Natur und Freizeit

Wandern und Rad fahren
Insgesamt zehn Wandertouren und zwei Fernwanderwege führen durch die Region Haina. Ein Highlight ist der 156 Kilometer lange Kellerwaldsteig. Ein anspruchsvolles Ziel ist auch der Wüstegarten, der mit seinen 675 Metern Höhe die höchste Erhebung im Kellerwald ist. Auf Pedalritter warten vier Rad- und neun Mountainbike-Strecken.

Wintersport
Das Hohe Lohr im Kellerwald südöstlich von Haina bietet bei entsprechender Schneelage gute Wintersportmöglichkeiten. Vorhanden sind Abfahrts- und Langlaufpisten sowie eine Rodelbahn.

Waldschwimmbad Löhlbach
Das 1970 erbaute Freibad wurde von 2000–2010 umfassend saniert. Neben einem Schwimmbecken mit Schwimmer- und Nichtschwimmerbereich gibt es auch ein Kinderplanschbecken sowie eine Wasserrutsche.
Adresse: Armsfelder Weg 15, 35114 Haina (KLoster)-Löhlbach 06456/92890-03

Hatzfeld (Eder)

(Landkreis Waldeck-Frankenberg)

Am Fuße der heute weitgehend verfallenen Burg Hatzfeld wurde ab 1340 die gleichnamige Kleinstadt errichtet. Hatzfeld, nordwestlich von Marburg gelegen, besteht aus der Kernstadt und vier weiteren Stadtbezirken und zählt rund 3200 Einwohner.

Magistrat der Stadt
Im Hain 1
35116 Hatzfeld (Eder)
06467/9120-0
www.hatzfeldeder.de
www.ederbergland-touristik.de

Sehenswertes

Burgruine Hatzfeld
Die im 13. Jahrhundert erbaute Burg war die Stammburg der Herren von Hatzfeld. Sie begann schon im 16. Jahrhundert zu verfallen, ein kleiner Bereich war allerdings noch 1707 bewohnt. Seit 1991 wird die Burg nach und nach saniert. Bei Ausgrabungen fand man Gewandspangen, Tonfiguren und Gefäße.

Die Burgruine Hatzfeld war einst die Stammburg der Herren von Hatzfeld.

Stadtkirche St. Johannes
Die Stadtkirche St. Johannes ist ein mit Schiefer besetzter gotischer Fachwerkbau und stammt aus der ersten Hälfte des 14. Jahrhunderts. Über dem Altar hängt ein spätgotisches Kruzifix aus dem 15. Jahrhundert.

Emmauskapelle
In ihrer Anfangszeit gehörte die Emmauskapelle zum befestigten „Großen Hof von Nieder-Hatzfeld", der bis zum Bau der Burg Stammsitz der Herren von Hatzfeld war. Die dreischiffige spätgotische Pfeilerbasilika mit Wehrturm wurde im 12. Jahrhundert errichtet. In der Emmauskapelle befindet sich die barocke Rindt-Orgel aus dem Jahr 1706, eines der ältesten bespielbaren Instrumente in Nordhessen.

St. Hubertus-Kirche
Eine Besonderheit ist die Kapelle St. Hubertus auf dem Rath, einer Felsnase über dem Edertal. Erbaut wurde sie nämlich 1898 vom Königlich-preußischen Oberförster Graf Schmissing-Kerssenbrock. Er nannte sie nach St. Hubertus, dem Schutzpatron der Jäger.

Museen

Museum im Ammeshaus
Das bäuerliche Leben im 19. und im frühen 20. Jahrhundert wird im Hatzfelder Heimatmuseum vorgestellt. Weitere Schwerpunkte sind die Leben- und Arbeitswelt der Landfrauen sowie eine Ausstellung über das Hebammenwesen. Untergebracht ist das Museum in einem der ältesten erhaltenen Wohngebäude, dem Ammeshaus, in dem früher eine Hebamme lebte.
Adresse: Mittelstr. 24, 35116 Hatzfeld (Eder),
06451/717672
www.hatzfeldeder.de

Natur und Freizeit

▸ Wandern

Wanderern stehen in der Region Hatzfeld insgesamt zehn abwechslungsreiche markierte Routen zur Verfügung. Da gibt es einen Wald- und einen Vogel-Lehrpfad oder den „Panoramapfad" mit ständig wechselnden schönen Aussichten. Der „Panoramapfad" ist Teil des Wandermärchens Burgwald-Ederbergland mit seinen 21 Rund- und Streckenwanderwegen. Erwandern kann man die Naturschutzgebiete Breite Heide und die Holzhäuser Klippen.

▸ Rad fahren

Der Eder-Radweg begleitet den Fluss auf seiner Reise durch idyllische Landschaften bis zur Mündung in die Fulda. Eine Herausforderung für Mountainbiker ist die Route zur Sackpfeife (673 m) im Rothaargebirge.

▸ Sackpfeife

Die Hatzfelder betrachten die 673,3 Meter hohe Sackpfeife im Rothaargebirge als ihren Hausberg. Er ist zum Teil touristisch erschlossen. Neben dem Kaiser-Wilhelm II.-Turm mit Aussichtsplattform können Touristen eine 480 Meter lange Sommerrodelbahn benutzen oder ein Western- und Indianerdorf besuchen. In der kalten Jahreszeit ist die Sackpfeife ein beliebtes Wintersportgelände mit einem 443 Meter langen Doppelsessellift, der auch abends unter Flutlicht in Betrieb ist.

Adresse: Freizeitzentrum Sackpfeife, 35216 Biedenkopf, Bergstation, ✆ 06461/3778

Hauneck

(Landkreis Hersfeld-Rotenburg)

Direkt südlich von Bad Hersfeld liegt die aus sieben Ortsteilen bestehende Gemeinde Hauneck, in der rund 3100 Menschen leben. Der Verwaltungssitz befindet sich in Unterhaun. Hier wurde im Jahr 972 eine Kreuzkapelle erstmals urkundlich erwähnt. Sie diente vermutlich als Wallfahrtskirche. Dabei entwickelte sich die frühe Siedlung Kreuzberg, die allerdings im 16. Jahrhundert zur Wüstung wurde.

Gemeinde Hauneck
Hersfelder Str. 14
36282 Hauneck
✆ 06621/5060-0
www.hauneck.de

Sehenswertes

▸ Kapellenruine Unterhaun

Geheimnisvoll und mystisch wirken die Gemäuer der Kapellenruine auf dem Kreuzberg mit dem historischen Friedhof bei

Die Kapellenruine St. Crucis in Unterhaun.

Unterhaun. Die Kapelle „St. Crucis“ entstand vermutlich im 8. bis 10. Jahrhundert. Bei Grabungen 1937 legte man Fundamente des ersten Bauwerks frei, das später durch einen größeren Bau teilweise überdeckt wurde.

▸ Fachwerkkirche Oberhaun
Der Wehrturm der Kirche in Oberhaun stammt aus dem 14. Jahrhundert. Dazu kamen 1711 das Fachwerk-Kirchenschiff und 1776 der Fachwerk-Aufbau.

▸ Wandern
Hauneck ist Kreuzungspunkt mehrerer Wanderwege. Beliebt sind der Haunecker Grenzweg und der Hauneweg. Er führt über Rotensee bis nach Bad Hersfeld. Unterhaun ist seit 2014 an den ARS Natura Wanderweg mit einem Rundwanderweg von ca. 4,5 Kilometern angeschlossen.

Haunetal

(Landkreis Hersfeld-Rotenburg)

An beiden Seiten des Unterlaufs der Haune gelegen, besteht die Gemeinde Haunetal aus 15 Ortsteilen mit rund 2900 Einwohnern. Der Verwaltungssitz befindet sich in Neukirchen. Die Ortsteile Odensachsen und Rhina wurden bereits 1003 erstmals urkundlich genannt. Der Erfinder des Computers, Konrad Zuse, gründete im Jahr 1949 in Neukirchen die Zuse KG.

Marktgemeinde Haunetal
Konrad-Zuse-Platz 6
36166 Haunetal
06673/92100
www.haunetal.de

Sehenswertes

▸ Burgruine Hauneck
Auf dem 524 Meter hohen Stoppelsberg, in einer abgeschiedenen Gegend der Kuppelrhön, steht die Ruine der Burg Hauneck. Ihr schmuckloses Gemäuer macht einen düsteren Eindruck. Die Burg wurde vermutlich gegen Ende des 14. Jahrhunderts erbaut. Düster ist auch ihre Geschichte, denn die Herren von Haune waren fast ständig in irgendwelche Fehden verwickelt. Der Bergfried ist begehbar und hat eine Aussichtsplattform.

Die Ruine der Burg Hauneck auf dem Stoppelsberg.

▸ Evangelische Kirche Neukirchen
Ortsbildprägend für das Dorf Neukirchen ist die evangelische Kirche mit ihrem 60 Meter hohen Turm. Während dieser deutlich älter ist, wurde das Kirchenschiff 1630 errichtet. Sehenswert sind der frühgotische Flügelaltar aus dem Jahr 1522 und ein romanisches Giebelkreuz von 1200 bis 1250.

▸ Kirche Odensachsen
Ein kunsthistorisches Kleinod ist die Kirche von Odensachsen. Neben den mittelalterlichen Chorturm wurde 1707 das Kirchenschiff gesetzt. Das Besondere ist die komplette Ausmalung im Stil des osthessischen Bauernbarocks.

Natur und Freizeit

▸ Wandern
Wanderfreunde können aus fünf markierten Routen wählen. Neben der Burgruine Hauneck bieten sich als Ziele die Menghäuser Kuppe (473 m) zwischen Rhön und Knüllgebirge und das Naturschutzgebiet Moor bei Wehrda mit einer vielfältigen Fauna an.

Veranstaltungen und Feste

▸ Kulturscheune
Die Kulturscheune „Lange Wiese" in Wehrda versteht sich als Mehrgenerationenhaus und wird das ganze Jahr über für Veranstaltungen aller Art genutzt wie Theateraufführungen und Ausstellungen. Sie ist auch Treffpunkt von Arbeitskreisen.
Adresse: Auf der Langen Wiese 1, 36166 Haunetal (Wehrda), ✆ 06673/6013

Helsa

(Landkreis Kassel)

Etwa 5500 Einwohner zählt die vier Ortsteile umfassende Gemeinde Helsa. Sie liegt 15 Kilometer (Luftlinie) östlich der Kasseler Innenstadt zwischen dem Kaufunger Wald und dem Söhrewald. Die Gemeindeverwaltung befindet sich im Kernort Helsa. Der Ort entstand vermutlich mit der Gründung des Klosters Kaufungen 1017 durch Kaiserin Kunigunde. Erstmals urkundlich erwähnt wurde er 1058 als „Helsen".

Gemeinde Helsa
Berliner Str. 20
34298 Helsa
✆ 05605/8008-0
www.gemeinde-helsa.de

Sehenswertes

▸ Historischer Ortskern
Der Ortskern mit seinen zum Teil denkmalgeschützten Fachwerkhäusern aus dem 17. bis 19. Jahrhundert zählt zu den schönsten in Nordhessen. Verstärkt wird der anheimelnde Eindruck durch die landschaftlich reizvolle Lage Helsas im Lossetal inmitten von Wald und Wiesen.

▸ Nikolaikirche
Die Nikolaikirche mit hohem Fachwerkgiebel in Helsa tauchte 1353 erstmals in einer Urkunde auf. Der etwas abseits stehende wuchtige Kirchwehrturm ist das Wahrzeichen des Ortes. Die Orgel wurde 1702 gebaut.

▸ Historisches Mühlrad
Im Ortskern existiert noch ein historisches Mühlrad, das zu einer ehemaligen Kornmühle gehörte. Das Rad mit einem Durchmesser von vier Metern wurde 1988 restauriert und dient heute als wasserangetriebenes Stromkraftwerk.

Das historische Mühlrad gehörte zur ehemaligen Kornmühle.

Natur und Freizeit

Die Lage Helsas im Geo-Naturpark Frau-Holle-Land sowie an der Deutschen Märchenstraße ist ideal für Wanderer und Radfahrer.

Die Gemeinde ist eingebettet in dichte Waldungen mit tiefen Wiesentälern. In alle Himmelsrichtungen führen markierte Routen. Sportlich Ambitionierte nehmen den „Grimmsteig". Für sportliche Radfahrer gibt es zwei anspruchsvolle Mountainbike-Strecken. Im Winter ist im Ortsteil Wickenrode bei ausreichender Schneelage ein Skilift in Betrieb.

▸ Freibad
Das Bad ist ausgesprochen familienfreundlich: Neben dem Sportbecken mit Rutsche verfügt es über einen Eltern-Kind-Bereich mit einem Sonnenschutz über dem Babybecken.
Adresse: Sportplatzweg 6, 34298 Helsa
05605/80080

Heringen (Werra)

(Landkreis Hersfeld-Rotenburg)

Die Kleinstadt Heringen ist seit fast 120 Jahren vom Kalibergbau geprägt, hat aber auch touristisch viel zu bieten. Mit ihren sieben weiteren Ortsteilen liegt sie an der Werra direkt an der Grenze zu Thüringen. Die nächst größeren Städte sind im Westen Bad Hersfeld und im Nordosten Eisenach. Die Einwohnerzahl beträgt rund 7300. Die erste urkundliche Erwähnung ist aus dem Jahr 1153 bekannt.

Heringen-Information
Dickesstr. 1
36266 Heringen (Werra)
06624/919413
www.heringen.de

Sehenswertes

▸ Monte Kali
Die ungefähr 220 Meter hohe Abraumhalde des Kalibergbaus, auch „Monte Kali" genannt, ist Heringens Wahrzeichen. Ein 1,5 Kilometer langes Förderband transportiert das Abraumsalz auf den Berg, der pro Jahr um etwa 7,2 Millionen Tonnen wächst. Der Monte Kali kann bestiegen werden und bietet von seinem Plateau aus einen weiten Panoramablick über das Werratal und Waldhessen. Voranmeldungen sind erforderlich im Werra-Kalibergbau-Museum an (s. unten).

▸ Mahnmal Bodesruh
An die Teilung der Region durch die deutsch-deutsche Grenze bis 1989 erinnert das Mahnmal Bodesruh. Von der Aussichtsplattform kann man bis zum Thüringer Wald blicken. In der Nähe befindet sich eine Ausflugsgaststätte.

▸ Ruine der Walterskirche
Als Überbleibsel der ehemaligen Siedlung Waldradeberg im Seulingswald ist die Ruine der Walterskirche erhalten. Waldradeberg wurde wahrscheinlich im 15. Jahrhundert von seinen Bewohnern verlassen. Zu erkennen sind auch noch Reste der Kirchhofmauer und des Dorfbrunnens.

Museen

▸ Werra-Kalibergbau-Museum
Im Museum erlebt man eine Zeitreise durch fast 120 Jahre Kalibergbau im Werratal. Dargestellt werden die Geologie der Lagerstätte, die Arbeit der Bergleute unter Tage und die Kaliverarbeitung über Tage sowie die Veränderungen in der Region durch die Kali-Industrie.
Adresse: Dickesstr. 1, 36266 Heringen (Werra)
06624/919413
www.kalimuseum.de

Förderloren vor dem Werra-Kalibergbau-Museum.

Natur und Freizeit

▸ Wandern und Rad fahren

Heringen ist ein günstiger Ausgangspunkt für Ausflüge in den Thüringer Wald und in die Rhön. Der Werratal-Radweg verbindet Heringen mit Hann. Münden.

▸ Fritz-Kunze-Bad

Das Ganzjahresbad verfügt über eine Schwimmhalle, drei Außenbecken und ein Naturwasserbecken. Dazu kommen ein Wellness- und ein Saunabereich.
Adresse: Badstr. 5, 36266 Heringen (Werra)
06624/435 www.fritz-kunze-bad.de

Herleshausen

(Landkreis Werra-Meißner)

Die aus elf Ortsteilen bestehende Gemeinde liegt an der Grenze zu Thüringen in dem waldreichen Gebiet zwischen Ringgau und Thüringer Wald. Herleshausen wurde 1019 in einer Schenkungsurkunde erstmals erwähnt. Heute hat die Gemeinde knapp 2800 Einwohner. In den Jahren der innerdeutschen Teilung war hier mit dem Grenzübergang Wartha/Herleshausen der einzige mit dem Auto zu passierende hessische Übergang zur DDR.

Gemeinde Herleshausen
Bahnhofstr. 15
37293 Herleshausen
05654/9895-0
www.herleshausen.de

Sehenswertes

▸ Schloss Augustenau

Auf dem Gut Herleshausen stand ursprünglich das 1539 erbaute Schloss „Steinstock". Später wurde es durch den Anbau von zwei Flügeln vergrößert und 1821 in Schloss Augustenau umbenannt. Noch heute ist das Schloss der Stammsitz der Landgrafen Hessen-Philippsthal-Barchfeld und in deren Privatbesitz.

▸ Evangelische Burgkirche

Neben dem Schloss Augustenau steht die um 1300 als Wehrkirche errichtete evangelische Burgkirche. 1457 wurde sie erstmals erneuert und im 17. Und 18. Jahrhundert erweitert. Sie enthält sehenswerte Wandmalereien aus dem 14. Jahrhundert.

▸ Ruine Brandenfels

Die Ruine steht auf der höchsten Erhebung der Südringgauhochfläche. Die Burg wurde im 13. Jahrhundert erbaut. Ab 1550 war das Geschlecht der Treusch von Buttlar der alleinige Eigentümer. Mit Lebensmitteln versorgt wurde die Burg durch das Rittergut Markershausen. Das heutige Herrenhaus stammt aus der Mitte des 18. Jahrhunderts, die ehemalige Remise wurde 1934 zu einem Wohnhaus umgebaut.

▸ Rittergut Willershausen
Die Wasserburg mit angeschlossenem Gut wurde im 13. Jahrhundert errichtet. Von der Burganlage sind noch der mächtige Wohnturm sowie Teile der Wassergräben und Reste des Burgwalles erhalten. Ende des 17. Jahrhunderts entstand das heutige Schloss. Familienzwistigkeiten der Eigentümer um 1730 sollen Friedrich Schiller als Anregung und Hintergrund für sein Drama „Die Räuber“ gedient haben.

Das Rittergut Willershausen – ein Wasserschloss mit angeschlossenem Gut.

Museen

▸ Hauptgestüt Altefeld
Pferdeliebhaber sollten das Gestütsmuseum auf dem Gelände des traditionsreichen Hauptgestüts Altefeld besuchen. Gezeigt wird auf 100 qm Ausstellungsfläche dessen wechselvolle Geschichte mit Gemälden, Skulpturen und Dokumenten.
Adresse: St. Georg-Str. 15, 37293 Herleshausen-Altefeld
Vorherige Anmeldung erforderlich unter
☏ 05654/6563
🌐 www.gestuet-altefeld.de

▸ GrenzBahnhof für Zeitgeschichte
Dieses Museum versteht sich als Ort der lebendigen Erinnerungskultur an die Geschehnisse und Verbrechen des Zweiten Weltkrieges sowie der Nachkriegsgeschichte. Hier sind viele Originaldokumente, Bilder und Exponate aus der Zeit der Spätheimkehrer zu sehen.
Adresse: Bahnhofstr. 34, 37293 Herleshausen
☏ 05654/206308
🌐 www.grenzbahnhof-fuer-zeitgeschichte.de

Natur und Freizeit

▸ Wandern, Wasserwandern und Rad fahren
Herleshausen im Werratal ist ein idealer Ort für Aktivurlaub. Wandern, Kanu- und Floßfahrten, Schwimmen und Radeln – all das ist hier möglich. Die Wanderwege, unter anderem die „Schlösser- und Burgentour durch den Ringgau“, haben eine Gesamtlänge von rund 100 Kilometern.

▸ Hallenbad Herleshausen
Adresse: Im Ölgrund, 37293 Herleshausen,
☏ 05654/6363, 🌐 www.herleshausen.de

Hessisch Lichtenau

(Werra-Meißner-Kreis)

Eingebettet in einer idyllischen Landschaft, die Johann Wolfgang von Goethe einmal als „überherrlich“ beschrieb, liegt die Kleinstadt Hessisch Lichtenau rund 20 Kilometer (Luftlinie) südöstlich von Kassel. Sie wurde zwischen 1382 und 1389 am Schnittpunkt alter Handelsstraßen als „Lichtenowe“ gegründet und ist das Tor zum „Frau-Holle-Land“. In der Kernstadt und den zwölf Stadtteilen leben etwa 12 000 Menschen. Hier sind sie noch lebendig, die Märchen, Mythen und Sagen rund um Frau Holle. Die ältesten Sagen stammen aus dieser Region.

Kultur, Tourismus & Stadtmarketing
Kirchstr. 65
37235 Hessisch Lichtenau
05602/807-180
www.hessisch-lichtenau.de

Sehenswertes

▸ Evangelische Pfarrkirche
Aus dem 14. Jahrhundert stammt die gotische Pfarrkirche in Hessisch Lichtenau, ihr Westturm ist rund 100 Jahre älter. Das Langhallenhaus wurde bei mehreren Bränden schwer beschädigt, aber immer wieder neu aufgebaut.

▸ Junkerhof
Im 14. Jahrhundert ursprünglich eine landgräfliche Burg, ging 1428 das Areal der inzwischen niedergelegten Burg in den Besitz der Herren von Meisenbug über. Das heutige Herrenhaus stammt aus dem Jahr 1707.

▸ Eulenturm
Zu den am besten erhaltenen Bauten der mittelalterlichen Stadtbefestigung gehören der Eulenturm mit Fachwerkaufbau und der Rundturm aus der Mitte des 15. Jahrhunderts. Weitgehend vorhanden ist auch noch die Stadtmauer.

▸ Altes Rathaus und Hochzeitshaus
Obwohl die Stadt in den vergangenen Jahrhunderten von mehreren Großbränden heimgesucht wurde, ist doch noch eine Reihe historischer Fachwerkhäuser erhalten. Dazu gehört das Alte Rathaus von 1656 und das ehemalige Hochzeitshaus, ein Renaissance-Bau von 1578.

▸ Lenoir-Mausoleum
Dank der „Stiftung der Brüder George und Conrad Lenoir“ konnte man vor dem Ersten Weltkrieg drei Gebäude errichten, die als Waisenhaus dienten. Unweit davon befindet sich das Mausoleum der Lenoir-Brüder, das zwischen 1903 und 1905 errichtet wurde.

▸ Deutschordenskirche Reichenbach und Burg
Die dreischiffige Basilika wurde erstmals 1207 erwähnt, als die Grafen von Reichenbach das ehemalige Nonnenkloster mit Kirche und Ländereien dem Deutschen Orden schenkten. Bei Ausgrabungen in der Neuzeit entdeckte man die Reste zweier Vorgängerkirchen. In der Nähe des Ortsteils liegt die Ruine der Burg Reichenbach, bis 1272 Sitz des Grafengeschlechts. Zwei Dauerausstellungen zur Geschichte der Burg und der Deutschordenskirche sind im Reichenbacher Sippelschen Hof zu sehen.

Museen

▸ Frau-Holle-Museum – Holleum
In diesem einmaligen Museum trifft man auf die Orte der Frau Holle in der Meißnerwelt, begegnet ihr als Märchenfigur der Brüder Grimm und erfährt von ihren heilbringenden Pflanzen. Man wird in der Unterwelt in die Mythologie der Raunächte eingeweiht und erhält Einblicke in die Besuche der Brüder Grimm in den Jahren 1817–1822. Das Holleum ist zugleich das Herzstück des Frau-Holle-Rundwegs, der an zwölf Stationen die Märchengestalt in Verbindung mit der Stadtgeschichte zeigt.
Adresse: Landgrafenstr. 17, 37235 Hessisch Lichtenau

Natur und Freizeit

▸ Wandern und Rad fahren
Gleich zwei bedeutende Ferienstraßen, die Deutsche Märchenstraße und die Deutsche Fachwerkstraße, führen durch Hessisch Lichtenau. Die Umgebung ist ein Dorado für Wanderer. 39 markierte Routen und drei

Die Märchen und Sagen rund um Frau Holle sind hier noch lebendig.

Themenwege, darunter der Barbarossaweg, weist die Region auf. Radfahrer können den Herkules-Wartburg-Radweg, je nach Wunsch, in Richtung Kassel oder Eisenach benutzen.

▸ Hollensteine, Große Steine, Kitzkammer
Der kleinste Ortsteil Hollstein wartet mit steinernen Sehenswürdigkeiten auf. Es sind die Hollensteine, zwei Zechstein-Dolomitfelsen am südlichen Ausgang des Dorfes, und die Höllensteine, ein Zechstein-Hügel mit Trockenrasen. Sie gelten ebenso als Naturdenkmal wie die „Großen Steine" bei Reichenbach am Nordrand des Stölzinger Gebirges. Ein Naturdenkmal ist auch die Kitzkammer auf dem Hohen Meißner bei Hausen, eine Grotte aus Basaltsäulen.

▸ Fliegen und Reiten
Der Luftsportverein Hessisch Lichtenau bietet Mitflugmöglichkeiten mit Segelflugzeugen und Motorseglern. Sport, Spiel und Spaß mit dem Partner Pferd sind auf mehreren Reiterhöfen im Angebot.
Adresse: Luftsportverein e.V. Hessisch Lichtenau, Hopfelder Str., 37235 Hessisch Lichtenau
05602/2347
www.lsv-heli.de

Veranstaltungen und Feste

Traditionelle Feste sind das Weinfest mit Winzern aus dem Rheingau und der hessischen Bergstraße, die Holle-Kirmes mit großem Festumzug und der Weihnachtsmarkt.

Hofgeismar

(Landkreis Kassel)

Eines der ältesten Siedlungsgebiete in Nordhessen – archäologische Funde datieren bis zu 7000 Jahre zurück – ist die Kleinstadt Hofgeismar. Ursprünglich stand hier im frühen Mittelalter ein karolingischer Königshof. Die daraus entstandene Siedlung erhielt 1223 die Stadtrechte. Hofgeismar, 24 Kilometer nördlich von Kassel und am Westrand des Reinhardswaldes gelegen, hat zusammen mit seinen sieben ländlichen Stadtteilen etwa 15 000 Einwohner.

Tourist-Information Märchenland Hofgeismar
Marktstr. 18
34369 Hofgeismar
05671/999222
www.hofgeismar.de
www. naturpark- reinhardswald.de

Sehenswertes

▸ Altstadt

Die liebevoll sanierte Altstadt, durch die Führungen angeboten werden, weist zahlreiche Fachwerkhäuser aus dem 16. bis 18. Jahrhundert auf. Markt 19, das ehemalige Café Hoffmann aus dem Jahr 1528, ist das wohl älteste Fachwerkgebäude der Stadt. Baugeschichtliche Schmuckstücke sind ferner das Haus Malsfeldt (1684), ein diemelsächsisches Ackerbürgerhaus, und das Haus Scheffer, ein Längsdielenhaus aus dem Jahr 1684. In der Fußgängerzone sind mehrere historische Skulpturen aufgestellt.

▸ Rathaus

Das Rathaus, zwischen 1387 und 1390 errichtet, ruht auf mittelalterlichen Tonnengewölben. Im Jahr 1730 wurde es zum Teil abgebrochen und 1854 bis 1856 erweitert. Aus dieser Zeit datiert auch das Glockentürmchen, aus dem bis heute dreimal täglich ein Glockenspiel ertönt. Nach zwischenzeitlich anderer Nutzung ist das Haus wieder Sitz der Stadtverwaltung.

Aus dem Glockentürmchen des Rathauses erklingt täglich ein Glockenspiel.

▸ Altstädter Kirche

Aus den Gründerjahren der Stadt stammt die heutige „Altstädter Kirche“, die ehemalige Stiftskirche St. Maria. Mit deren Bau begann man bereits in der ersten Hälfte des 12. Jahrhunderts. Die romanische Pfeilerbasilika wurde ab 1330 in eine gotische Hallenkirche umgewandelt. Sehenswert ist vor allem der „Hofgeismarer Altar“ (um 1310), vermutlich ein Teil eines Flügelaltars der Franziskaner-Klosterkirche.

▸ Neustädter Kirche

Zwischen 1341 und 1421 entstand die dreischiffige Hallenkirche. Ab 1686 wurden hier sowohl Gottesdienste der deutsch-reformierten als auch der französisch-reformierten Gemeinde abgehalten. In jener Zeit hatte die Landgrafschaft Hessen-Kassel zahlreiche Hugenotten, Glaubensflüchtlinge aus Frankreich, in Nordhessen angesiedelt.

▸ Schlösschen Schönburg

Das Ende des 18. Jahrhunderts im klassizistischen Baustil errichtete Schlösschen war zunächst landgräflicher Wohnsitz am Gesundbrunnen von Hofgeismar. Der Baumeister war Simon Louis du Ry, Architekt vieler weiterer Bauten in Nordhessen. Heute nutzt die Evangelische Akademie das Schlösschen für Tagungen und Seminare. Auf dem Campus gibt es zusätzlichen Raum zum Tagen und Übernachten.

▸ Brunnenpark

Während des Dreißigjährigen Krieges hatten verwundete Soldaten dem Quellwasser am heutigen Gesundbrunnen eine heilsame Wunderkraft nachgesagt. Erst hundert Jahre später ließ Landgraf Karl die Quelle einfassen und errichtete 1732 ein Badehaus. Danach wurden die Kuranlagen ständig erweitert. Im 18. Jahrhundert zählte Hofgeismar zu den bekanntesten Kurbädern Deutschlands. Doch dann nahm die Attraktivität des „Fürstenbades“ ab, und 1866 wurde der Kurbetrieb eingestellt. An diese Zeit erinnern bis heute die Bauten im Brunnenpark, darunter der auf ionischen Säulen ruhende Brunnentempel.

Hugenottendorf Kelze

Im 17. Jahrhundert siedelte Landgraf Karl auch im Hofgeismarer Land französische Glaubensflüchtlinge an, die Hugenotten. Nach der Aufhebung der Religionsfreiheit in Frankreich 1685 hatten sie ihre Heimat verlassen müssen. Eines der typischen Hugenotten-Dörfer in Nordhessen ist Kelze. An seine Gründungszeit erinnert unter anderem die schlichte, 1709 eingeweihte Fachwerkkirche. Erhalten haben sich bis heute auch das Fest der Mayence, das am ersten Sonntag im Mai begangen wird, und ein Kinderfest aus den Anfangsjahren des Hugenotten-Dorfes.

Kirche Carlsdorf

Eine weitere Hugenotten-Siedlung ist Carlsdorf nahe der Kernstadt Hofgeismar. Der Ort ist die erste hugenottische Ansiedlung in Hessen im Jahr 1699. Die Kirche der französischen Glaubensflüchtlinge am Ortsrand von Carlsdorf entstand in den Jahren 1699 bis 1704 als Fachwerkständerbau. Im Innern der mit einer Empore ausgestatteten Kirche – einem Quersaal – gibt es nach der Tradition der Siedler keinen Altar.

Sababurg

Im Herzen des Reinhardswaldes liegt das 1334 auf einer flachen Basaltklippe erbaute Dörnröschenschloss Sababurg. Ab 1490 ging aus der mittelalterlichen Burganlage ein landgräfliches Jagdschloss hervor. In der Neuzeit wurde es nach und nach restauriert und der Öffentlichkeit zugänglich gemacht. Im Schloss befinden sich ein Restaurant und ein Hotel.

Museen

Stadtmuseum

Hofgeismar verfügt mit dem Stadtmuseum über eines der größten Regionalmuseen Hessens. Es ist in drei historischen Gebäudekomplexen untergebracht und behandelt in 14 Ausstellungen nicht nur die Geschichte der Region, sondern auch überregional bedeutsame Themen. Eine Besonderheit ist die Präsentation von 650 Werken des Malers Theodor Rocholl (1854–1933).

Adresse: Petriplatz 2, 34369 Hofgeismar
05671/4791
www.museum-hofgeismar.de

Apothekenmuseum

Das „Steinerne Haus", der älteste Profanbau Hofgeismars aus der zweiten Hälfte des 13. Jahrhunderts, beherbergt das Apothekenmuseum. Es zeigt typische Einrichtungs- und Ausstattungsgegenstände, die sich seit dem 18. Jahrhundert bis zum Jahr 2014 in Familienbesitz befanden. Dazu gehört auch ein rekonstruierter Verkaufsraum von 1768. Im Jahr 2014 wurde das Museum an die Stadt Hofgeismar übertragen.

Adresse: Apothekenstr. 5, 34369 Hofgeismar

Natur und Freizeit

Wandern

Neben einer Vielzahl von Rundwanderwegen in der näheren Umgebung bietet sich der Reinhardswald als ideales Ausflugsziel an. Für den Wanderer ist er sieben Stunden lang und drei Stunden breit. Er erstreckt sich in Hessens äußerstem Norden zwischen Fulda, Weser, Diemel und Esse. Es gibt kaum ein Areal in Deutschland, in dem Wald-, Agrar- und Forstgeschichte so gut abzulesen sind, wie auf diesem bewaldeten Buntsandsteinrücken.

Rad fahren

Rund um Hofgeismar verläuft eine Vielzahl von lokalen Radrundwegen. Entlang dem „Märchenland-Radrundweg" kann man den Reinhardswald auf 103 Kilometer umradeln. Per Rad kann man auch die Weser, die Diemel oder die Sababurg im Reinhardswald erreichen.

Tierpark Sababurg

Ein beliebtes Ziel vor allem auch für Kinder ist im Reinhardswald der Tierpark Sababurg. Landgraf Wilhelm IV. hatte ihn zwischen 1567 und 1571 am Fuß der Burg angelegt. Den Schwerpunkt des Bestandes bilden Tierarten, die vor Jahrhunderten in Deutschland noch in freier Wildbahn lebten wie Wisente, Luchs und Wölfe. Für die Besucher gibt es Schau-Fütterungen und Greifvogel-Vorführungen. Angeschlossen ist ein Tierparkmuseum. Darüber hinaus finden übers Jahr abwechslungsreiche Veranstaltungen statt.
Adresse: Sababurg 1, 34369 Hofgeismar
05671/766499-0
www.tierpark-sababurg.de

Urwald Sababurg

Ein besonderes Naturerlebnis ist ein Gang durch den 92 Hektar großen Urwald Sababurg, der früher ein Hutewald, also ein Wald-Weideplatz für das Vieh war. Im Jahr 1907 wurde das Areal unter Verzicht auf jegliche Forstarbeit sich selbst überlassen. Die zum Teil vermodernden Baumriesen wirken mit ihrem bizarren Geäst wie Waldgeister aus vorgeschichtlicher Zeit.

Schwimmbäder

Waldschwimmbad Kelze: Zum Hahnenberg 11, 34369 Hofgeismar-Kelze,
Das Schwimmbad nimmt nach Umbau-und Sanierungsarbeiten 2023 den Betrieb wieder auf. Informationen unter www.kelze.de

Hohenroda

(Landkreis Hersfeld-Rotenburg)

Etwa 20 Kilometer nordwestlich von Bad Hersfeld liegt in der Kuppenrhön die Gemeinde Hohenroda, die aus sechs Ortsteilen mit rund 3500 Einwohnern besteht. Seinen Namen erhielt sie nach einem Anfang des 20. Jahrhunderts errichteten Hofgut. Das dortige Herrenhaus, auch Schloss Hohenroda genannt, ist heute Sitz der Gemeindeverwaltung.

Gemeindeverwaltung
Schloßstr. 45
36284 Hohenroda
06676/9200-0
www.hohenroda.de

Sehenswertes

Dorfkirche Mansbach

Die evangelische Kirche im Ortsteil Mansbach ist das älteste erhaltene Beispiel der barocken Dorfkirchen Osthessens. Der Chorraum stammt aus dem Jahr 1280 und war ursprünglich die Grabkapelle der Familie von Mansbach. Das Kirchenschiff wurde 1569 als rechteckiger Saalbau errichtet.

Geyso-Schloss Mansbach

Auf dem Areal einer zerstörten Burg errichtete Wilhelm von Mansbach zwischen 1577 und 1578 das Schloss „Wilhelmsburg“. In den Jahren nach 1652 ließ es der neue Besitzer, der hessische General Johann von Geyso, umbauen und erweitern. Nach weiteren Umbauten 1878 bekam das Schloss sein heutiges Aussehen.

Blaues Schloss (Unterhof)

Auf der Suche nach einer neuen Residenz in Mansbach bezog die Familie von Mansbach ein neues herrschaftliches Gebäude, das wahrscheinlich der damalige „Unterhof" war. Das eigentliche Schloss, das wegen seines mediterranen Anstrichs auch als „Blaues Schloss" bezeichnet wird, wurde erst 1820 errichtet.

▸ Ruine Grasburg
Vermutlich im 8. Jahrhundert wurde die Grasburg bei Mansbach am Ende eines Muschelkalkplateaus erbaut. Heute ist sie noch als langer Wallgraben im Wald erkennbar.

Museen

▸ Die Heimatstube
Ein Fachwerkanbau des Geyso-Schlosses in Mansbach beherbergt das Museum „Heimatstube". Hier gibt eine Ausstellung Auskunft über die wechselvolle Geschichte der Region.

Natur und Freizeit

▸ Wandern und Rad fahren
In alle Richtungen führen in der Region Hohenroda markierte Wander- und Radwege. Dazu gehört der Fernwanderweg E 6, der unter anderem über den 630 Meter hohen Soisberg führt.

▸ Schwimmmbad im Hessen Hotelpark Hohenroda
Auch Gäste, die hier nicht übernachten, können die vielfältigen Angebote nutzen: Schwimmbad, Wellnessbereich mit Massage und Kosmetikbehandlungen, Saunalandschaft, Solarium und Fitnessbereich.
Adresse: Schwarzengrunder Str. 9, 36284 Hohenroda-Oberbreitzbach ☏ 06676/181
🌐 www.hotelpark-hohenroda.com

▸ Reiten
Reiterhof Arhöna: Oststr.1, 34284 Hohenroda-Mansbach, ☏ 06676/8562
🌐 www.arhoena.de

Homberg (Efze)

(Schwalm-Eder-Kreis)

Mittel- und Zielpunkt aller Wegverbindungen in der Kreisstadt Homberg (Efze) ist der mittelalterliche Marktplatz, überragt von der geschichtsträchtigen Marienkirche. Hier berief 1526 Landgraf Philipp der Großmütige die Homberger Synode ein, wodurch die Landgrafschaft Hessen evangelisch wurde. In der Kernstadt und den 20 ländlichen Stadtteilen leben rund 13 500 Menschen. Erstmals als Stadt erwähnt wurde Homberg im Jahr 1231.

Touristinformation
Marktplatz 7
34576 Homberg (Efze)
☏ 05681/939161
🌐 www.homberg-efze.de

Sehenswertes

▸ Altstadt
Fachwerkschmuck in höchster Vollendung entzückt den Besucher. Nichts architektonisch Fremdes stört den prächtigen Anblick. Wo es Läden gibt oder Neubauten, sind sie behutsam ein- und angepasst. Das größte Fachwerkhaus am Marktplatz ist die 1668 errichtete frühere Engel-Apotheke (1702–2012). Das Gasthaus Krone besteht seit 1721 und befindet sich in einem Fachwerkbau von 1480. Ein wertvolles Renaissanceportal hat das aus dem Jahr 1617 stammende Löwenhaus. Besucher können sich Stadtführungen anschließen.

▸ Stadtbefestigung
Sorgsam bewahrt bzw. saniert wurden die stattlichen Reste der alten Stadtbefestigung. Die um die Altstadt gezogene Mauer mit einer Länge von 1800 Metern ist nahezu

vollständig erhalten und wurde teilweise in Wohngebäude integriert. Im Originalzustand befindet sich der Pulverturm aus dem 13. Jahrhundert. Weitgehend erhalten blieben ein weiterer Befestigungsturm, das Neue Tor und das Pförtchen.

▸ Rathaus
Auf den Grundmauern eines im Dreißigjährigen Krieg zerstörten Vorgängerbaus wurde 1704 das Rathaus errichtet. Später kam der Turm hinzu, aus dem seit 1991 mittags und abends ein Glockenspiel ertönt.

▸ Stadtkirche St. Marien
Neues religiöses Leben erwuchs 1526 in der Marienkirche, als hier die Reformation in der Landgrafschaft Hessen verkündet wurde. Davon zeugen eine Steintafel am Portal und figürliche Darstellungen auf einigen Fenstern. Die dreischiffige gotische Hallenkirche entstand 1340 am Fuß des Burgberges und wurde nach schweren Beschädigungen im Dreißigjährigen Krieg in jahrzehntelanger Arbeit wieder aufgebaut. Vor der Kirche steht eine über 730 Jahre alte Linde.

Blick auf den Marktplatz in voller Fachwerkpracht.

▸ Hohenburg
Die Anfänge der Hohenburg auf dem Schlossberg in der Kernstadt Hombergs liegen im Dunkeln. Verbürgt ist, dass sie ab 1190 vorübergehend im Besitz der Landgrafschaft Thüringen war. Im Dreißigjährigen Krieg wurde sie stark zerstört und verfiel in den Folgejahren. Seit 1936 wird die Homberger Burg – ihr Brunnen ist der tiefste ausgemauerte Brunnen Deutschlands – von einem Burgverein saniert und betreut. Dabei wurde auch der Bergfried mit Aussichtsplattform wieder aufgebaut. Auf dem Gelände der Vorburg befindet sich eine Gaststätte.

Museen

Homberg verfügt über vier Museen und ein Heimatkundliches Archiv. Es sind das Heimat-, das Hohenburg-, das Feuerwehr- und das Kyffhäuser-Museum. In letzterem sind Traditionsuniformen, alte Fahnen und Orden ausgestellt.
Adresse: Heimatmuseum, Pfarrstraße 26, 34576 Homberg (Efze).
Adresse: Feuerwehrmuseum, Wallstraße 12, 34576 Homberg (Efze)
Öffnungszeiten: nach Vereinbarung unter ☏ 05681/60646
Adresse: Kyffhäuser Museum, Bergstraße 13, 34576 Homberg (Efze)

Natur und Freizeit

▸ Wandern
Über 20 Rund- und Fernwanderwege bietet die Region um Homberg. Dazu zählen der Brüder-Grimm-Weg, der 33 Kilometer lange Burgenweg und der Elisabethpfad.

▸ Rad fahren
Für Radtouristen erschließen sich fast überall prachtvolle Blicke in die Ferne. So gibt es eigens eine Panoramatour, oder man entdeckt die abwechslungsreiche Umgebung Hombergs entlang der „Hessischen Apfelwein- und Obstwiesenroute".

▸ Wildpark Naturzentrum Knüll
Im Wildpark Knüll bei Allmuthshausen mit 50 ha Fläche kann man 350 Tiere aus 40

Arten beobachten, darunter Braunbären und Wölfe. Sie leben in großzügigen Gehegen. Einige Arten können auch von Besuchern gefüttert werden. Zum Park gehören ein Info-Zentrum und ein Kinderspielplatz.
Adresse: Im Seckenhain 10, 34576 Homberg (Efze)
05681/28 15
www.wildpark-knuell.de

▸ Segelfliegen
Der Luftsportverein Homberg (Efze) ermöglicht auf dem Flugplatz Mosenberg Mitflüge in Segelflugzeugen. Man kann auch Ballon fahren und sich zum Segelflugzeug-Piloten ausbilden lassen.
www.hr35.de

▸ Bewegungsbad Hülsa
Das Hallenbad verfügt über eine Gegenschwimmanlage, einen Saunabereich und eine Cafeteria.
Adresse: Spitzenweg 7, 34576 Homberg-Hülsa
05686/740

▸ Freibad am Erlenborn
Das Frei- und Erlebnisbad liegt am Stadtrand von Homberg und verfügt neben einem Schwimmbecken mit Riesenrutsche über ein Kinderbecken mit Edelstahlrutsche, ein Beachvolleyballfeld sowie eine große Liegewiese.
Adresse: Erlebrunnenweg 17, 34576 Homberg (Efze) 05681/3543

Immenhausen

(Landkreis Kassel)

Die Kleinstadt liegt nördlich von Kassel am Südwesthang des Reinhardswalds. Zu Immenhausen gehören zwei dörfliche Stadtteile. Die Einwohnerzahl beträgt rund 6900. Im Jahr 1123 wurde Immenhausen erstmals als Ort erwähnt. Die Stadt Immenhausen, gegründet von Landgraf Heinrich I., wurde erstmals 1298 in einer Urkund nnt.

Stadtverwaltung
Marktplatz 1
34376 Immenhausen
05673/503-0
www.immenhausen.de

Sehenswertes

▸ Evangelische Stadtkirche
Beachtenswerte Wandmalereien aus der Mitte des 15. Jahrhunderts sind in der Kirche St. Georg zu sehen. Sie war in den Jahren nach 1409 wieder aufgebaut worden, nachdem der gotische Vorgängerbau ebenso wie die Stadt im Zuge kriegerischer Auseinandersetzungen fast vollständig niedergebrannt war. Erhalten geblieben ist auch ein Taufstein aus dem Jahr 1497.

▸ Hugenottenkirche Mariendorf
Im Zuge der Aufnahme französischer Glaubensflüchtlinge gründete Landgraf Karl für die Hugenotten mehrere neue Dörfer, darunter auch Mariendorf. Zwischen 1701 und 1705 wurde unter großen finanziellen Opfern die Dorfkirche erbaut, ein schlichtes Gotteshaus aus Bruchsteinen mit einem Mansarddach und achteckigem Dachreiter.

Historisches Rathaus
Ein markantes Bauwerk ist in Immenhausen das in der zweiten Hälfte des 17. Jahrhunderts errichtete Fachwerk-Rathaus. Wie damals führt von außen eine Freitreppe zur Rundbogentür des Haupteingangs. Im Untergeschoss ist der Ratskeller untergebracht, in den oberen Räumen befindet sich die Stadtverwaltung.

Hufeisenturm
Der über 700 Jahre alte Hufeisenturm, benannt nach seiner äußeren Form, ist Bestandteil der historischen etwa drei Kilometer langen Stadtmauer. Der Turm ist begehbar und erlaubt einen Rundblick über Stadt und Umgebung. Innen informieren Tafeln über die Stadtsanierung. Im Keller ist ein mittelalterliches Verlies nachgestellt.

Der Hufeisenturm war einst Teil der Stadtmauer.

Museen

Glasmuseum Immenhausen
Wissenswertes über Glas und Glasmacherhandwerk erfährt man im Glasmuseum. Im Mittelpunkt der Präsentation steht der Glasgestalter und Unternehmer Richard Süßmuth, der Namensgeber der letzten Glashütte in Immenhausen, die 1996 endgültig ihre Produktion einstellte. In den lichtdurchfluteten Räumen des Museums ist außerdem eine Sammlung von Gebrauchsglas und moderner Glaskunst zu sehen.
Adresse: Am Bahnhof 3, 34376 Immenhausen ☏ 05673/2060
🌐 www.glasmuseum-immenhausen.de

Natur und Freizeit

Wandern und Rad fahren
Der Märchenlandweg sowie markierte Wander- und Radwege laden zu Ausflügen in die reizvolle Landschaft und vor allem in den Reinhardswald ein. Der in drei Strecken geteilte ECO-Pfad Bergbau Holzhausen vermittelt Einblicke in den früheren Braunkohlenabbau. Auf dem ECO-Pfad Kulturgeschichte Ahlberg in Mariendorf können Touristen die Siedlungsgeschichte rund um den Berg erkunden. Entlang des Historischen Dorfspaziergangs erfährt man Wissenswertes über die Besonderheiten der ehemaligen Hugenotten-Kolonie.

Veranstaltungen und Feste

Karnevalsveranstaltungen mit Prunksitzungen und Rathaus-Erstürmung gehören seit 1950 zum kulturellen Leben in Immenhausen. Traditionelle Events sind auch die Weihnachtsmärkte, das Stadtfest in Immenhausen, das Dorffest und das Heidelbeerfest in Holzhausen sowie die Osterfeuer.

Jesberg

(Schwalm-Eder-Kreis)

Jesberg liegt am Schwalm-Zufluss Gilsa südöstlich des Naturparks Kellerwald-Edersee. Im Hauptort und in den vier Ortsteilen leben knapp 2300 Menschen. Die Entstehungsgeschichte der Gemeinde begann mit dem Bau der Burg Jesberg im 13. Jahrhundert.

Gemeinde Jesberg
Frankfurter Str. 1
34632 Jesberg
06695/96010
www.gemeinde-jesberg.de

Sehenswertes

Burgruine Jesberg
Mit dem Bau der Burg Jesberg wurde beim Übergang vom 12. ins 13. Jahrhundert begonnen. Die romanische Wehranlage war bei den blutigen Auseinandersetzungen zwischen den Mainzer Erzbischöfen und den hessischen Landgrafen immer wieder heftig umkämpft. Am Ende des 16. Jahrhunderts verlor die Burg ihre strategische Bedeutung und verfiel. In der Neuzeit restaurierte man die erhalten gebliebenen Burgreste, darunter den Bergfried.

Prinzessinnengarten
Etwa zwei Kilometer südöstlich der Burg sind noch Reste des „Prinzessinnengartens“ erhalten geblieben. Er war ein barocker Lustgarten, den Prinz Maximilian von Hessen-Kassel im 18. Jahrhundert auf Wunsch seiner vier Töchter anlegen ließ. Im Zentrum steht noch heute die „Prinzessinneneiche“ mit einem Kranz aus Hainbuchen.

Schloss Jesberg
Maximilian, ein Sohn des Landgrafen Karl von Hessen-Kassel, errichtete um 1723 im Treisbachgrund als Sommerresidenz das zweigeschossige Barockschlösschen Jesberg. Zugleich entstand dahinter eine Parkanlage im holländischen Stil. Heute gehört das Schloss zum Seniorenzentrum Kellerwald.

Die Burg Jesberg war einst eine romanische Wehranlage.

Museen

Heimatmuseum
In fünf verschiedenen Gebäuden ist, thematisch geordnet, das Heimatmuseum Jesberg untergebracht. Initiator und Betreiber ist der örtliche Heimat- und Geschichtsverein.
Adresse: Drüsedau, 34632 Jesberg
Kontakt zum Heimat- und Geschichtsverein e.V. unter Telefon: 06695/291

Natur und Freizeit

Wandern und Rad fahren
Jesberg versteht sich als Tor zum Naturpark Kellerwald. Für Wanderer und Radfahrer ist er durch ein breit gefächertes Wegenetz erschlossen. Ein besonders beliebtes Ziel ist der Kellerwaldturm auf dem Wüstegarten (675 m), der höchsten Erhebung der Region Kellerwald-Edersee. Vom seinem 25 Meter hohen Turm hat man bei guter Sicht einen Rundblick weit ins Hessenland. Zu den wich-

tigsten Wanderwegen gehören der Kellerwaldsteg und der Drei-Berge-Lauf.

Veranstaltungen und Feste

Die Laienspielgruppe „Densberger Frühstücker" führt jedes Jahr Theaterstücke für Erwachsene und Kinder auf. Die Aufführungen finden traditionell auf der idyllischen Freilichtbühne im ehemaligen Burggraben von Densberg statt. Auf dem Jesberger Schlossberg findet alle zwei Jahre das mittelalterliche Burgfest statt.

Kassel

(Kreisfreie Stadt)

Sie nennt sich „documenta-Stadt", besitzt eine weltberühmte Gemäldegalerie, bildet den kulturellen und wirtschaftlichen Mittelpunkt Nordhessens, ist Universitätsstadt und Hauptstadt der Deutschen Märchenstraße und liegt eingebettet in eine der schönsten deutschen Mittelgebirgslandschaften: Kassel, die frühere landgräfliche Residenzstadt. Sie erstreckt sich von der Fulda bis zum Habichtswald, ist Verwaltungssitz des gleichnamigen Regierungsbezirks sowie Landkreises und zählt 200 000 Einwohner. Das herausragende Ereignis ist die alle fünf Jahre stattfindende documenta, die weltweit größte Ausstellung zeitgenössischer Kunst.

Kassel Marketing
Obere Königsstr. 15
34117 Kassel
0561/707707
www.kassel.de

Historie

Die erste urkundliche Erwähnung Kassels stammt von 913, als hier der befestigte Königshof „Chasalla" stand. In den folgenden Jahrhunderten bescherten kunstsinnige und baulustige Landesfürsten der Stadt einen breit gefächerten kulturellen Reichtum. Der wohl bedeutendste war Landgraf Carl, in dessen Regierungszeit (1677–1730) unter anderem die Karlsaue mit der Orangerie und der weltberühmte Bergpark Wilhelmshöhe mit den Kaskaden und der Herkules-Statue entstanden, dem Wahrzeichen der Stadt. Der Bergpark ist seit 2013 als UNESCO-Weltkulturerbe anerkannt.

In den Bombennächten des Zweiten Weltkriegs, vor allem vom 22. auf den 23. Oktober 1943, wurde Kassel beinahe dem Erdboden gleichgemacht. Insgesamt 12 000 Menschen verloren ihr Leben.

Sehenswertes

▸ Stadtführungen

Obwohl der weitaus größte Teil der Kasseler Innenstadt im Bombenhagel des Zweiten Weltkriegs unterging, ist doch eine ganze Reihe kulturhistorisch bedeutsamer Gebäude erhalten geblieben bzw. sie sind restauriert worden. Um sie kennenzulernen, steht für Besucher ein abwechslungsreiches Angebot an Stadtführungen und -rundfahrten zur Verfügung. Die Touren führen auch über den Stadtkern hinaus in die grünen Randbezirke wie Wilhelmshöher Bergpark und Fuldaaue. Informationen unter
www.stadtfuehrungen-kassel.de

▸ Brüderkirche

Das älteste Sakralgebäude Kassels ist die gotische Brüderkirche nahe der Fulda. Der Orden der Karmeliter hatte sie zwischen 1292 und 1376 errichtet.

Das Rathaus in der Oberen Königsstraße.

▸ Renthof

Direkt an die Brüderkirche schließt sich der Renthof an, der im Kern noch aus dem früheren Klostergebäude besteht. Später hatte hier von 1633 bis 1653 die erste Kasseler Universität ihr Domizil. Heute beherbergt der Renthof ein Hotel mit Restaurant.

▸ Martinskirche

Die Martinskirche ist die Predigtstätte des Bischofs der Evangelischen Kirche von Kurhessen-Waldeck. Der gotische Bau wurde zwischen 1364 und 1462 errichtet. Bis 1637 wurden in der Gruft unter dem Chor alle Landgrafen von Hessen-Kassel und ihre Familienangehörigen beigesetzt. Besonders bedeutsam ist das Epitaph von Landgraf Philipp. Das aus Marmor und Alabaster gefertigte Denkmal wurde nach dem Krieg in das Langhaus versetzt. Im zweiten Weltkrieg brannte die Martinskirche bis auf die Außenmauern und Turmstümpfe aus. Ihr Wiederaufbau war 1958 abgeschlossen. Die Martinskirche hat eine der größten und klangvollsten Orgeln, die jüngst in Deutschland gebaut wurden.

▸ Karlskirche

Als erster deutscher Fürst bekannte sich Landgraf Carl offen zur Aufnahme der Hugenotten und eröffnete mit der hessischen Freizeitkonzession von 1658 den französischen Glaubensflüchtlingen großzügige Lebensbedingungen im Land. Mehrere tausend Hugenotten kamen nach Nordhessen. Mit der Oberneustadt errichtete Landgraf Carl für sie ein eigenes Kasseler Wohnquartier mit der Karlskirche. Sie wurde nach schweren Bombenschäden Ende der 50er-Jahre restauriert und hat ein Glockenspiel.

▸ Lutherkirche

Die 1897 eingeweihte Lutherkirche musste nach schweren Kriegsschäden bis auf den neogotischen Turm abgerissen werden. Mit 76 Metern ist er das höchste Gebäude der Stadt. Hier befindet sich auch der frühere Altstädter Friedhof mit einer Reihe alter Grabdenkmäler, darunter das von Dorothea Grimm, der Mutter der Brüder Grimm, sowie von Charlotte Amalie Grimm, ihrer Schwester.

▸ Karlshospital

Auf Initiative Landgraf Carls wurde 1720/21 an der Fulda das Karlshospital als Erziehungs- und Besserungsanstalt errichtet. Später veränderte es sich zu einem Gefängnis im klassischen Stil. Heute sind dort ein Restaurant und Büros untergebracht.

▸ Marstall

Früher waren hier die landgräflichen Pferde und Kutschen untergebracht, heute dient der von 1591 bis 1593 im Renaissance-Stil erbaute Marstall als Markthalle und Standort des Stadtarchivs.

▸ Druselturm

Den Druselturm ließen die Stadtväter im Jahr 1415 errichten, um eine Schwachstelle in der Stadtmauer zu sichern: Dort wurde damals das Wasser des Druselbachs in die Stadt geleitet.

▸ Zwehrenturm

Der 1330 erbaute Zwehrenturm war mit seiner spitzbögigen Durchfahrt auch eines der Stadttore. Im unteren Teil war bis ins 17. Jahrhundert ein Gefängnis für Häftlinge besserer Stände eingerichtet. 1709 ließ Landgraf Carl den Turm zu einer Sternwarte mit drehbarer Kuppel umbauen. Nach 1714 erhielt die Sternwarte mit dem Schloss Bellevue an der Schönen Aussicht ein neues Domizil.

▸ Orangerie und Marmorbad
Die Orangerie in der Karlsaue diente den hessischen Landgrafen als Gewächshaus und Sommerresidenz. Heute beherbergt der Barockbau von 1710 ein Museum für Astronomie und Technikgeschichte (s. Museen). In dem am westlichen Ende der Orangerie gelagerten Pavillon ließ Landgraf Carl von 1722 bis 1728 das sogenannte Marmorbad errichten, das aber nie als Bad genutzt wurde. Die prachtvolle Innenarchitektur mit Wandreliefs und Skulpturen ist noch vollständig erhalten.

▸ Schlösschen Schönfeld
Im Jahr 1777 ursprünglich als private Sommerresidenz gebaut, hatte das Schlösschen Schönfeld im gleichnamigen Park mehrfach wechselnde Besitzer, darunter auch das hessische Landgrafenhaus. Bekannt wurde es durch die rauschenden Feste, die König Jérôme, Bruder des französischen Kaisers Napoleons I., hier feierte. Jérôme war von 1807 bis 1813 König des „Königreichs Westphalen" mit Kassel als Hauptstadt.

▸ Treppenstraße
Die erste geplante und ausgeführte Fußgängerzone Deutschlands entstand 1953 mit der Treppenstraße in Kassel. Sie verbindet den früheren Hauptbahnhof mit dem Friedrichsplatz. Unterbrochen wird sie von Podesten, die von Cafés genutzt werden, und von Grünflächen und Blumen-Arrangements. In den 50er-Jahren war die Treppenstraße mehrfach Kulisse für Spielfilme.

▸ Torwache
Das nördliche Haus der aus zwei Gebäuden bestehenden alten Torwache diente Wilhelm und Jacob Grimm zeitweise als Wohnung. Die Brüder Grimm lebten von 1806 bis 1830 in Kassel und brachten hier ihre „Kinder- und Hausmärchen" heraus.

▸ documenta-Kunstwerke
Von früheren documenta-Kunstausstellungen finden sich im Stadtbild mehrere Objekte, die den Kasseler Bürgern besonders ans Herz gewachsen sind. Dazu zählen Jonathan Borofskys „Man walking to the sky" vor dem Kulturbahnhof, der „Rahmenbau" (Haus-Rucker-Co.) am Rande des Friedrichsplatzes und die überdimensionale Spitzhacke von Claes Oldenburg am Fulda-Ufer.

Documenta-Kunst in der Innenstadt – Man walking to the sky.

▸ Laserinstallation

Eine besondere Attraktion sind am nächtlichen Himmel Kassels die Strahlen der Laser-Installation. Sie wird an jedem ersten Samstag im Monat und zu besonderen Ereignissen aktiviert. Parallel aus der Innenstadt heraus verlaufen die beiden roten und grünen Strahlen über 7350 Meter hinauf bis zum Oktogon der Herkules-Statue auf dem Kamm des Habichtswalds.

▸ Herkules

Als Teil des Bergparks Wilhelmshöhe steht auf dem Kamm des Habichtswalds, in 550 Meter Höhe, das Wahrzeichen Kassels, der Herkules. Die Nachbildung der antiken Statue des griechischen Halbgottes Herakles ließ Landgraf Carl 1717 errichten. Sie steht auf der Pyramide des Oktogons mit Aussichtsplattform, von der sich ein herrlicher Blick über die Stadt und auf die bewaldeten Höhen rundum bietet. Besucher können auch in die 9,25 Meter große Herkules-Figur hineinklettern.

Der Herkules wacht über die Wilhelmshöhe.

▸ Schloss Wilhelmshöhe

Das 1786 begonnene Bauwerk des klassizistischen Schlosses Wilhelmshöhe wurde in mehreren Etappen im Jahr 1806 von Landgraf Wilhelm IX. und späteren Kurfürsten Wilhelm I. vollendet. Ursprünglich hatten sich an dieser Stelle seit dem 12. Jahrhundert das Augustinerinnen-Kloster Weißenstein und nach 1616 ein Jagdschloss befunden. Von September 1870 bis März 1871 beherbergte Schloss Wilhelmshöhe den französischen Kaiser Napoleon III. als Kriegsgefangenen. Nach 1891 war das Schloss Sommerresidenz des deutschen Kaisers Wilhelm II. Heute dient es als Museum (s. Museen).

▸ Ballhaus

Das Ballhaus neben dem Wilhelmshöher Schloss wurde 1810 im Auftrag des Napoleon-Bruders Jérôme während seiner Regierungszeit in Kassel als kleines Hoftheater erbaut. Später wurde es als Tanzsaal genutzt. Seine prachtvolle Innenausstattung erhielt es erst 1828 unter Kurfürst Wilhelm II.

▸ Gewächshaus

Das Große Gewächshaus nahe dem Schloss Wilhelmshöhe ließ Kurfürst Wilhelm II. 1822/23 errichten. Auch heute kann man hier während der Besuchersaison Palmen, Orchideen, Kamelien und andere exotische Gewächse bewundern.

▸ Löwenburg

Als Nachbildung einer verfallenen mittelalterlichen Ritterburg entstand von 1793 bis 1801 die Löwenburg im oberen Bereich des Bergparks. In der dazugehörigen Kapelle fand Kurfürst Wilhelm I. seine letzte Ruhestätte. Zu besichtigen sind ferner die Wohnräume und die Rüstkammer.

Museen

▸ Gemäldegalerie und Antikensammlung

Die Gemäldegalerie Alte Meister im Schloss Wilhelmshöhe zählt zu den bedeutendsten Kunstmuseen Europas. Ihren Weltrum verdankt sie vor allem der umfassenden Sammlung von Gemälden der holländisch-flämischen Schule des 17. Jahrhunderts. Als Glanzpunkt der Gemäldegalerie gilt der

„Jakobssegen“, ein Spätwerk Rembrandts. Im Erdgeschoss ist die antike Skulpturensammlung mit rund 500 Exponaten untergebracht. Berühmt ist vor allem der „Kasseler Apoll“, eine der besterhaltenen Kopien von einer den Gott darstellenden Skulptur des griechischen Bildhauers Phidias.
Adresse: Schlosspark 1, 34131 Kassel
🌐 www-museum-kassel.de

▸ Weißensteinflügel

Der älteste Teil des Schlosses, der sogenannte Weißensteinflügel, dient seit 1955 als Schlossmuseum. Die Räume sind in ihrer ursprünglichen Form restauriert worden und enthalten Möbel, wie sie das hessische Fürstenhaus seit der zweiten Hälfte des 18. Jahrhunderts bevorzugte.
Der Weißensteinflügel ist aufgrund von Instandsetzungsarbeiten bis auf Weiteres geschlossen.

▸ Stadtmuseum

Das Stadtmuseum dokumentiert die Geschichte Kassels seit der ersten urkundlichen Erwähnung im Jahr 913. Der Schwerpunkt der ständigen Ausstellung liegt – unter anderem mit über 500 000 Fotografien – auf der Entwicklung der Stadt vom 18. bis zum 20. Jahrhundert. Ein Turmanbau steht für Sonderausstellungen zur Verfügung.
Adresse: Ständeplatz 16, 34117 Kassel
🌐 www.stadtmuseum-ks.de

▸ Fridericianum

Mit den documenta-Ausstellungen ist Kassel alle fünf Jahre das internationale Zentrum der zeitgenössischen Kunst. Ein zentraler Ausstellungsort ist das 1779 errichtete Fridericianum am Friedrichsplatz. In der Zwischenzeit finden hier Kunstausstellungen mit wechselnder Themenstellung statt. Neben dem Fridericianum steht die moderne documenta-Halle, die auch für Veranstaltungen, Messen und Kongresse in der Innenstadt genutzt wird.
Adresse: Friedrichsplatz 18, 34117 Kassel
🌐 www.fridericianum.org

▸ ☺ Grimmwelt Kassel

Nach zwei Jahren Bauzeit wurde am 2. September 2015 die neue „Grimmwelt Kassel“ eröffnet. Es beschäftigt sich in großzügig ausgestalteten und ausgestatteten Räumen mit den Werken, dem Wirken und dem Leben der Brüder Wilhelm und Jacob Grimm. Das Museum ist in 25 Bereiche aufgeteilt. Zusätzlich zeigt es wechselnde Sonderausstellungen. Das bisherige Grimm-Museum hatte sich im Palais Bellevue befunden, auf dem 1714 Landgraf Karl ein Observatorium errichten ließ.
Adresse: Weinbergstr. 21, 34117 Kassel
🌐 www.grimmwelt.de

▸ Museum für Sepukralkultur

Sterben und Tod, Trauer und Gedenken sind die Themen, mit denen sich das in Deutschland einzigartige Museum für Sepukralkultur beschäftigt. Es gibt Einblick in die Bestattungskultur vom Mittelalter bis zur Gegenwart. Neben Exponaten aus diesem Bereich wird auch die zeitgenössische künstlerische Auseinandersetzung mit dem Tod dargestellt.
Adresse: Weinbergstr. 25, 34117 Kassel
🌐 www.sepulkralmuseum.de

▸ Neue Galerie

Die von 1871 bis 1877 erbaute Neue Galerie zeigt Kunstwerke vom 18. Jahrhundert bis in die Gegenwart. Der Schwerpunkt liegt auf der Malerei.
Adresse: Schöne Aussicht 1, 34117 Kassel
🌐 www-museum-kassel.de

▸ Naturkundemuseum

Landgraf Moritz der Gelehrte, ein Förderer von Wissenschaft und Kunst, errichtete von 1604 bis 1606 in Kassel den ersten frei-

stehenden Theaterbau Deutschlands, das Ottoneum. Heute befindet sich hier ein reich ausgestattetes Naturkundemuseum.
Adresse: Steinweg 2, 34117 Kassel

‣ Astronomisch-Physikalisches Kabinett
Die Orangerie in der Karlsaue beherbergt neben Hessens größtem Planetarium, das für Besucher zugänglich ist, die umfangreiche landgräfliche Sammlung wissenschaftlicher Instrumente. Sie geht zurück bis zu der 1560 von Landgraf Wilhelm IV. gegründeten Sternwarte. Das Museum ist in fünf Ausstellungsbereiche gegliedert. Das Museum ist bis auf Weiteres geschlossen.
🌐 www.museum-kassel.de

‣ Hessisches Landesmuseum
Auf drei Ebenen und 3800 Quadratmetern wird hier – unter anderem anhand von Bodenfunden – die hessische Landesgeschichte über einen Zeittraum von 300 000 Jahren erzählt. Die Sammlung „Angewandte Kunst“ enthält neben mittelalterlichen Skulpturen auch Schätze aus landgräflichen Kunstkammern. Die Volkskundesammlung mit den Schwerpunkten Trachten, Wohnen und vorindustrielle Arbeit ist die größte in Hessen.
Adresse: Brüder-Grimm-Platz 5, 34117 Kassel 🌐 www.museum-kassel.de

‣ Spohr-Museum
Im Südflügel des Kulturbahnhofs, des früheren Hauptbahnhofs, befindet sich das Spohr-Museum. Es zeigt Leben und Werk des Komponisten, Dirigenten und Geigers Louis Spohr. Von 1822 bis 1857 wirkte er als Hofkapellmeister in Kassel.
Adresse: Kulturbahnhof Südflügel, Franz-Ulrich-Straße 6, 34117 Kassel
🌐 www.spohr-museum.de

‣ Caricatura – Galerie für Komische Kunst
Ebenfalls im Kulturbahnhof präsentiert die Caricatura wechselnde Ausstellungen und Veranstaltungen aus den Bereichen Karikatur und Cartoon, Kritik und Komik. Die Caricatura hat Kassel zu einem wichtigen Satire-Zentrum in Deutschland gemacht.
Adresse: KulturBahnhof Kassel, Rainer-Dierichs-Platz 1, 34117 Kassel
🌐 www.caricatura.de

‣ Henschel-Museum
Das Museum stellt die Geschichte der ehemals weltberühmten Kasseler Firma Henschel sowie die Geschichte der Inhaber-Familie dar. Henschel produzierte Lokomotiven und Lastwagen, während des Zweiten Weltkriegs auch schwere Kampfpanzer.
Adresse: Wolfhager Str. 109, 34127 Kassel
🌐 www.henschel-museum.net

‣ Straßenbahnmuseum
Wer ein Faible für alte Straßenbahnen hat, sollte das Straßenbahnmuseum besuchen. Aus der über 100-jährigen Geschichte des Kasseler Transportunternehmens werden fast alle Fahrzeuge vom Pferdebahnwagen Baujahr 1900 bis zu modernen Triebwagen präsentiert.
Adresse: Sandershäuser Str. 23, 34123 Kassel
🌐 www.strassenbahnmuseum-kassel.de

Natur und Freizeit

‣ Wandern
Die nähere und weitere Umgebung Kassels ist ein Paradies für Wanderer. Ein weit verzweigtes Wegenetz – darunter der Märchenlandweg – führt in die Naturparks Habichtswald und Geo-Naturpark Frau-Holle-Land sowie in den Reinhardswald. Eine ganze Reihe so genannter Eco-Pfade informiert über die kulturhistorischen und archäologischen Besonderheiten in der Region.

‣ Rad fahren
Auch Radfahrer können von Kassel aus die abwechslungsreiche Landschaft in weitem

Umkreis erkunden. Besonders beliebt sind die Radwanderwege entlang der Flüsse Fulda, Werra, Weser und Diemel.

▸ Hessencourrier

Ausflüge mit Eisenbahn-Nostalgie ermöglicht der Museumsverein Hessencourrier. Die Museumseisenbahn mit restaurierten Dampf- und Dieselloks verkehrt zwischen Kassel und Naumburg.
Informationen: Hessencourrier e.V., Johanna-Waescher-Str. 9, 34131 Kassel
🌐 www.hessencourrier.de

▸ Bergpark Wilhelmshöhe und Wasserspiele

Fährt man, von der Kasseler Innenstadt kommend, auf die lange Gerade der Wilhelmshöher Allee, öffnet sich der Blick auf ein in Europa wohl einmaliges Ensemble: Da liegt, gleichsam wie ein von der Natur geschaffenes Gemälde, die Lehne des Habichtswalds mit dem berühmten Bergpark Wilhelmshöhe, gekrönt vom Herkules-Bauwerk, unterbrochen von der Löwenburg. Im unteren Bereich des Parks steht als architektonischer Fixpunkt das klassizistische Schloss Wilhelmshöhe. Der Bergpark gilt als der größte seiner Art in Europa. Der vielfältige Baumbestand stammt aus allen Erdteilen, die Gehölze umfassen über 500 verschiedene Arten. Neben Grotten und kleinen Tempeln erfreuen Blumenbeete, eine Roseninsel und der Lac, ein See, die Besucher. Eine Attraktion sind die Wasserspiele, die auf den Kaskaden unterhalb der Herkules-Statue beginnen und unweit des Schlosses mit einer 60 Meter hohen Fontäne enden. Bei besonderen Anlässen sind die Wasserspiele nachts illuminiert.
Wasserspiele: 1. Mai–3. Okt Mi/So und an Feiertagen ab 14.30 Uhr

▸ Karlsaue

Die unter Landgraf Carl nahe der Fulda angelegte Karlsaue mit der Orangerie präsentiert sich heute als eine Mischung aus französischem Barock- und englischem Landschaftsgarten. An seinem südlichen Ende liegt die Blumeninsel Siebenbergen, auf der nahezu alle Stauden, Ziergehölze, Rhododendren und seltene Koniferen gedeihen.

▸ Fuldaaue

Gegenüber der Karlsaue erstreckt sich am anderen Fulda-Ufer die Fuldaaue, die zur Bundesgartenschau 1981 angelegt wurde. Der nördliche Teil eines künstlich geschaffenen Sees steht unter Naturschutz.

▸ Botanischer Garten

Am Rande des Parks Schönfeld liegt der Botanische Garten Kassel. Er beherbergt einen Stauden-, Rosen- und Heilkräutergarten sowie ein Kakteenhaus und ein Schulbiologisches Zentrum.
Adresse: Bosestr. 15, 34121 Kassel
🌐 www.botanischer-garten-kassel.de

▸ Kurhessentherme

Die 1983 eröffnete Kurhessentherme bietet eine einzigartige Wasserlandschaft mit Thermal-Solewasser in exotisch-fernöstlicher Atmosphäre. Vielfältige Attraktionen wie Hot-Whirl-Pools, Vital-Solarien, Infrarot-Kabinen und neun verschiedene Saunen sorgen für einen abwechslungsreichen und erholsamen Aufenthalt für die ganze Familie.
Adresse: Wilhelmshöher Allee 361, 34131 Kassel
🌐 www.kurhessen-therme.de

▸ Auebad

Der Renner unter den Kasseler Freibädern ist das kombinierte Hallen- und Freibad „Auebad“. Das moderne große Bad verfügt über mehrere Becken und eine Saunawelt.
Adresse: Auedamm 21, 34121 Kassel

▸ Weitere Bäder

Freibad Harleshausen
🌐 www.freibad-harleshauen.de

Freibad Wilhelmshöhe
🌐 www.freibad-wilhelmshoehe.de
Hallenbad Süd
🌐 www.hallenbad-sued.de

▸ Bugasee
Er liegt inmitten des Naherholungsgebietes Fuldaaue und bietet mehrere Badestrände und Liegewiesen.

▸ Wassersport
Die Fulda, die mitten durch das Stadtgebiet fließt, bietet Wassersportlern alle Möglichkeiten, angefangen von Kanu- und Ruderboot-Touren über Motorboot-Fahrten bis zu Wasserski-Aktivitäten. Wer es geruhsamer mag, unternimmt Schiffsausflüge bis Hann. Münden und weiter auf der Weser.

▸ Schlittschuhlaufen
In der Kasseler Eissporthalle, Austragungsort der Heimspiele des Eishockey-Vereins EC Kassel-Huskies, kann man in der kalten Jahreszeit Schlittschuh laufen. Die Halle wird auch für Konzerte und andere Events genutzt.
Adresse: Am Auestadion 1, 34121 Kassel
🌐 www.eissporthallekassel.de

Veranstaltungen und Feste

▸ Staatstheater Kassel
Das am Friedrichsplatz gelegene Staatstheater Kassel ist ein Dreispartentheater.
Adresse: Friedrichsplatz 15, 34117 Kassel
📞 0561/1094222
🌐 www.staatstheater-kassel.de

▸ Komödie Kassel
Comedy-Gastspiele sowie eigene Stücke und Revuen mit zeitgenössischen Themen zeigt in der Innenstadt das beliebte Theater „Komödie Kassel".
Adresse: Friedrich-Ebert-Str. 39, 34117 Kassel
📞 0561/18383,
🌐 www.komoedie-kassel.de

▸ Von der Kulturfabrik bis zu Laku Paka
Kulturfabrik Salzmann
🌐 www.kulturfabrik-kassel.de
Kulturhaus Dock 4
🌐 www.dock4.de
Kulturzentrum Schlachthof
🌐 www.schlachthof-kassel.de
Kleine Bühne 70
🌐 www.kb70.de
Theater im Centrum (Musicals)
🌐 www.theaterimcentrum.de
Theater am Fluss
🌐 www.theater-am-fluss.de
Theaterstübchen (Live Club)
🌐 www.theaterstuebchen.de
Wehlheider Hoftheater
🌐 www.wehlheider-hoftheater.de
Figurentheater Laku Paka
🌐 www.theater-laku-paka.de

▸ Kulturzelt
Das Kulturzelt ist ein Musicalfestival in Kassel, das jährlich im Sommer stattfindet. Auf der mittlerweile fest etablierten Musikveranstaltung treten Künstler mit internationalem Ruf auf.
🌐 www.kulturzelt-kassel.de

▸ Kasseler Musiktage
Zu den regelmäßigen Veranstaltungen gehören auch die im Jahr 1933 gegründeten Kasseler Musiktage. Der Bogen spannt sich von klassischer bis moderner Musik. Zum festen Bestandteil gehören Uraufführungen bekannter Komponisten durch namhafte Interpreten.
🌐 www.kasseler-musiktage.de

▸ Zissel
Das überaus beliebte Volks- und Heimatfest Zissel lockt seit 1926 jeden Sommer Zehntausende von Kasseler Bürgern und Gästen an. Höhepunkt ist neben einem Umzug durch die Stadt der Wasserfestzug auf der Fulda. Boote und Flöße sind abenteuerlich

geschmückt und tragen Motivdarstellungen, mit denen Ereignisse des öffentlichen Lebens veralbert werden. An den Ufern der Fulda wird bis in die Abendstunden kräftig gefeiert.
🌐 www.zissel.de

▸ Kasseler Altstadtfest

Jedes Jahr zu Pfingsten begehen die Kasseler ihr traditionelles Stadtfest in der City. Es wird bestimmt von einem vielfältigen Bühnenprogramm, von bunten Märkten und Kinderfesten und von einem breiten Angebot kulinarischer Genüsse.
🌐 www.kasseler-stadtfest.de

▸ Märchenweihnachtsmarkt

Über die nordhessischen Grenzen hinaus bekannt ist der Kasseler Märchenweihnachtsmarkt. Dabei erstrahlt die gesamte Innenstadt in weihnachtlichem Lichterglanz. Überall sind die Grimmschen Märchen in unterschiedlichen Darstellungen präsent.
🌐 www.weihnachtsmarkt-kassel.de

Kaufungen

(Landkreis Kassel)

Östlich von Kassel – im Tal der Losse und umgeben von Kaufunger Wald und Söhre – liegt Kaufungen. Die aus drei Ortsteilen bestehende Gemeinde hat rund 12 000 Einwohner. Kaufungen wurde erstmals im Jahr 1011 erwähnt, als sich der spätere Kaiser Heinrich II. in seiner Kaufunger Residenz aufhielt.

Gemeinde Kaufungen
Leipziger Str. 463
34260 Kaufungen
☎ 05605/802-0
🌐 www.kaufungen.eu

Sehenswertes

▸ Stiftskirche Kaufungen

Die dem Heiligen Kreuz geweihte Stiftskirche war Teil eines Benediktinerinnenklosters, das Kaiserin Kunigunde 1017 gründete und in das sie nach dem Tod ihres Mannes Heinrich II. 1024 als Nonne eintrat. Die heutige Gestalt der Kirche mit ihren Wandmalereien verdankt sie einem Umbau um 1400. Die Kaiserempore von 1025 ist wieder freigelegt.

▸ Althessische Ritterschaft

Mit der Reformation in Hessen wurde das Kloster aufgelöst. Landgraf Philipp übertrug den Klosterbesitz den nordhessischen Adelsfamilien. Die Zehntscheune von 1725 erinnert daran. Bis heute verwaltet die „Althessische Ritterschaft" das Klostererbe als gemeinnützige Stiftung. Seit 1938 befinden sich deren Wappen in den Altarfenstern der Stiftskirche.

▸ **Historische Ortskerne**
Malerische Fachwerkhäuser prägen die über Jahrhunderte gewachsenen dörflichen Strukturen in den Ortsteilen Nieder- und Oberkaufungen. In den lauschigen, verwinkelten Gassen ist die Bausubstanz liebevoll gepflegt.

Museen

▸ **Regionalmuseum Alte Schule**
Mit viel Liebe zum Detail zeigt das Museum den Kaufunger Alltag von 100 Jahren in Landwirtschaft, Handwerk und Industrie. Der nachgebaute Stollen eines Braunkohlebergwerks zeugt von der harten Arbeit unter Tage. **Adresse**: Schulstr. 33, 34260 Kaufungen ☏ 05605/8021420

Im Regionalmuseum kann man eine alte Schulklasse besichtigen.

▸ **Bergwerksmuseum Rossgang**
Im Göpelhaus von 1820 kann man erfahren, wie früher Pferde die schwere Arbeit der Bergleute unterstützten: bei der Förderung der Braunkohle und bei ihrem Abtransport zu den Verbrauchern. **Adresse**: Freudentalstr., 34260 Kaufungen ☏05605/8021420

▸ **Hessisches Ziegeleimuseum**
Das Museum ist Teil des Industriedenkmals Ziegelei Oberkaufungen. Hier wurden 111 Jahre lang – von 1870 bis 1981 – Ziegelsteine und Dachziegel hergestellt.
Kontakt: John Philipp Leszner, Niester Str. 24, 34260 Kaufungen ☏ 05605/7799
🌐 www.hessisches-ziegeleimuseum.de

Natur und Freizeit

▸ **Wandern und Rad fahren**
Für Wanderfreunde, Radwanderer und Mountainbiker ist das ausgedehnte Wegesystem ideal für kurze und lange Ausflüge. Es warten unter anderem der Märchenlandweg, der Grimmsteig, der Kassel-Steig, der Herkules-Wartburg-Radweg und zahlreiche Rundwege im Geo-Naturpark Frau-Holle-Land.

▸ ☺ **Steinertseepark**
Ein idyllischer Erholungsort ist der 30 Hektar große Steinertseepark, davon 4,5 ha Wasserfläche. Bei der Renaturierung des ehemaligen Braunkohletagebaus entstanden nachhaltige Lebensräume für Flora und Fauna und zugleich ein attraktiver Freizeitpark. So gibt es einen Themenspielplatz „Eisenbahn" mit einer Miniaturbahn, die vor allem Kinder zum Mitfahren einlädt. Direkt neben dem Park liegen Sportplätze und ein Reitzentrum.

Kirchheim

(Landkreis Hersfeld-Rotenburg)

Der Standort der Gemeinde ist bundesweit bekannt durch das Kirchheimer Dreieck. Hier treffen sich die Autobahnen A 4, A 5 und A 7. Kirchheim liegt in den Südausläufern des Knüllgebirges im Tal der Aula. In den insgesamt zwölf Ortsteilen leben rund 4100 Menschen. Die Kerngemeinde taucht erstmals um 810 in einem Verzeichnis des Klosters Hersfeld urkundlich auf.

Gemeinde Kirchheim
Hauptstr. 20
36275 Kirchheim
06625/92000
www.kirchheim.de
www.rotkäppchenland.nordhessen.de

Museen

Museumsscheune
Geräte des bäuerlichen Alltags und Darstellungen zu den Themen Heu- und Getreideernte sowie Flachsanbau sind in der Kirchheimer Museumsscheune zu besichtigen, die in einem Fachwerkbau untergebracht ist. Außerdem gibt es in dem kleinen Freilichtmuseum eine Stellmacherei, ein Back- und ein Bienenhaus, eine Schmiede und einen Fahrzeugschuppen.
Adresse: Im Wiesental 19, 36275 Kirchheim
06625/5128
www.museumsscheune-kirchheim.de

Natur und Freizeit

Wandern und Rad fahren
Wanderfreunde können rund um Kirchheim auf markierten Wegen das Rotkäppchenland erkunden. Dazu gehört der Eisenberg, der mit 636 Metern höchste Berg des Knüllgebirges, auf dem ein Aussichtsturm steht. Bei Radfahrern beliebt sind der Bahnradweg Rotkäppchenland sowie Rundtouren um Kirchheim.

Seepark Kirchheim
Badevergnügen, Wasserski und Tretbootfahren sowie viele andere Freizeitaktivitäten bietet der Seepark Kirchheim. Ferienhäuser, ein Hotel und ein Campingplatz laden rund um den See zu längeren Aufenthalten ein. Von offiziellen Stellen der EU erhielt der See 2014 die Note „ausgezeichnet".
www.seeparkurlaub.de

Freizeit- und Erlebnisbad
Das Freibad verfügt u.a. über Wasserrutsche, Wildwasserkanal und Schallduschen sowie Planschbecken und Kinderrutsche. Das Wasser wird nur durch Sonnenernegie geheizt.
Adresse: Schwimmbadstr. 12, 36275 Kirchheim 06625/5955

Die Museumsscheune dokumentiert den bäuerlichen Alltag wie er früher war.

Knüllwald

(Schwalm-Eder-Kreis)

Mit einem Gemeindegebiet von 10 053 Hektar – davon über 60 Prozent bewaldet – gehört Knüllwald zu den flächengrößten Kommunen in Hessen. Die Gemeinde liegt im Knüllgebirge und besteht aus 16 Ortsteilen mit rund 4500 Einwohnern. Sitz der Gemeindeverwaltung ist Remsfeld.

Knüll Touristik e. V.
Hauptstr. 34
34593 Knüllwald
05681/930808
www.knülltouristik.de

Sehenswertes

Burgruine Wallenstein
Die Ruine einer hochmittelalterlichen Höhenburg steht in einem kleinen Seitental der Efze im Ortsteil Wallenstein auf einem nach Westen abfallenden Bergsporn. Die vermutlich im 12. Jahrhundert erbaute Burganlage wurde im Dreißigjährigen Krieg zerstört und ist heute nur noch in Teilen erhalten.

Kirchen
In den einzelnen Ortsteilen der Gemeinde Knüllwald trifft man auf Fachwerk- und auf Wehrkirchen aus unterschiedlichen Bauepochen. Die gotische Kirche in Remsfeld aus dem späten 15. Jahrhundert beherbergt einen spätgotischen Wandtabernakel und einen mittelalterlichen Taufstein.

Museen

Bienenmuseum
Alles Wissenswerte über die Geschichte der Imkerei bzw. der Honig-Gewinnung vermittelt das Lebendige Bienenmuseum in Niederbeisheim. In einer sanierten Hofanlage mit anschließendem Freigelände befinden sich neben imkerlichen Gerätschaften wie Honigschleudern ein Bienenhaus und eine Nistwand für Wildbienen.
Adresse: Beiseförther Str. 12, 34593 Knüllwald-Niederbeisheim 05685/499
www.lbmk.de

Museumsscheune Völkershain
Im Ortsteil Völkershain werden im Landtechnischen Museum landwirtschaftliche Geräte aus alter Zeit gezeigt. Das Museum liegt an der BAB 7 in Knüllwald-Völkershain.
05681/2686 und 4635

Natur und Freizeit

Wandern und Rad fahren
Das Knüllgebirge ist von einem Netz von Wanderwegen durchzogen, darunter der Hutewaldweg und der Lochbachpfad sowie der Schlossbrunnenweg. Eine große Auswahl an markierten Routen haben auch Radfahrer. Direkt am R 17 liegt die erste Radfahrerkirche Hessens als ein Ort, wo man zur inneren Ruhe kommen kann.

Der Lochbachpfad führt u. a. durch die Lochbachklamm.

Offroadpark „Böser Wolf"
Ein Männerspielplatz der besonderen Art: Im Offroadpark „Böser Wolf" kann man mit Geländewagen, Baumaschinen und sogar mit einem Panzer auf Strecke gehen.
Adresse: Hellwigwerke 4, 34593 Knüllwald
☏ 0172/5690662
🌐 www.offroadpark-knuellwald.de

Reiten und Schwimmen
Fjordgestüt Hennemühle: Beiseförther Str. 14, 34593 Knüllwald-Niederbeisheim
☏ 05685/352 🌐 www.reiterlebnis.de
Reiterhof Metz: Wichter Str. 26, 34593 Knüllwald-Niederbeisheim ☏ 05685/321
Naturbad und Campingplatz Burg Wallenstein: Burgstr. 27, 34593 Knüllwald
🌐 www.burgwallenstein.de
Freibad Rengshausen: Zum Schwimmbad 9, 34593 Knüllwald-Rengshausen ☏ 05686/606

Korbach

(Landkreis Waldeck-Frankenberg)

Die Kreisstadt liegt am Nordostrand des Waldeckischen Uplands. Seit dem 18. Juni 2013 darf sie sich aufgrund ihrer Geschichte „Hansestadt Korbach" nennen. Die schon im frühen Mittelalter aufblühende Handelsstadt wurde spätestens 1469 als Mitglied im deutschen Hansebund erwähnt. Erstmals urkundlich erwähnt wurde sie bereits 980. In der Kernstadt und den 14 weiteren Stadtteilen leben 23 500 Menschen.

Tourist-Information
Stechbahn 1
34497 Korbach
☏ 05631/53232
🌐 www.korbach.de

Sehenswertes

Historische Lagerhäuser
Im Dreißigjährigen Krieg musste Korbach schwere wirtschaftliche Verluste hinnehmen. Und zudem vernichtete 1664 eine Feuersbrunst fast alle Wohnhäuser. Erhalten geblieben sind mittelalterliche Befestigungsanlagen und steinerne Lagerhäuser aus der Hansezeit. Das größte steht am unteren Ende der Violinenstraße.

Rathaus
Das repräsentativste der alten Korbacher Steinhäuser ist wohl das um 1377 erbaute Rathaus. 1664 ausgebrannt, hatte man es von 1702 bis 1706 wieder aufgebaut. Am Torbogen steht die Figur des Korbacher Rolands, der im Mittelalter das Symbol für die städtische Gerichtsbarkeit war.

Doppelter Stadtmauerring
Nach der Vereinigung der Alt- und der Neustadt 1377 erhielt Korbach einen doppelten Stadtmauerring, der noch weitgehend erhalten ist. Dazwischen verläuft heute, von Grünanlagen umsäumt, der interaktive stadtgeschichtliche Rundweg „Zwischen den Mauern".

Kilianskirche und Nikolaikirche
Die Kilianskirche, erbaut 1450, und die Nikolaikirche (1460) sind gut erhaltene gotische Hallenkirchen, die von den Bürgern der Altstadt und der Neustadt im friedlichen Wettbewerb errichtet wurden. Besonders sehenswert sind in beiden Kirchen die Altäre des „Korbacher Franziskanermalers" (Pseudonym eines um 1455 geborenen Künstlers). In der Nikolaikirche befindet sich das prunkvolle Epitaph aus Alabaster, Marmor und Kalkstein für Fürst Georg Friedrich von Waldeck. Der Turm der Kilianskirche kann bestiegen werden.

Altstadtensemble mit Nikolaikirche und Roland.

‣ Besucherbergwerk Eisenberg
Seit dem 11. Jahrhundert bis vermutlich 1617 wurde im Eisenberg südwestlich von Korbach ein Goldvorkommen bergbautechnisch ausgebeutet. Die damalige Bergbausiedlung ist der heutige Ortsteil Goldhausen. Hier befindet sich heute ein Besucherbergwerk, in dem die mittelalterlichen Stollen und Schächte besichtigt werden können. Das Abbaunetz im Eisenberg erstreckt sich über rund 20 Kilometer.
Adresse: Zechenhaus, Turmweg 4, 34497 Korbach, ☎ 05631/53232
🌐 www.goldhausen.de

‣ Ruine Burg und Schloss Eisenberg
Auf der Kuppe des Eisenbergs (562 m) steht der 22,5 Meter hohe Georg-Viktor-Turm, der einen herrlichen Rundblick vom Sauerland bis zu den Ederbergen sowie auf die benachbarte Ruine von Burg und Schloss Eisenberg bietet. Die Burg wurde 1345 erstmals urkundlich erwähnt. Von 1520 bis 1563 wurde sie zu einem Schloss ausgebaut. Später verfiel die Anlage. Heute sind nur noch die freigelegten Grundmauern erhalten.

Museen

‣ Wolfgang-Bonhage-Museum Korbach
Das Korbacher Museum steht neben der Kilianskirche. Es wurde in den 1990er-Jahren erweitert und bietet ausführliche Informationen über die ereignisreiche Stadt- und Regionalgeschichte. Außerdem bekommt der Besucher einen Einblick in den Goldbergbau im Eisenberg und in die Korbacher Spalte (s.unten).
Adresse: Kirchplatz 2, 34497 Korbach
☎ 05631/53 289
🌐 www.museum-korbach.de

‣ Korbacher Spalte und GeoFoyer Kalkturm Korbach
Für Besucher zugänglich ist am Südrand Korbachs die sogenannte Korbacher Spalte am Ufer des urzeitlichen Zechsteinmeeres. Sie ist eine der weltweit bedeutendsten Fundstätten von Fossilien aus der Permzeit. Die wichtigsten Funde sind säugetierähnliche Reptilien. Im direkt benachbarten GeoFoyer Kalkturm Korbach zeigt eine Ausstellung die Evolution der Wirbeltiere und die Geschichte der Korbacher Kalkindustrie.
Adresse: Frankenberger Landstr. 22, 34497 Korbach

Die Korbacher Spalte – eine bedeutende Fundstelle von Fossilien aus der Permzeit.

Natur und Freizeit

‣ Wandern
Korbach und das Waldecker Land sind eine der schönsten Wander-Regionen Deutschlands. Neben mehreren Rundwegen bieten

sich der Premium-Wanderweg Sauerland-Höhenflug, der Barbarossaweg oder der GeoPfad Korbach zu längeren Touren an.

▸ Rad fahren
Zahlreiche gut ausgeschilderte Radwege geleiten die Pedalritter durch idyllische Landschaften. Highlights sind der Edersee-bahn-Radweg, die GeoRadroute Ruhr-Eder und der Hessische Fernradweg R 5.

▸ Reiten und Fliegen
Freunde des Reitsports haben in und um Korbach zahlreiche Reiterhöfe bzw. Reitanlagen zur Auswahl. Der Flugplatz Korbach ist eine ideale Basis für Sportflieger sowie für den Fallschirm- und Gleitschirmsport.

- www.reitstall-talhof.de
- www.tannenhof-ferien.de
- www.reiten-korbach.de
- patricias-reiterhof.de
- www.reitverein-korbach.com
- www.flugplatzkorbach.de

Veranstaltungen und Feste

▸ Freilichtbühne Korbach
Amateurtheater für die ganze Familie bietet in jedem Sommer mit zwei Stücken die Freilichtbühne Korbach e. V. Die Bühne befindet sich in der Altstadt zwischen den Stadtmauern.

- www.flb-korbach.de

▸ Märkte
Der Kiliansmarkt mit Festzug und Vergnügungspark – im Volksmund wird er auch Viehmarkt genannt – lockt jedes Jahr zahlreiche Besucher nach Korbach. Zu den jährlich wiederkehrenden Veranstaltungen zählen außerdem der Historische Mittelalterliche Markt, das Altstadt-Kulturfest und der Korbacher Weihnachtsmarkt.

Körle

(Schwalm-Eder-Kreis)

Südlich von Kassel am Südwestrand der Söhre liegt Körle. Zur Kerngemeinde gehören drei weitere Ortsteile mit rund 2900 Einwohnern. Körle wurde erstmals im Jahr 1074 in einer Schenkungsurkunde des Klosters Fulda urkundlich erwähnt.

Gemeinde Körle
Im Mülmischtal 2
34327 Körle
05665/9498-0
www.koerle.de

Sehenswertes

▸ Kirche Lobenhausen
Die „Kirche der Seligpreisungen“, die Dorfkirche in Lobenhausen, dem kleinsten Ortsteil Körles, wurde im spätklassizistischen Stil 1799 erbaut. Sie hat einen fast quadratischen Grundriss. Im Jahr 1981 erfolgte eine umfassende Renovierung und eine künstlerische Ausgestaltung mit Wand- und Glasbildern.

▸ Fachwerkkapelle Wagenfurth
Im Ortsteil Wagenfurth steht die älteste erhaltene Fachwerkkirche in Nordhessen. Um 1480 im spätgotischen Stil erbaut, diente sie später lange Zeit als Fruchtspeicher bzw. Spritzenhaus. Seit den 1960er-Jahren wurde sie wieder für Gottesdienste genutzt. Die Fachwerkkapelle hat nur 24 Sitzplätze.

Natur und Freizeit

▸ Wandern und Rad fahren
Von Körle aus führen reizvolle Wanderwege in die Söhre, zum Riedforst oder ins Fuldatal.

Für Nordic-Walking-Wanderer bietet sich der 21 Kilometer lange „Körler Steig“ an. Ein beliebtes Ziel ist der Grüne See oberhalb von Empfershausen und Eiterhagen. Für Radfahrer hat die Gemeinde direkt am Fuldaradweg R 1 ein Gästebuch bereitgelegt, in das man sich eintragen kann.

Veranstaltungen und Feste

Überregional bekannt geworden sind die Kammerkonzerte, die monatlich in der Lobenhäuser „Kirche der Seligpreisungen“ stattfinden. Das gilt auch für die Kammermusikwoche im Frühsommer.

Lichtenfels

(Landkreis Waldeck-Frankenberg)

Unweit des westlichen Endes des Edersees liegt die Stadt Lichtenfels. In den acht ländlichen Stadtteilen mit Goddelsheim als Verwaltungssitz leben etwa 4200 Menschen. Benannt wurde Lichtenfels bei der kommunalen Neuordnung nach der gleichnamigen Burg in Dalwigksthal.

Stadtverwaltung
Aarweg 10
35104 Lichtenfels
05636/9797-0
www.stadt-lichtenfels.de

Sehenswertes

▸ Burg Lichtenfels
Die Höhenburg in dem Lichtenfelser Stadtteil Dalwigksthal wurde 1189 erbaut, kurz danach zerstört, aber zwischen 1223 und 1230 wieder aufgebaut. Sie wechselte mehrfach den Besitzer und wurde zu Beginn des 17. Jahrhunderts erneut zerstört. Nach erneutem Wiederaufbau erfolgte Anfang des 20. Jahrhunderts eine vollkommene Restaurierung der Burg. Sie befindet sich heute in Privatbesitz.

Die Burg Lichtenfels stammt aus dem 12. Jahrhundert und ist heute in Privatbesitz.

▸ Klosterruine Schaaken
Das Benediktinerinnenkloster Schaaken wurde in Goddelsheim gegründet, aber danach nach Immighausen verlegt. Die in der zweiten Hälfte des 13. Jahrhunderts errichtete spätromanisch-frühgotische Klosterkirche brannte 1518 aus, wurde aber in teilweise geänderter Form wieder aufgebaut. Nach einem erneuten Brand 1913 sicherte man erst 1958 den verbliebenen Baubestand von Kirche und Klostergebäuden.

Museen

▸ Heimatmuseum Goddelsheim
Alte Handwerksgeräte, historische Wohn- und Schlafbereiche und alte Web-Techniken sind im Heimatmuseum zu sehen. Hier kön-

nen Besucher unter Anleitung auch backen und kochen oder andere Kurse belegen.

▸ Wandern und Rad fahren
Lichtenfels liegt im Zentrum einer erlebnisreichen Ferienregion. Wanderwege führen entlang der Aar, Orke und Nuhne oder vorbei an der Burg Lichtenfels. Auch auf Radfahrer warten abwechslungsreiche Routen beispielsweise zum Edersee oder zum Erholungsort Fürstenberg mit einem breiten Angebot an Hotels, Pensionen und Ferienhäusern.

▸ Reiten
Reiterhof Kamm: Zum Vogelbusch 4, 35104 Lichtenfels-Neukirchen, ☏ 06465/911500, 🌐 www.reiterlandhof.de

Veranstaltungen und Feste

▸ Igelfest
An jedem Montag vor Pfingsten wird in Fürstenberg das traditionelle Igelfest gefeiert. Nach einer Sage hatte vor langer Zeit ein Igel den Grafen Heinrich vor dem Sturz in eine tiefe Schlucht bewahrt, als er zu Pferde einen Hirsch verfolgte: Das Pferd scheute vor dem Stacheltier und stoppte rechtzeitig seinen Lauf vor dem Abgrund.

Liebenau

(Landkreis Kassel)

Das Städtchen Liebenau, bestehend aus acht Ortsteilen mit rund 3200 Einwohnern, liegt an der nördlichen Grenze zu Nordrhein-Westfalen am Südostrand der fruchtbaren Warburger Börde. Liebenau wird in West-Ost-Richtung von der Diemel durchflossen. Die erste urkundliche Erwähnung stammt aus dem Jahr 1293.

Stadt Liebenau
Lacheweg 1
34396 Liebenau
☏ 05676/989810
🌐 www.stadt-liebenau.de

Sehenswertes

▸ Fossile Fundstelle
In Steinbrüchen bei den Ortsteilen Lamerden und Haueda befindet sich die größte fossile Fundstätte Nordhessens. So fand man im Muschelkalk die Überreste von Nothosauriern und von fossilen Seelilien. Das Naturkundemuseum Kassel nimmt hier regelmäßig Ausgrabungen vor.

▸ Evangelische Kirche Liebenau
Neben dem mächtigen frühgotischen Chorturm aus dem 13. Jahrhundert sind die Wandmalereien aus dem 15. Jahrhundert in der Liebenauer Kirche besonders sehenswert. Sie wurde mehrmals geplündert und schwer beschädigt, aber immer wieder aufgebaut. Ihr heutiges barockes Aussehen erhielt die Kirche Mitte des 18. Jahrhunderts.

Museen

▸ Heimatmuseum Liebenau
Das Museum ist in einem alten Fachwerkhaus untergebracht. Es zeigt Exponate zur Geschichte der Liebenauer Leineweber, die hier im 19. Jahrhundert arbeiteten. Zu sehen sind auch eine komplett ausgestattete historische Schuhmacherwerkstatt, alte Küchengerätschaften und Werkzeug.
Kontakt: Willi Möller unter ☏ 05676/431

▸ Museum Haus Reining
Landwirtschaftliches Arbeitsgerät und dorfgeschichtliche Dokumente sowie Fossilienfunde aus dem Lamerder Kalksteinwerk sind in Lamerden in einem Längsdielenhaus von

Der mächtige gotische Turm der evangelischen Kirche Liebenau.

1631 ausgestellt. Die Fossilienfunde sind einzigartig im Diemeltal.
Adresse: Meyerhof 1, 34396 Liebenau-Lamerden 🌐 www.museum-lamerden.de

Natur und Freizeit

▸ Wandern und Rad fahren
Auf mehreren markierten Touren können Wanderer die sanfte Hügellandschaft in der Region Liebenau oder auch weiter entfernt den Reinhardswald erkunden. Informativ und spannend ist der Eco-Pfad „Muschelkalk im Diemeltal". Radfahrern stehen 14 abwechslungsreiche Routen zur Verfügung, unter anderem der Diemelradweg, der Warmetalweg und der Hessische Fernradweg R 4.

▸ Reiten
Reiterparadies-Campingplatz: Teichweg 1, 34396 Liebenau-Zwergen ✆ 05676/1509
Reitanlage und Zucht Fülling: Wanneweg 8, 34396 Liebenau-Zwergen ✆ 05676/8274

Lohfelden

(Landkreis Kassel)

Die Gemeinde Lohfelden liegt im Südosten Kassels und besteht aus drei Ortsteilen, in denen etwa 14 000 Menschen leben. Einige seiner Industriegebiete teilt sich Lohfelden mit der Stadt Kassel.

Gemeindevorstand
Dr.-Walter-Lübcke-Platz 1
34253 Lohfelden
✆ 0561/51102-0
🌐 www.lohfelden.de

Sehenswertes

▸ Gräberfeld Vollmarshausen
Das Gräberfeld gehört zu den bedeutendsten Funden der jüngeren Bronze- und Eisenzeit (1200 bis 650 v. Chr.) in Mitteleuropa. An einer alten Handelsstraße, dem „Breiten Weg", waren 1951 die ersten Graburnen entdeckt worden. Das komplette Gräberfeld umfasst 252 Bestattungen.

▸ Obermühle Vollmarshausen
Die alte Wassermühle aus dem Jahr 1308 war eine ehemalige Fronmühle des Klosters Kaufungen. Im 17. und 18. Jahrhundert war an die Mühle eine Waffenschmiede angeschlossen.

Museen

▸ Schachmuseum
Schachspiele seit dem 12. Jahrhundert aus vielen Ländern sind im Schachmuseum in der alten Schule Ochshausen zu sehen. Außerdem findet man hier die aus Schachspielen hergestellten Kunstwerke des Künstlers Bernd Besser.
Adresse: Ochshäuser Dorfstr. 20, 34253 Lohfelden ☎ 0561/513936

Natur und Freizeit

▸ Wandern und Rad fahren
Mehrere ausgewiesene Wander- und Radwege führen in die grüne Umgebung Kassels, in das Fuldatal oder in die Söhre. Eine Besonderheit ist der Eco-Pfad „Kulturgeschichte". Er verbindet Plätze in Lohfelden, wo Menschen früher gearbeitet, gebetet und getrauert haben. Die Zeitreise reicht von der späten Bronzezeit bis zur Mitte des 20. Jahrhunderts.

▸ ARS Natura
Der Kunstwanderweg existiert seit 2001. Auf Teilstücken der Wanderwege „Wildbahn" (X3) und „Barbarossaweg" (X8) findet man inzwischen über 300 Kunstwerke. Das Teilstück Lohfelden beginnt am Spangenberger Pfad/Ecke „Am Alten Teich" in Lohfelden-Crumbach in der Nähe der Kirche.

▸ „Tanz-Eiche"
Diesen Namen hat die Aussichtsplattform im Zentrum von Lohfeldens „Grüner Mitte". Von hier aus hat man einen weiten Ausblick auf die drei Ortsteile und darüber hinaus bis zum Herkules auf dem Kamm des Habichtswalds. Auf dem Areal befinden sich attraktive Aufenthalts-, Spiel- und Sportbereiche.

Ludwigsau

(Landkreis Hersfeld-Rotenburg)

Die Gemeinde im Dreieck Bad Hersfeld, Bebra und Rotenburg an der Fulda ist eine der flächengrößten Gemeinden des Hessenlandes. Sie ist umgeben von großen zusammenhängenden Waldgebieten, Wiesen, Feldern und Talauen. Ludwigsau besteht aus 13 Ortsteilen mit rund 6000 Einwohnern.

Gemeinde Ludwigsau
Schulstr. 1
36251 Ludwigsau
☎ 06621/9201-0
www.gemeinde-ludwigsau.de

Sehenswertes

▸ Burg und Schloss Ludwigseck
In den östlichen Ausläufern des Knüllgebirges liegt das kantig-wuchtige Schloss Ludwigseck. Die baumwipfelhohen Mauern mit den schmalen Fenstern zeugen davon, dass auf der 500 Meter hohen Basaltkuppe einmal eine mächtige Burg stand. Erbaut wurde sie 1419, im Dreißigjährigen Krieg zum Teil zerstört und um 1677 als Schloss wieder errichtet. Das Schloss befindet sich in Privatbesitz und kann nur von außen besichtigt werden.

Die historische Fuldabrücke in Mecklar.

▸ Fliegergedenkstätte
Östlich des Ortsteils Friedlos liegt im Seulingswald eine Fliegergedenkstätte. Sie erinnert an die Vernichtung eines amerikanischen Bomberverbandes durch deutsche Jäger im Jahr 1944. Durch ein Versehen waren die Bomber ohne Begleitschutz unterwegs. 118 Amerikaner kamen ums Leben, darunter elf, die nach ihrem Fallschirm-Absprung ermordet wurden.

Natur und Freizeit

▸ Wandern und Rad fahren
Ludwigsau lässt sich sehr gut in Wanderschuhen oder auf dem Fahrrad erkunden. Vielfältige Wandertouren führen bis in die Ausläufer der Rhön und in das Knüllgebirge. Gut ausgebaute Radstrecken im Bereich des Fuldatals ermöglichen eine gute Annäherung an die Fernradwege in Richtung Werratal und Bad Hersfeld.

▸ Naturdenkmäler
Immer einen Ausflug wert sind mehrere Naturdenkmäler im Gemeindegebiet. Dazu gehören das Naturschutzgebiet „Fuldaaue" bei Mecklar, das Landschaftsschutzgebiet Malchustal bei Elsrode und das Landschaftsschutzgebiet Hauksgrund bei Biedebach.

▸ Motocross
Der MSC Meckbach veranstaltet Rennen auf einer 1600-Meter-Naturstrecke.
Adresse: Am Wasser 2, 36251 Ludwigsau-Meckbach ☏ 06621/72346

Malsfeld

(Schwalm-Eder-Kreis)

Der älteste Ortsteil der Gemeinde Malsfeld ist Mosheim, das im Jahr 800 erstmals urkundlich erwähnt wurde. Malsfeld liegt im Fuldatal und grenzt im Norden an die Städte Felsberg und Melsungen. In den sieben Ortsteilen leben rund 4000 Menschen.

Gemeinde Malsfeld
Lindenstr. 1
34323 Malsfeld
☏ 05661/5002-70
www.malsfeld.net

Sehenswertes

▸ Wehrkirche Dagobertshausen
Das Bild des Ortsteils Dagobertshausen wird von der stattlichen Wehrkirche aus der Mitte des 14. Jahrhunderts geprägt, die in der Mitte des Dorfes steht. Der Sage nach hatte hier Frankenkönig Dagobert I. im Jahre 631 die Wenden geschlagen. Zum Dank soll er am Ort seines Sieges eine Kapelle gebaut haben, die seinen Namen erhielt.

▸ ☺ Märchenmühle Beiseförth
Ein echtes Highlight vor allem für kleine Besucher ist die Märchenmühle am Ortsrand von Beiseförth unmittelbar am Flusslauf der Beise. Dargestellt werden Märchen der Brüder Grimm.

Museen

▸ Brauereimuseum und BrauWerkstatt
In Malsfeld, in der seit Jahrhunderten Bier gebraut wurde, gibt ein Brauereimuseum einen umfassenden Einblick in die Kunst, den beliebten Gerstensaft nach verschiedenen Rezepten herzustellen. Zu sehen sind

unter anderem historische Gerätschaften, Bierflaschen und Etiketten. Zur Ausstellung gehören auch Riech-, Schmeck- und Taststationen.
Adresse: Brauereistr. 7, 34323 Malsfeld
Führungen nach Vereinbarung unter
☏ 0152/55401089
🌐 www.brauereimuseum-malsfeld.de
Führungen ab 10 Personen nach telefonischer Absprache unter der o.g. Nummer.

▸ Korbmachermuseum
Im Korbmachermuseum Beiseförth werden den Besuchern alte und neue Techniken des Korbflechtens vermittelt. Ausgestellt sind Korbwaren von der Jahrhundertwende bis in die heutige Zeit.
Adresse: Mühlenstraße 18, 34323 Malsfeld-Beiseförth
Kontakt: Heimat- und Kulturverein Beiseförth unter ☏ 05664/448 und 253
Öffnungszeiten: nach Vereinbarung

Natur und Freizeit

▸ Wandern und Rad fahren
Über die Höhen des Fuldatals verlaufen mehrere markierte Wanderrouten. Durch die Region führt unter anderem der Elisabethpfad Eisenach–Marburg, der zugleich auch ein „Weg der Jakobspilger" ist. Zugang zu nicht weniger als 39 Radstrecken haben Radfahrer und Moutainbiker in Malsfeld. Zwischen Beiseförth und dem Morschener Ortsteil Binsförth transportiert eine 50 Meter lange Luftseilbahn Wanderer und Radler über die hier 50 Meter breite Fulda.

▸ Floßfahrten und Baden
Ein besonderes Erlebnis verspricht eine Floßfahrt auf der Fulda von Morschen über Beiseförth nach Melsungen. Wer lieber solo auf dem Wasser unterwegs ist, kann sich bei Bedarf in Dagobertshausen ein Kanu leihen.
Floßfahrten können gebucht werden über:
Kultur- & Tourist-Info Melsungen,
Am Markt 5, 34212 Melsungen
🌐 05661/708-200

Der Badesee mit Blick auf Beiseförth.

Meinhard

(Werra-Meißner-Kreis)

Knapp drei Kilometer nördlich von Eschwege liegt am Rande des Werratals die Gemeinde Meinhard. Im Nordosten und Osten grenzt sie an den thüringischen Landkreis Eichsfeld. Meinhard umfasst sieben Ortsteile mit rund 5000 Einwohnern. Sitz der Gemeindeverwaltung ist Grebendorf.

Gemeinde Meinhard
Sandstr. 15
37276 Meinhard
☏ 05651/74800
🌐 www.meinhard.de

Das Rathaus von Meinhard.

Sehenswertes

▸ Schloss Wolfsbrunnen

Im Waldgebiet von Meinhard liegt nordöstlich von Schwebda das Schloss Wolfsbrunnen. Es wurde Anfang des 20. Jahrhunderts im Stil der Neurenaissance errichtet. Der repräsentative Bau wird heute als Hotel genutzt.

▸ Wasserburg Schwebda

Die im 13. Jahrhundert erbaute Wasserburg in Schwebda wurde im 16. Jahrhundert weitgehend abgebrochen. Aus den älteren Gebäudeteilen errichtete man das „Steinerne Haus" mit einem Abort-Erker, das noch heute erhalten ist. Es befindet sich in Privatbesitz.

Museen

▸ Heimatmuseum Meinhard

Das auf dem Rittergut Schwebda installierte Heimatmuseum Meinhard veranschaulicht in fünf Ausstellungsräumen die vergangene dörfliche Kultur der Region. Die umfangreiche Sammlung umfasst nahezu alle Lebensbereiche. Zudem befinden sich in dem Museum eine voll eingerichtete Küche und ein Wohnzimmer des 19. Jahrhunderts sowie ein Klassenzimmer der ehemaligen Volksschule.

Adresse: Am Lindenanger, 37276 Meinhard-Schwebda ✆ 05651/50659

Natur und Freizeit

▸ Wandern und Rad fahren

Ein besonders interessantes Ausflugsziel ist der Ortsteil Hitzelrode. Er liegt zwischen den Bergen des Muschelkalk-Höhenzuges Gobert, in dessen hessischem Teil sich die „Hessische Schweiz" ausbreitet. Bei Hitzelrode sind am ehemaligen Grenzverlauf der DDR noch Reste der Sicherungsanlagen vorhanden. Rund um den Ort führt der Premium-Wanderweg P 4. Dazu kommen in der Region andere Touren wie der Werra-Burgen-Steig Hessen sowie Nordic-Walking-Strecken. Radler befahren unter anderem den Werratal-Radweg, die Werra-Fulda-Radrundtour und Mountainbike-Strecken.

▸ Meinhardsee

Umgeben von dichten Wäldern lädt der Meinhardsee mit Campingplatz zum Baden, zu Bootstouren, zum Surfen und zum Angeln ein. Er liegt zwischen den Ortsteilen Grebendorf und Jestädt. Außerdem sind weitere Freizeit-Einrichtungen wie schwimmende Inseln, Sauna und Kinder-Spielplatz vorhanden. Ein Dorado für Wassersportler ist der Werratalsee bei Eschwege.

Adresse: Werra-Meissner-Camping, Freizeitzentrum 2, 37276 Meinhard, ✆ 05651/6200

🌐 www.werra-meissner-camping.de

Veranstaltungen und Feste

▸ Heimatfest Grebendorf
Großen Zuspruch findet jedes Jahr im September das Heimatfest Grebendorf mit Festumzug, Musik, Tanzvergnügen, Kutschfahrten und Kinderprogramm.

Das ehemalige Kloster Germerode wird heute als Tagungsstätte genutzt.

Meißner

(Werra-Meißner-Kreis)

40 Kilometer südöstlich von Kassel erstreckt sich die Gemeinde Meißner zwischen dem Bergmassiv des Hohen Meißners und dem Werratal. In den sieben Ortsteilen leben rund 3000 Menschen. Durch seine Lage im Geo-Naturpark Frau-Holle-Land ist die Region ein Wanderparadies.

Gemeinde Meißner
Hinterweg 4
37290 Meißner
05657/98960
www.gemeinde-meissner.de

Sehenswertes

▸ Kloster Germerode
Als ein bedeutendes Beispiel spätromanischer Ordensarchitektur gilt mit seiner Kirche aus dem 12. Jahrhundert das Kloster Germerode. Die Blütezeit des einstigen Prämonstratenserklosters erreichte ihren Höhepunkt um 1350. Nach der Reformation in Hessen wurde es in eine Staatsdomäne umgewandelt. Heute dient das Kloster als Tagungsstätte.

▸ Kirchenruine Abterode
Um 1076 gründete der Abt von Fulda in Abterode eine Abtei. Der einschiffige Kirchenbau mit Westturm auf einem Hügel am Ortsrand stammt aus dem 14. Jahrhundert. Im Jahr 1809 wurde er bis auf die noch vorhandenen Reste zerstört. Im Volksmund wird die Kirche auch Totenkirche genannt.

▸ Kirche Wolfterode
Das Dorf Wolfterode entstand durch eine Rodung im 10. Jahrhundert und wurde 1195 erstmals schriftlich erwähnt. In der Ortsmitte steht die 1334 erbaute gotische Kirche. Bemerkenswert sind die vorreformatorischen Wand- und Deckengemälde.

▸ Jüdischer Friedhof
Der jüdische Friedhof in Abterode wurde bereits Ende des 17. Jahrhunderts belegt und gilt als der größte im Werra-Meißner-Kreis. Die ältesten der 490 Grabsteine stammen aus dem Barock, der Hauptteil aus dem 19. Jahrhundert.

Museen

▸ Besucherbergwerk Grube Gustav
Der Kupferschiefer-Bergbau im Meißner-Vorland hat eine 500 Jahre lange Geschichte.

Im Höllental nahe Abterode kann man im Besucherbergwerk „Grube Gustav" eine spannende Grubenfahrt unternehmen. Dabei bekommt man einen eindrucksvollen Einblick in die Entwicklung des Bergbaus im Laufe der Jahrhunderte.
Adresse: Höllental 2, 37290 Meißner-Abterode
05667/7500
www.grube-gustav.de

Natur und Freizeit

Wandern und Rad fahren
Der Geo-Naturpark Frau-Holle-Land ist durchzogen von Rund- und Premiumwegen für Wanderer und Radler. Beliebt sind die regelmäßigen Wanderwochen und bei den Radfahrern unter anderem die große Rundtour um den Fuß des „Königs der nordhessischen Berge", des Hohen Meißners mit einer Gipfelhöhle von 753,6 Metern. Es gibt auch einen markierten Barfußweg und vier Nordic-Walking-Touren.

Aussichtspunkt Kalbe
Ein bevorzugtes Wanderziel ist die Kalbe, eine 719 Meter hohe Basaltkuppe im Osten des Hohen Meißners. Von ihr aus genießt man einen einzigartigen Blick auf das Meißner-Vorland im Osten.

Frau-Holle-Teich
In einer Bergsenke in 620 Metern Höhe liegt der sagenumwobene Frau-Holle-Teich, der auch von den Brüdern Grimm besucht wurde. Das Märchen von Goldmarie und Pechmarie ist hier angesiedelt. Im Volksmund ist Frau Holle für die Schneemenge im Winter verantwortlich, denn je gründlicher sie ihre Betten ausschüttelt, umso mehr schneit es auf der Erde. In der Nähe des Teichs steht am Waldrand eine Frau-Holle-Statue.

Bergwildpark Meißner
Fast alle heimischen Wildarten sind im ca. 25 ha großen Bergwildpark bei Germerode zu sehen. Auf dem Gelände befinden sich auch ein kindgerechter Abenteuer-Spielplatz mit Ruhebänken für die Eltern, das Museum „Waldwichtelhaus" sowie ein Restaurant mit Biergarten.
Adresse: Am Wildpark 1, 37290 Meißner-Germerode 05657/7591
bergwildpark-meissner.de

Wintersport
Der Hohe Meißner bietet vielfältige Wintersportmöglichkeiten. Ein Highlight ist die neun Kilometer lange Frau-Holle-Loipe. Zwei Ski-Lifte, einer am Naturfreundehaus Meißnerhaus und ein größerer in der Nähe des Berggasthofes, sind bei entsprechenden Schneehöhen in Betrieb. Zwei Hänge sind für Rodler reserviert.

Veranstaltungen und Feste

Die Germeroder Salatkirmes eröffnet in jedem Jahr die Kirmes-Saison im Werra-Meißner-Kreis. Höhepunkte sind zwei Festumzüge, ein Festgottesdienst und am Schluss die Kirmesbeerdigung. Die Salatkirmes findet immer eine Woche vor Pfingsten statt.

Melsungen

(Schwalm-Eder-Kreis)

Die im Kern mittelalterliche Kleinstadt mit ihren sieben weiteren Ortsteilen wurde schon 802 als „Milisunge“ erstmals urkundlich erwähnt. Die Einwohnerzahl beträgt knapp 14 000. Melsungen liegt im Fuldatal etwa 21 Kilometer südlich von Kassel.

Kultur- und Tourist-Info
Melsungen Land e.V.
Am Markt 5
34212 Melsungen
05661/708200
www.melsungen.de

Fachwerkschmuck in der Kasseler Straße.

Sehenswertes

Historische Altstadt
Ein Fachwerk-Kleinod ist die historische Altstadt Melsungens, deren restaurierte Häuser sich um das Rathaus gruppieren. Die malerischen Fachwerkgassen, unterbrochen von lauschigen Plätzen, kann man in den Sommermonaten auch im Rahmen von Stadtführungen erkunden. Die Gebäude aus dem 15. bis 17. Jahrhundert weisen reiche Verzierungen auf.

Rathaus
Blickfang am Marktplatz ist das Rathaus, ein prächtiger Fachwerkbau der Renaissance aus der Mitte des 16. Jahrhunderts. Das Gebäude hat drei vorkragende Obergeschosse, an den Ecken befinden sich vier Ecktürmchen. Aus dem Dach ragt ein Mittelturm, in dem sich zweimal täglich eine Figur zeigt, die das Melsunger Wahrzeichen, den Bartenwetzer, darstellt.

Bartenwetzerbrücke
Melsungen wird auch „Stadt der Bartenwetzer“ genannt, weil früher die Waldarbeiter ihre Barten (Äxte) am Sandstein der alten Fulda-Steinbogenbrücke wetzten bzw. schärften. Die Spuren sind noch heute auf der Brücke zu erkennen, die 1595–96 gebaut wurde. Melsungen verdankt seine Entstehung der günstigen Lage an der Fulda und bedeutenden Handelsstraßen im frühen Mittelalter.

Eulenturm
Der 1387 erbaute Eulenturm ist als einziger Befestigungsturm der früheren Stadtmauer noch in der ursprünglichen Höhe erhalten geblieben. Im 17. Jahrhundert diente er auch als Gefängnis.

▸ Hospitalskapelle St. Georg
Inmitten eines weitläufigen Gartengeländes steht die St.-Georgs-Kapelle. Urkundlich erwähnt wurde das Kirchlein erstmalig im Jahre 1303. Sie war Teil eines Hospitals, das 1788/89 einen Nachfolgebau erhielt. Das Hospital St. Georg wird heute als soziale Wohnstätte genutzt.

▸ Stadtkirche
Die von 1350 bis 1420 im gotischen Stil erbaute Stadtkirche hatte einen romanischen Vorgängerbau, von dem noch der Kirchturm (1230) erhalten geblieben ist. Der Turmhelm wurde erst 1435 aufgesetzt.

▸ Schloss Melsungen
Das Melsunger Landgrafenschloss wurde von 1550 bis 1557 als Jagdschloss für Landgraf Philipp den Großmütigen erbaut. Es besteht aus vier Gebäuden. Zwischen 1627 und 1632 war es Hauptwohnsitz von Landgraf Moritz dem Gelehrten. Besonders sehenswert ist der Schlossgarten mit seinem alten Baumbestand.

▸ Zwei-Pfennig-Brücke
Eine liebenswerte Besonderheit ist die Zwei-Pfennig-Brücke. Sie war 1890 von einer Bürger-Genossenschaft errichtet worden, um eine schnellere Fußgänger-Verbindung zum Bahnhof auf der anderen Fulda-Seite zu bekommen. Um die Baukosten wieder hereinzubringen, erhob man von jedem Passanten eine Maut-Gebühr von zwei Pfennigen.

Museen

▸ Heimatmuseum
In Bild, Ton und mit Exponaten wird die Entwicklung der Stadt Melsungen im Heimatmuseum dargestellt. Es ist an der Bartenwetzerbrücke im ehemaligen Elektrizitätswerk untergebracht. Informiert wird man über alte Handwerktechniken ebenso wie über aktuelle ortsansässige Industrieunternehmen.
Adresse: Brückenstr. 30, 34212 Melsungen
☏ 05661/3830

Natur und Freizeit

▸ Wandern und Rad fahren
Wanderer finden in der Region Melsungen rund 300 Kilometer markierte Wanderwege vor. Sie verlaufen zum Teil auf historischen Pfaden wie der Sälzerweg, der Fuldahöhenweg, Barbarossaweg und Bartenwetzerweg. Für Radler attraktiv ist vor allem der Fulda-Radweg R 1. Er führt 130 Kilometer durch die Grimm-Heimat Nordhessen.

▸ Fahrradverleih
Zweiradhaus Bischoff: Vorstadt 4–8, 34212 Melsungen ☏ 05661/50180
Radhaus Melsungen: Nürnberger Str. 13, 34212 Melsungen ☏ 05661/731944

▸ Fulda-Floßfahrten
Ein besonderes Erlebnis verspricht eine Floßfahrt auf der Fulda zwischen Morschen und Melsungen. Von Mai bis Oktober können Gruppen bis 50 Personen zwei Flöße in Melsungen buchen.

Floßfahrt auf der Fulda.

Bootstouren

Die Fulda eignet sich hervorragend für Kajak- und Kanufahrten. Dazu kann man Boote unterschiedlicher Kategorien und Größen auch für mehrere Tage mieten. In Melsungen-Obermelsungen kommen im Camping- und Freizeitzentrum am See Schwimmfreunde und Angler voll auf ihre Kosten.

Tretbootverleih

Von Familien besonders gern genutzt werden Tretboote für Fulda-Fahrten zwischen Melsungen und Obermelsungen. Die Boote können gemietet werden an der Rotenburger Straße, 34212 Melsungen ☎ 05661/708200.

Veranstaltungen und Feste

Freilichtbühne Melsungen

Im Sommer werden auf der Freilichtbühne im Lindenwäldchen im Open-Air-Kino aktuelle Kinofilme gezeigt. Stühle kann man vor Ort leihen oder selbst mitbringen.
www.freilichtbuehne-melsungen.de

Grasbahnrennen und Weinfest

Jedes Jahr in den ersten Augusttagen lockt das Grasbahnrennen Motorsportfreunde auf den Rennplatz an der St.-Georgsbrücke. Ende August werden beim Melsunger Weinfest am Rathaus gute Tropfen aus fast allen deutschen Lagen verkostet.

Spezialitätenfestival

Ein Besuchermagnet ist im Herbst das Melsunger Spezialitätenfestival. Dann isst man Wild- und Möhrenwurst zum frisch gebackenen Brot, genießt Wildbret und Fisch aus heimischen Gefilden, kostet Wein von Nordhessens nördlichstem Weinberg und schließt gegebenenfalls mit einem hausgemachten Obstler.

Morschen

(Schwalm-Eder-Kreis)

Morschen liegt im Fuldatal südlich von Kassel und nördlich von Rotenburg an der Fulda. In den sieben Ortsteilen leben 3300 Menschen. Morschen bestand mit Sicherheit bereits im Jahr 500 n. Chr. Im Mittelalter war der Ort ein wichtiger Handelsplatz, weil hier die Handelsstraße „Durch die langen Hessen“ die Fulda überquerte.

Gemeindevorstand der Gemeinde Morschen
Paul-Frankfurth-Str. 11
34326 Morschen
☎ 05664/94940
www.morschen.de

Sehenswürdigkeiten

Kloster Haydau

Historischer und kultureller Mittelpunkt der Gemeinde ist das Kloster Haydau im Ortsteil Altmorschen. Das frühere Zisterzienser-Nonnenkloster wurde Mitte des 13. bis Anfang des 14. Jahrhunderts erbaut. Ab Mitte des 16. Jahrhunderts erfolgte ein Umbau zum landgräflichen Schloss. Von 1985 bis 2005 wurde das Kloster in einem Modellprojekt gesichert und restauriert.

Das einstige Kloster und spätere Schloss Haydau mit Park.

▸ Jüdischer Friedhof
Im Ortsteil Binsförth befindet sich der älteste jüdische Friedhof in Nordhessen. 256 Grabsteine aus der Zeit von 1694 bis 1937 geben einen umfangreichen Einblick in die jüdische Begräbniskultur.

Museen

▸ Feuerwehrmuseum Altmorschen
Die vielfältigen Exponate – unter anderem fast 200 Feuerwehrhelme aus aller Welt – stammen in ihren Anfängen aus einer privaten Sammlung. Seit seiner Eröffnung 1987 wurde das Museum ständig erweitert und hat heute seinen dritten Standort im Feuerwehrhaus von Altmorschen gefunden.
Adresse: Hainaer Str. 1, 34326 Morschen-Altmorschen ✆ 05664/1663
🌐 www.feuerwehr-altmorschen.de

Natur und Freizeit

▸ Wandern und Rad fahren
Mit 15 Wandertouren, darunter zwei Themenwege, steht Aktivurlaubern in der Region ein großes und abwechslungsreiches Angebot zur Verfügung. Die beiden längsten sind der Fuldasteig und der Hessenweg 3. Radler können unter 20 markierten Strecken auswählen. Freunde rustikaler Floßfahrten auf der Fulda können sie in Morschen buchen.

▸ Floßfahrten
Von Morschen aus werden Floßfahrten nach Melsungen angeboten (s. unter Melsungen).

Naumburg

(Landkreis Kassel)

Die Kleinstadt erstreckt sich mit ihren vier weiteren ländlichen Stadtteilen im westlichen Teil des Naturparks Habichtswald. Naumburg wurde erstmals 1170 urkundlich erwähnt, die Burg Naumburg existierte wahrscheinlich schon zu Beginn des 12. Jahrhunderts. Die Gemeinde hat rund 5500 Einwohner.

Tourist-Information im Haus des Gastes
Hattenhäuser Weg 10–12
34311 Naumburg
✆ 05625/7909-63
🌐 www.naumburg.eu

Sehenswertes

▸ Historische Altstadt
Die Straßenzüge der historischen Altstadt weisen gut erhaltene und zum Teil prächtige Fachwerk-Ensembles des ausgehenden 17. Jahrhunderts auf. Bei einem großen Brand war 1684 fast die ganze Stadt zerstört worden. Aus der Zeit des Wiederaufbaus stammen die zwei Hauptstraßen der Altstadt mit vielen Nebengassen. Die starke Stadtmauer ist in Richtung Süden sehr gut erhalten.

▸ Stadtkirche St. Crescentius
Die katholische Stadtpfarrkirche ist eine dreischiffige gotische Basilika, mit deren Bau im 14. Jahrhundert begonnen wurde. Nach dem Stadtbrand von 1684 musste die Kirche in weiten Teilen erneuert werden. Die Naumburger Madonna, eine gotische Sandstein-Statue aus dem Jahr 1340, befindet sich heute im Innern der Kirche. Eine Kopie steht an der ursprünglichen Stelle an der südlichen Fassade. Die übrige neogoti-

sche Ausstattung stammt aus dem späten 19. Jahrhundert. Hervorzuheben ist der Seitenaltar aus dem 20. Jahrhundert als Emailarbeit in Kombination mit Halbedelsteinen.

▸ Fatima-Grotte

In einem ausgedienten Steinbruch bei Naumburg errichtete 1956 eine Gruppe junger Pilger die Fatima-Grotte mit Madonnen-Figur. Die Statue hatten sie aus dem portugiesischen Wallfahrtsort Fatima mitgebracht. Die Naumburger Grotte dient heute als Ort für Mai-Andachten, Gottesdienste und Rast bei „Achtsamkeitswanderungen".

▸ Hessencourrier

Hessens erste Museums-Eisenbahn ist der Hessencourrier. Der Oldtimer-Zug fährt auf der gut 30 Kilometer langen Strecke Kassel–Naumburg durch den Naturpark Habichtswald. Dabei ergeben sich reizvolle Ausblicke in die nordhessische Hügellandschaft.
Informationen: Hessencourrier e.V., Johanna-Waescher-Straße 9, 34131 Kassel
🌐 www.hessencourrier.de

Museen

▸ Eisenbahnmuseum

Das Eisenbahnmuseum befindet sich in einem alten Gebäude des Naumburger Bahnhofs. Es verdeutlicht die Entstehung der Kassel-Naumburger Eisenbahn, die 1903–1904 in Betrieb genommen wurde. Sie transportierte, neben dem Personen-Verkehr, Kalkmergel und Ziegel nach Kassel.
Adresse: Ahornweg 16, 34311 Naumburg
Öffnungszeiten: an Fahrtagen des Hessencourriers und nach Vereinbarung unter ☏ 05625–603

▸ Heimatmuseum

Dank der Sammelleidenschaft eines Privatmanns zeigt das in einer Scheune untergebrachte Heimatmuseum zahlreiche Zeugnisse aus der Geschichte Naumburgs. Zu den Exponaten zählen alte Einrichtungsgegenstände und Werkzeuge sowie sakrale Gegenstände.
Adresse: Kronbergweg 30, 34311 Naumburg
☏ 05625-5616

▸ Natur-Informationszentrum

Zentrale Anlaufstelle des Zentrums im Haus des Gastes ist der Natur-Erlebnisraum. Er ist Ausgangspunkt für spannende Natur-Entdeckungen. Die angeschlossene Hummel-Werkstatt am Ortsausgang Naumburgs ist ein in Deutschland einmaliger Hummelzoo.
Adresse: Hattenhäuser Weg 10–12, 34311 Naumburg ☏ 05625–7909-63

Natur und Freizeit

▸ Wandern

Naumburg mit dem Prädikat Kneipp-Heilbad fühlt sich auch im Bereich des Wanderns dem sanften Tourismus verpflichtet, wobei der Weg das Ziel ist. Mit dem Premiumwanderweg Habichtswaldsteig ist Naumburg in ein Wanderwegenetz von insgesamt 180 Kilometern eingebunden. Ein attraktives Ziel für Wanderer ist die Ruine der einst mächtigen Weidelsburg bei Ippinghausen.

▸ Rad fahren

Auch Radlern stehen mehrere interessante Routen zur Verfügung. Eine Besonderheit ist der Radweg entlang der Bahntrasse des Hessencourriers, der zwischen Naumburg und Kassel verkehrt. Ein mitgeführter Güterwaggon des Oldtimer-Zuges nimmt auch Räder mit.

▸ Freibäder

Freibad AquArena: Am Schwimmbad 3, 34311 Naumburg ☏ 05625/790980
Freibad Heimarshausen: Elbstraße, 34311 Naumburg ☏ 05622/919933

▸ Kinder-Märchenbauernhof Weidelshof
Eine Oase für Wanderer und Pferdeliebhaber ist dieser idyllisch gelegene Ferienhof. Besonders hat er sich aber auf Kleinkinder eingestellt, die auf Ponys reiten können. Außerdem gibt es für sie eine Märchenscheune mit Riesensandkasten und einer Ritterburg.
Adresse: Weidelshof, 34311 Naumburg
05625/1754
weidelshof.de

▸ Pomologentage
Bei den regelmäßig in Naumburg veranstalteten Hessischen Pomologentagen (von lat. Pomona – Göttin der Baumfrüchte) geht es um die Vielfalt der Apfelsorten in einer großen Obstschau und an Apfelprodukten auf dem Apfelmarkt. Unbekannte Sorten können sich Gäste vor Ort bestimmen lassen.

Der Apfelbrunnen – Naumburg veranstaltet regelmäßig die Hessischen Pomologentage.

Nentershausen

(Landkreis Hersfeld-Rotenburg)

Die Gemeinde liegt mitten im Richelsdorfer Gebirge im osthessischen Bergland. In den sechs Ortsteilen leben rund 2800 Menschen. Nentershausen mit dem Sitz der Verwaltung wurde erstmals 1323 in einer Urkunde erwähnt.

Gemeinde Nentershausen
Burgstr. 2
36214 Nentershausen
06627/92020
www.nentershausen.de

Sehenswertes

▸ Tannenburg – die „lebendige Burg"
Eintauchen in die Atmosphäre einer bewohnten Burg, sehen, wie die Menschen des hohen und späten Mittelalters in ihrem Gemäuer lebten und arbeiteten, einmal selber so essen wie man damals aß – all das bietet ein Besuch auf der teilrestaurierten Tannenburg bei Nentershausen. Eine Burgbesatzung in historischer Tracht verstärkt die Illusion, in eine alte Zeit zurückversetzt worden zu sein. Erbaut wurde die Tannenburg im 14. Jahrhundert. Noch vor 100 Jahren drohte sie endgültig zu verfallen.

Blick auf die Tannenburg.

Adresse: Tannenburg, 36214 Nentershausen
☏ 06627/8693 🌐 tannenburg.de

Museen

▸ Heimat- und Bergbaumuseum Nentershausen

Nentershausen blickt auf eine jahrhundertealte Bergbau-Tradition zurück. Das Museum zeigt mit einer vielfältigen Mischung aus Fotografien, Berichten und originalen Belegstücken die Geschichte des Bergbaus sowie die Arbeit und Lebensumstände der Bergleute und ihrer Familien in und um Nentershausen. In einer Sammlung von Grubenlampen wird die Entwicklung des „Bergmännischen Geleuchts" dargestellt.
Adresse: Ruhl 2, 36214 Nentershausen
☏ 06627/274 oder 8168
🌐 www.bergbaumuseum-nentershausen.de

Natur und Freizeit

▸ Wandern und Rad fahren

Der Premiumweg P 18 führt, überwiegend als Pfad, immer wieder zu wundervollen Fernblicken. Die Tour ist mittelschwer und an mehreren Stellen abzukürzen. Für Radler stehen unter anderem die Fernradwege R13 und R14 zur Verfügung.

▸ Naturbauten-Park

Bei Nentershausen-Triesch entwickelt sich seit 1992 ein herausragendes Perma-Kulturprojekt. Die große Besonderheit im Naturbauten-Park sind wachsende Häuser aus lebenden Bäumen.

▸ Reiten

Gutshof Baumbach: Gutsstr. 8, 36214 Nentershausen ☏ 06627/553
🌐 www.gutshof-baumbach.de

Veranstaltungen und Feste

Die Tannenburg lädt regelmäßig zu mittelalterlichen Veranstaltungen ein. Dabei werden alte Handwerks- und Gartenbautechniken gezeigt. Außerdem treten Schwertkämpfer und Gaukler auf.

Neu-Eichenberg

(Werra-Meißner-Kreis)

Die aus fünf Ortsteilen bestehende Gemeinde Neu-Eichenberg liegt im Dreiländer-Eck Hessen, Thüringen und Niedersachsen zwischen Kassel und Göttingen. Sie hat rund 1850 Einwohner. Sitz der Gemeindeverwaltung ist Hebenshausen. Der Bahnhof im Ortsteil Eichenberg ist ein Knotenpunkt, an dem sich die Bahnlinien Hannover–Frankfurt und Kassel–Halle kreuzen.

Gemeinde Neu-Eichenberg
Lange Str. 27
37249 Neu-Eichenberg
☏ 05504/9989000
🌐 www.neu-eichenberg.de

Sehenswertes

▸ Karlsbrunnen

Eine Kuriosität ist die historische Brunnenanlage Karlsbrunnen in der Ortslage von Eichenberg. Die natürliche Quelle befindet sich etwa 800 Meter vom Brunnenhaus entfernt am Nordosthang des Berges „Auf der Schärfe". Außerdem wird der Karlsbrunnen von mehreren unterirdischen Quellen gespeist, was zur Folge hat, dass die Menge des geschütteten Wassers mehrmals wechselt.

▸ Schloss Arnstein
In der Gemarkung Eichenberg steht auf einer Anhöhe das Schloss Arnstein. Es ist aus einer ursprünglich spätgotischen Burg hervorgegangen. Um 1600 wurde die Burg abgebrochen und ein dreistöckiges, schlossartiges Herrenhaus errichtet. Im Dreißigjährigen Krieg verwüstet, ersetzte man es Anfang des 19. Jahrhunderts durch ein zweigeschossiges Schloss mit Mansardendach. Eine Besichtigung ist nur von außen möglich.

▸ Wehrkirche Berge
Im kleinsten Ortsteil Berge befindet sich eine sehenswerte mittelalterliche Wehrkirche, in der mehrere Familienangehörige der Herren von Bischoffshausen beigesetzt sind. Ein Nachfahre hat heute noch das Kirchenpatronatsamt inne. Das Adelsgeschlecht bestimmte bis in das 19. Jahrhundert die Geschicke des Dorfes Berge.

Natur und Freizeit

▸ Wandern und Rad fahren
Die hügelige Landschaft wird von mehreren gut markierten Wander- und Radwegen in Richtung Niedersachsen und Thüringen und natürlich auch ins Hessische hinein durchzogen. Auch Mountainbiker finden ihre Spezialrouten vor.

Veranstaltungen und Feste

Zur Erinnerung an den Zusammenschluss der fünf Ortsteile zur Gemeinde Neu-Eichenberg 1971 findet alle fünf Jahre das Heimatfest statt. In Hermannrode feiert man seit mehr als 40 Jahren das Brunnenfest mit „Weibsentaufe". Aber auch in den anderen Ortsteilen sorgt das rege Vereinsleben für Veranstaltungen und Feste.

Neuenstein

(Kreis Hersfeld)

Neuenstein liegt im Knüllgebirge im Einzugsgebiet des Geisbaches, der hier entspringt und im zehn Kilometer entfernten Bad Hersfeld in die Fulda mündet. Die Gemeinde besteht aus acht Ortsteilen mit 3000 Einwohnern. Benannt wurde sie nach Schloss Neuenstein, der früheren Burg Neuwallenstein.

Gemeinde Neuenstein
Freiherr-vom-Stein-Str. 5
36286 Neuenstein
06677/92100
www.neuenstein.net

Sehenswertes

▸ Schloss Neuenstein
Fährt man aus Richtung Kassel kommend auf der A 7 die Gefällstrecke „Am Pommer" herunter, präsentiert sich in malerischer Lage rechts der Autobahn Schloss Neuenstein. Die frühere Burg, anfangs Neuwallenstein genannt, war zeitweise ein übles Raubritternest. Erstmals urkundlich erwähnt wurde sie 1267, im Jahr 1643 erfolgte der Umbau zu einem Schloss.

Einst ein „übles Raubritternest", heute ein wunderschönes Schloss.

Adresse: Schlossbergweg 2, 36286 Neuenstein 06677/91810
www.schlossneuenstein.de

Klosterkirche Aua
Der Ortsteil Aua, in dem sich der Sitz der Gemeindeverwaltung befindet, tauchte erstmals schon im Jahr 852 namentlich als „Owe“ auf. Ein 1190 gegründetes Augustinerinnen-Kloster bestand nur bis 1229. Erhalten geblieben ist die ehemalige Klosterkirche mit einem Taufstein mit zwei Köpfen. Ein Naturdenkmal ist die etwa 1200 Jahre alte Dorflinde.

Kirche Mühlbach
Die Dorfkirche im Ortsteil Mühlbach geht auf eine Kapelle von 1194 zurück. Anfang des 14. Jahrhunderts erweiterte man den heute als evangelische Kirche genutzten Kirchenbau.

Natur und Freizeit

Wandern und Rad fahren
Neuenstein ist mit seiner Lage im Knüllgebirge ein Touren-Paradies für Wanderer und Radfahrer. Insgesamt führen zwölf Wandertouren und 17 Radrouten durch die Region Neuenstein. Beliebtes Ziel ist unter anderem der 636 Meter hohe Eisenberg.

Reiten
Wer das Reiten und Kutschfahrten liebt, kann das auf der Neuensteiner Green Valley Ranch tun.
Adresse: Kohlsmühle 1, 36286 Neuenstein
0172/8414154
www.greenvalley-ranch.de

Veranstaltungen und Feste

Neuenstein ist hessenweit bekannt für seine bunten Dorffeste. Kulturelle Veranstaltungen unterschiedlicher Art finden auf Schloss Neuenstein statt.

Neuental

(Schwalm-Eder-Kreis)

Das Gemeindegebiet erstreckt sich in den Tälern von Schwalm, Gilsa und Merrebach zwischen Borken und Schwalmstadt. In den acht Ortsteilen leben rund 3100 Einwohner.

Gemeinde Neuental
Hauptstr. 8
34559 Neuental
06693/803860
www.neuental.de

Sehenswertes

Ober- und Unterhof Gilsa
Auf dem Gebiet des Neuentaler Ortsteils befindet sich der Stammsitz des bekannten hessischen Adelsgeschlechts derer von und zu Gilsa. Dazu gehört der Oberhof, ein dreigeschossiger mittelalterlicher Steinbau, der im 18. Jahrhundert äußerlich im gotischen Stil verändert wurde. Ebenfalls erwähnenswert ist der Unterhof, ein Fachwerk-Herrenhaus aus der Zeit um 1700. Die Gilsaer Kirche von 1719 hat ein wertvolles Eichengestühl.

Wehrkirche Bischhausen
Der Treppenturm der evangelischen Kirche in Bischhausen hatte früher auch eine Funktion als Wehrturm. Darauf weisen seine Schießscharten hin. Der Chor der Kirche entstand im 15. Jahrhundert.

Museen

Heimatmuseum „Dorfstuben“
Der Heimatverein von Zimmersrode baute in mühevoller Kleinarbeit das Museum „Dorfstuben“ auf. Von frühgeschichtlichen Funden bis in die Zeit nach dem Zweiten

Weltkrieg ist das Leben in Zimmersrode und seinen Nachbardörfern nachempfunden.
🌐 www.heimatverein-zimmersrode.de
Öffnungszeiten: nach Vereinbarung

Natur und Freizeit

▸ Wandern und Rad fahren
Die Höhen beiderseits der Schwalm sind durch mehrere markierte Wanderwege erschlossen. Auch die Flusstäler in der Region stehen Wanderern offen. Auf Radler warten unter anderem vier größere Radrouten.

▸ Neuenhainer See
Das Erholungszentrum bietet eine Vielzahl von Freizeit-Aktivitäten an Land und auf dem See an. Dazu gehören Paddel- und Tretbootfahren, Tauchen und Badevergnügen aller Art. Man kann auch Tennis und Beach-Volleyball spielen.
Adresse: Erholungszentrum Neuental, Seeblick 14 ✆ 06693/1287

Neukirchen (Knüll)

(Schwalm-Eder-Kreis)

Am Südwesthang des Knüllgebirges liegt das Kneippheilbad Neukirchen. Zur Kernstadt gehören noch acht ländliche Stadtteile. Die Einwohnerzahl beträgt insgesamt 7200. Die erste urkundliche Erwähnung Neukirchens stammt aus dem Jahr 1142.

Stadt Neukirchen
Am Rathaus 10
34626 Neukirchen
✆ 06694/911350
🌐 www.neukirchen.de

Sehenswertes

▸ Nikolaikirche
Das Wahrzeichen Neukirchens ist die aus der Mitte des 12. Jahrhunderts stammende Nikolaikirche. Ein optischer Blickfang ist der 36 Meter hohe Turm der Nikolaikirche, der als mächtiger Wehrturm gebaut wurde. Sein Dach ist umgeben von einem Rundgang mit einer Galerie aus der Zeit um 1500. Hoch oben befindet sich auch die frühere Wohnung des Türmers, in der 1841 das letzte Baby geboren wurde. In der Türmerstube sind standesamtliche Trauungen möglich. Informationen unter ✆ 06694/911350

▸ Dorfbackhaus Riebelsdorf
Eine nostalgische Attraktion ist im Ortsteil Riebelsdorf das alte Backhaus, das um die Mitte des 19. Jahrhunderts errichtet wurde. Es ist heute noch in Gebrauch. Einheimische backen hier noch Brot und verkaufen es teilweise in Selbstvermarktung. Auch Blechkuchen und Schwälmer Plätzchen werden nach alter Art gebacken. Nach Voranmeldung kann man das Geschehen in der Backstube verfolgen. ✆ 06694/911350

Museen

▸ Heimatmuseum
In der ehemaligen Lateinschule aus dem Jahr 1768 ist das Neukirchener Heimatmuseum untergebracht. Es vermittelt einen umfassenden Eindruck vom früheren Leben in der Schwalm. Neben Schwälmer Trachten und Werkstätten verschiedener alter Handwerkskünste ist auch eine original eingerichtete Lateinklasse aus alter Zeit zu bewundern.
Adresse: Marktplatz 5–6, 34626 Neukirchen
✆ 06694/1506 oder 911350

▸ Märchenhaus
Mitten in Neukirchen am historischen Marktplatz steht das Märchenhaus. In den

Räumen des Fachwerkhauses aus dem 16. Jahrhundert findet man unter anderem eine umfangreiche Sammlung Grimmscher Exponate und „lebendig" aufgebaute Märchenszenen. Jeden ersten Sonntag im Monat und nach Vereinbarung finden Märchenerzählungen statt. Im Hochzeitsraum des Märchenhauses können sich Brautpaare das Ja-Wort geben. ☏ 06694/911350

Natur und Freizeit

▸ Wandern und Rad fahren

Von Neukirchen aus haben Wanderer und Radfahrer Anschluss an ein breites Netz markierter Touren, die ins „Rotkäppchenland" führen. Für sportliche Aktivitäten bieten sich Nordic-Walking-Strecken und Tarrainkurwege an. Der durch Neukirchen führende Premium-Wanderweg ist Teil des D 4-Radweges und – neu – auch des Radweges „Deutsche Einheit" von Bonn nach Berlin.

Auf dem Bahnradweg durchs Rotkäppchenland.

▸ Christeroder Wasserfall

Im Ortsteil Christerode stürzt in einem ehemaligen Steinbruch ein Wasserfall aus elf Metern Höhe in einen bewirtschafteten Fischteich. Das Spektakel neben einer dazu gehörenden Wasserfall-Hütte ist ein Anziehungspunkt für Ausflügler.

▸ Schwimmbad

Badewelt Neukirchen: Birkenallee 17, 34626 Neukirchen ☏ 06694/911106

▸ Reiten

Hof Kienberg: Hof Kienberg 1, 34626 Neukirchen ☏ 06694/1289

Niedenstein

(Schwalm-Eder-Kreis)

Der staatlich anerkannte Luftkurort liegt im Südosten des Naturparks Habichtswald etwa 15 Kilometer von Kassel entfernt. In der Kleinstadt und den vier ländlichen Stadtteilen leben knapp 5300 Menschen. Funde belegen, dass die Region schon in der Jungsteinzeit besiedelt war.

Stadtverwaltung
Obertor 8
34305 Niedenstein
☏ 05624/99930
www.niedenstein.de

Sehenswertes

▸ Altenburg

Nordwestlich von Niedenstein lag eine vorgermanische Höhensiedlung mit Ringwallanlage, die heute kaum mehr zu erkennen ist. Zahlreiche Ausgrabungsexponate aus dem Bereich der Altenburg befinden sich im Hessischen Landesmuseum in Kassel und im Niedensteiner Altenburg- und Stadtmuseum.

▸ Jüdischer Friedhof
Bis zum Zweiten Weltkrieg war Niedenstein Heimat einer prozentual stark vertretenen jüdischen Gemeinde. Ihr Großteil wurde ein Opfer des NS-Regimes. Sehenswert ist in diesem Zusammenhang der Jüdische Friedhof, der bereits Anfang des 19. Jahrhunderts bestand.

Museen

▸ Altenburg- und Stadtmuseum
In den Museumsräumen am Obertorplatz sind Ausstellungen über die Entwicklung der Stadt, der jüdischen Gemeinde und Funde von der Altenburg zu sehen. Weitere Heimatmuseen befinden sich in Metze, Kirchberg und Wichdorf. Hier sind Gegenstände von alten Handwerksberufen, altem Wohnmobiliar und der niederhessischen Spitzbetzeltracht ausgestellt.
Adresse: Obertor 5, 34305 Niedenstein
05624/6619

Natur und Freizeit

▸ Wandern und Rad fahren
Niedenstein bietet ein dichtes Wanderwegenetz durch die reizvolle Landschaft des Naturparks Habichtswald. Auch mehrere Fernwanderwege durchziehen die Region. Für Radler stellt der Naturpark ein anspruchsvolles Landschaftsprofil dar – vor allem für Mountainbiker. Großer Beliebtheit erfreut sich die jährliche Radfahrveranstaltung „Tour de Chattengau“, die alljährlich am zweiten Sonntag im September stattfindet.

▸ Hessenturm
Östlich der Kernstadt von Niedenstein erhebt sich auf 475 Metern Höhe der „Niedensteiner Kopf“, eine Basaltkuppe, auf der im Mittelalter eine Burg stand. Heute steht

Radfahrer freuen sich auf die jährliche „Tour de Chattengau“.

dort der 18 Meter hohe Hessenturm mit Aussichtsplattform, der von Wanderern als Ausflugsziel geschätzt wird.
www.hessenturm.de

▸ Tanzlinde
Ein prachtvolles Naturdenkmal ist die tausendjährige Tanzlinde in Niedenstein. In ihrer Krone wurde früher ein Podest errichtet, von dem aus Musikanten aus luftiger Höhe zum Tanz aufspielten.

▸ Schwimmbad
Adresse: Am Schwimmbad 2, 34305 Niedenstein 05624/1222

Niederaula

(Landkreis Hersfeld-Rotenburg)

Die aus acht Ortsteilen bestehende Marktgemeinde liegt an der Fulda zwischen den Ausläufern der Rhön und des Knüllgebirges. Niederaula wurde erstmals im Jahr 779 in einer Schenkungsurkunde von Karl dem Großen an das Kloster Hersfeld erwähnt. Die Gemeinde hat rund 5750 Einwohner.

Marktgemeinde Niederaula
Schlitzer Str. 3
36272 Niederaula
06625/92030
www.niederaula.de

Blick auf Niederaula.

Sehenswertes

Kirche Niederaula
Die Barockkirche von 1775 in Niederaula hatte mindestens zwei Vorgängerbauten. So war ihr älterer Turm romanischen Ursprungs. Außerdem sind Überreste eines vorangegangenen Gebäudes im Stil der Gotik zu erkennen.

Natur und Freizeit

Wandern und Rad fahren
Acht abwechslungsreiche Routen sind für Wanderer ausgeschildert, bei denen man auch unbekannte Winkel der Region Niederaula erkunden kann. Radlern steht mit 51 markierten Routen ein besonders großes Streckennetz zur Verfügung. 17 sind Fernrad- und vier Mountainbike-Touren.

Burgstall Wallenfels
Der Burgstall Wallenfels ist das Bodendenkmal einer früheren Höhenburg im Ortsteil Mengshausen. Der Zugang zu der Anlage auf einer Bergzunge ist ein alter Forstweg. Bei Zufallsfunden im Burgbereich wurden mittelalterliche Keramikscheiben und Dachziegeln gefunden.

Heussner-Turm
Der Aussichtsturm steht auf der Mengshäuser Kuppe, einem 473 Meter hohen bewaldeten Berg. Wanderer genießen gern den Blick vom Heussner-Turm, der nach dem langjährigen Präsidenten des Knüllgebirgsvereins benannt ist.

Fliegen
Auf dem Flugplatz Langenberg beim Ortsteil Hattenbach können Gäste Rundflüge buchen. Beliebt sind auch die regelmäßigen Flugtage.
Kontakt: Luftsportverein Bad Hersfeld e.V.
06625/5167
www.flugplatz-langenberg.de

Nieste

(Landkreis Kassel)

Der Erholungsort liegt im Tal der Nieste am Westhang des Kaufunger Walds zwölf Kilometer östlich vom Zentrum Kassels. Seine Gemarkung erstreckt sich entlang des Flusses auf rund 7,5 Kilometer Länge, wobei die Gemarkungsbreite flussaufwärts der Breite der waldfreien Talaue entspricht und meist nicht mehr als 100 Meter beträgt. Die Einwohnerzahl Niestes beträgt 2000.

Gemeinde Nieste
Wilhelm-Heitmann-Platz 3
34329 Nieste
05605/944120
www.nieste.de

Sehenswertes

▸ Burg Sensenstein

Bis Anfang des 17. Jahrhunderts diente die Burg auf dem Gerholdsberg als Grenzsicherung zu Niedersachsen. Heute erinnern als Bodendenkmal nur noch hohe Wälle an die einstige Größe der Burganlage. Erbaut wurde sie um 1373.

▸ Jugendburg Sensenstein

Auf dem Gelände der Burg Sensenstein errichtete der Landkreis Kassel in den 1960er-Jahren eine Bildungs- und Begegnungsstätte, die „Jugendburg Sensenstein". 1996 erweiterte man die Anlage zu einer modernen Sportbildungsstätte.

🌐 www.sensenstein.de

Natur und Freizeit

▸ Wandern und Rad fahren

Nieste ist ein idealer Ausgangspunkt für Wanderungen in den Kaufunger Wald. Schon die direkte Umgebung ist sehr waldreich. Durch Nieste führen die Deutsche Märchenstraße und der Grimmsteig. Auch Radler haben hier alle Möglichkeiten. So kann man von Nieste aus auch die Großstadt Kassel per Fahrrad erreichen.

Der gestiefelte Kater ist das Maskottchen des Grimmsteigs, der auch durch Nieste führt.

▸ Planwagenfahrten

Die Wanderschule Nieste bietet Planwagenfahrten unter anderem bis ins Werratal an. Dabei können unterwegs kürzere Strecken auch zu Fuß zurückgelegt werden. Informationen und Buchungen unter

📞 05605/925218

🌐 www.wanderschule-nieste.de

Niestetal

(Landkreis Kassel)

Zwischen Nieste im Osten und Kassel im Westen liegt die Gemeinde Niestetal. In den Ortsteilen Heiligenrode und Sandershausen – beide erstmals Anfang des 12. Jahrhunderts urkundlich erwähnt – sowie auf Gut Ellenbach und Gut Windhausen leben 11 300 Menschen.

Gemeinde Niestetal
Dr.-Walter-Lübcke-Platz 1
34266 Niestetal
📞 0561/52020
🌐 www.niestetal.de

Sehenswertes

▸ Gut Windhausen

Das schlichte Barockschloss auf Gut Windhausen entstand nach 1769 für den hessischen General und Staatsminister Martin Ernst von Schlieffen. Es ist für die Öffentlichkeit nicht zugänglich. Zu begehen sind noch Reste des damaligen englischen Landschaftsgartens.

▸ ☺ Gut Ellenbach

Erwachsene und Kinder können auf dem Gut Reitunterricht bekommen. Auch als Pferde-Pension ist Gut Ellenbach bekannt.

Adresse: Gut Ellenbach, 34266 Niestetal
0561/525105
www.gutellenbach.de

▸ Prinz-Isenburg-Denkmal
An der Landstraße von Sandershausen nach Landwehrhagen erinnert ein Denkmal an das Gefecht auf dem Sandershäuser Berg im Siebenjährigen Krieg. Dort hatte ein Korps unter dem Befehl des hessischen Prinzen Casimir von Isenburg am 23. Juli 1758 stundenlang einer französischen Übermacht standgehalten, bis es sich am Abend nach Münden zurückziehen musste.

▸ Kirche Heiligenrode
Die evangelische Kirche mit Fachwerk-Oberbau in Heiligenrode entstand in der zweiten Hälfte des 18. Jahrhunderts. Sie steht an der Stelle eines Vorgängerbaus vermutlich aus der Zeit, als Heiligenrode ein Klosterdorf war.

Natur und Freizeit

▸ Wandern und Rad fahren
Die Region Niestetal ist ein Tourenparadies für Wanderer und Radler. Zur Auswahl stehen 15 Wanderrouten und 29 Radtouren. Sie sind an das Wegenetz des Kaufunger Waldes angeschlossen. In der benachbarten Gemeinde Nieste bietet die Wanderschule geführte Touren an.

▸ Freizeitgelände Heiligenrode
Erholung im Grünen bietet der Park Heiligenrode. Die leicht begehbaren Wege führen an idyllischen Teichanlagen entlang.

▸ Naturerlebnisbad
Adresse: Hugo-Preuß-Str. 50, 34266 Niestetal-Sandershausen
0561/5297932
An der Heiligenröder Straße entsteht ein neues Schwimmbad, das voraussichtlich im Herbst 2023 in Betrieb geht.

Oberaula

(Schwalm-Eder-Kreis)

Die Gemeinde liegt am Südhang des Knüllgebirges im oberen Aulatal und in den Seitentälern. Oberaula wurde um 856 erstmals als „Ovilah“ (Ort des Eulenwassers) erwähnt. Der Luftkurort bietet ideale Voraussetzungen für Outdoor-Aktivitäten aller Art. In den sechs Ortsteilen leben knapp 3200 Menschen.

Tourismusbüro
Hersfelder Str. 4
36280 Oberaula
06628/92080
www.oberaula.de

Sehenswertes

▸ Kirche Oberaula
Der spitz zulaufende und mit vier Ecktürmchen versehene gotische Turmhelm der evangelischen Kirche ist das Wahrzeichen von Oberaula. Er stammt aus dem 15. Jahrhundert. Das barocke Kirchenschiff kam 1717 hinzu.

▸ Schloss Hausen
Eine wechselvolle Geschichte hat das Schloss im Ortsteil Hausen. Seit dem 13. Jahrhundert stand hier ursprünglich eine Wasserburg der Abtei Fulda. Nach mehreren Besitzerwechseln baute man um 1600 die Burg in ein Renaissanceschloss um, das aber 1642 im Dreißigjährigen Krieg geplündert und zerstört wurde. 1674 bauten die Freiherrn von Dörnberg das Schloss wieder auf. Geboren wurde hier 1768 auch Wilhelm von Dörnberg. Er gelangte zur Berühmtheit, weil er sich 1809 als Oberst an die Spitze der Aufstandsbewegung gegen den in Kassel re-

sidierenden König Jérôme stellte, den Bruder des französischen Kaisers Napoléon.

‣ Kirche Hausen
In der kleinen Kirche von Hausen verweisen die Wappen in den Feldern der Emporenbrüstung auf das Patronat der Reichsfreiherrn von Dörnberg. In einem Anbau von 1696 befindet sich die Familiengruft derer von Dörnberg. Wegen des hohen Grundwasserspiegels stehen die Särge oberirdisch.

Natur und Freizeit

‣ Wandern und Rad fahren
Ein umfangreiches Wegenetz erwartet Wanderer in der Region Oberaula. Großartige Ausblicke bieten die Aussichtstürme auf dem Eisenberg, dem Knüllköpfchen und der Mengshäuser Kuppe. Für Radler besonders attraktiv ist der Bahnradweg Rotkäppchen. Die Route auf der ehemaligen Bahntrasse verbindet die märchenhafte Landschaft der Schwalm mit dem Fuldatal.

‣ Reiten
Auf dem Reiterhof Aumühle kann man Reitunterricht nehmen oder auch an einem Therapie-Reiten teilnehmen. Verfügbar sind einige Gästezimmer und Wohnmobilplätze.
Adresse: Aumühle 1, 36280 Oberaula
Telefon: 06628/7481
www.reiterhof-aumuehle.de

Veranstaltungen und Feste

Viele Gäste lockt der Sommermarkt nach Oberaula mit buntem Treiben rund um die evangelische Kirche und auf dem Marktplatz. Ein Event für die ganze Familie ist das See- und Lichterfest im Spätsommer.

See- und Lichterfest am Osterteich Oberaula.

Ottrau

(Schwalm-Eder-Kreis)

In der südlichsten Gemeinde des Schwalm-Eder-Kreises, die sich aus sechs Ortsteilen zusammensetzt, leben rund 2200 Menschen. Ottrau wurde erstmals 755 im Zusammenhang mit dem Kloster Hersfeld in einer Urkunde erwähnt. Die Gemeinde liegt in den südlichen Ausläufern des Knüllgebirges.

Gemeindeverwaltung
Neukirchener Str. 1
34633 Ottrau
06639/96090
www.ottrau.de

Sehenswertes

‣ Klosterkirche Immichenhain
Der Bau der Kirche geht auf das 12. Jahrhundert zurück, und 1173 bis 1175 wurde vom Bau des Klosters Immichenhain berichtet. Die Gebäude gehören heute zur hessischen Staatsdomäne Immichenhain. Die Kirche, ein kurzer Rechteckbau, wurde im Dreißigjähri-

Der Sebbelsee ist ein beliebtes Ausflugsziel.

gen Krieg 1637 teilweise zerstört. Besonders sehenswert sind die Wandmalereien aus der ersten Hälfte des 14. Jahrhunderts.

▸ Kirche Ottrau
Schon Anfang des 9. Jahrhunderts gab es in Ottrau mit Sicherheit eine Kirche – angeblich eine Gründung von Bonifatius. Die Geschichte der heutigen Kirche begann im 13. Jahrhundert, aber erst nach mehrmaligen Umbauten fand der Bau zu seiner heutigen Form eines Langschiffes. Sanierungsarbeiten an der Fassade förderten Putzreste mit einem Alter von über 600 Jahren zutage.

▸ Steinmühle
Alte Mühlenromantik wird in der aus dem Ende des 16. Jahrhunderts stammenden Steinmühle in Ottrau lebendig. Die Außenanlage mit Sägewerk und Wasserrad kann zu jeder Zeit frei besichtigt werden. Die Besichtigung der gesamten Anlage ist nach Absprache möglich.
Kontakt zum Förderverein Steinmühle e.V. unter ☎ 06628/7405

Natur und Freizeit

▸ Wandern und Rad fahren
Mehrere markierte Wege erschließen die Region Ottrau für Wanderer und Radler. Ein beliebtes Ziel ist der Sebbelsee, ein idealer Platz zum Picknicken. Radfahrer benutzen gern die frühere Trasse der Knüllwaldbahn.

Philippsthal (Werra)

(Landkreis Hersfeld-Rotenburg)

Die Marktgemeinde liegt im Tal der Werra und grenzt im Osten an Thüringen. Sie besteht aus sechs Ortsteilen mit 4100 Einwohnern. Zum ersten Mal wurde sie im Jahr 1191 in einem päpstlichen Schutzbrief an die Abtei Hersfeld erwähnt.

Gemeinde Philippsthal
Schloss 1
36269 Philippsthal (Werra)
☎ 06620/92100
🌐 www.philippsthal.de

Sehenswertes

▸ Schloss Philippsthal
Auf den Resten des ehemaligen Benediktinerklosters Kreuzberg entstand ab 1685 im Auftrag des Prinzen Philipp von Hessen das Schloss Philippsthal samt Schlosspark. Das aus drei Flügeln bestehende Gebäude ist heute Sitz der Gemeindeverwaltung und enthält außerdem die Gemeindebibliothek.

Schloss Philippsthal, heute Sitz der Gemeindeverwaltung.

▸ Schlosskirche
Auf den Fundamenten der früheren Klosterkirche errichtete man im 18. Jahrhundert die Schlosskirche als eine Säulenbasilika, in der die Form der Romanik im Hinblick auf die Symmetrie konsequent angewandt wurde. Bemerkenswert ist ein gotischer Taufstein im Innern, der früher außerhalb der Kirche stand und von der landgräflichen Familie als Blumenschale genutzt wurde.

Museen

▸ Grenzmuseum
Über geglückte und gescheiterte Fluchten aus der DDR informiert das Grenzmuseum, das im Torbogenhaus des Schlosses Philippsthal untergebracht ist. Anschauungsmaterial sind zahlreiche Exponate, ein Sandkastenmodell und Filme.
Informationen unter ☏ 06620/1432

▸ Hugenottenhaus
Im Ortsteil Gethsemane steht der Nachbau eines Hugenottenhauses, ausgestattet mit dem Mobiliar der früheren französischen Glaubensflüchtlinge. Puppen in Menschengröße tragen die Originaltracht von 1770.
Informationen unter ☏ 06674/8163

Natur und Freizeit

▸ Wandern und Rad fahren
Viele markierte Wanderwege führen durch die Berge beiderseits der Werra. Eine fünf Kilometer lange Rundtour um Philippsthal schließt auch den herrlichen Schlosspark mit seinen alten Bäumen und Teichen mit ein. Radfahrer können unter 36 Routen wählen, darunter 13 Fernradwege und drei Mountainbike-Touren.

▸ Schwimmbad
Sportbad Philippsthal: Am Bad 3, 36269 Philippsthal, ☏ 06620/918638

Reinhardshagen

(Landkreis Kassel)

Namensgeber der an der Weser gelegenen Gemeinde war der westlich gelegene weitläufige Reinhardswald. Östlich bildet die Weser die Grenze zu Niedersachsen. Neun Kilometer südlich befindet sich bei Hann. Münden der Zusammenfluss von Fulda und Werra. In den beiden Ortsteilen Veckerhagen und Vaake leben 4400 Menschen.

Gemeinde Reinhardshagen
Amtsstr. 10
34359 Reinhardshagen
☏ 05544/95070
www.reinhardshagen.de

Sehenswertes

▸ Fachwerk-Ensembles
In Vaake wie auch in Veckerhagen stehen viele Fachwerkhäuser mit teils niederdeut-

schem Einfluss. Sie stammen aus verschiedenen Epochen – vorwiegend aus dem 17. Jahrhundert – sind reich verziert und tragen Sinnsprüche auf den Balken. Sie bilden zum Teil geschlossene Fachwerk-Ensembles.

▸ Evangelische Kirche Vaake
Der spätromanische Bau, eine Wehrkirche, stammt aus der Mitte des 13. Jahrhunderts. Das Langhaus-Gewölbe wurde im Dreißigjährigen Krieg zerstört, die jetzige Balkendecke 1678 eingezogen. Die Wandmalereien stammen aus dem Jahr 1400 und stellen Passionsbilder dar.

▸ Evangelische Kirche Veckerhagen
Von 1778 bis 1780 entstand im Übergangsstil vom Spätbarock zum Klassizismus der kreuzförmige Fachwerkbau mit Haubendachreiter in der Mitte. Das Innere der Kirche ist mit dreiseitigen Emporen als Längssaal gestaltet.

Die evangelische Kirche in Veckerhagen.

▸ Jagdschloss Veckerhagen
Die barocke Dreiflügelanlage liegt nahe dem Weserufer. Sie wurde 1689 von Landgraf Carl von Hessen-Kassel als Jagdschloss errichtet. Ab 1742 war es im Besitz der Reichsgräfin Barbara Christine von Bernhold, der seinerzeitigen Geliebten des Landgrafen.

▸ Alte Eisenhütte
In der Eisenhütte von Veckerhagen ließ Denis Papin um 1706 den ersten Dampfzylinder der Welt gießen. Die heute noch vorhandenen Teile der Hüttenanlage sind denkmalgeschützt.

Natur und Freizeit

▸ Wandern und Rad fahren
Der nahe Reinhardswald mit der Sababurg und einem Urwald-Areal sowie die Weser bieten Wanderern viele abwechslungsreiche Routen. Neben mehreren Rundwanderwegen hat man Anschluss unter anderem an den Weserberglandweg und den Märchenlandweg. Bei den Radlern zählt der Weserradweg zu den beliebtesten Strecken in Deutschland.

▸ Parkanlagen
Wer es gern ruhig angehen lässt, ergeht sich in den Weserpromenaden in Veckerhagen und Vaake. In den parkähnlichen Anlagen befinden sich auch Konzertpavillons.

▸ Fahrgastschifffahrt
Die MS Weserstein bietet Rund- und Linienfahrten auf der Fulda an. Ausgangspunkt der Fahrten ist Hann. Münden.
Adresse: Schedener Weg 29, 34346 Hann. Münden,
✆ 0171/2218505,
🌐 www.weserstein-touristik.de
Betriebszeit: ca. Mai bis Oktober

Ringgau

(Werra-Meißner-Kreis)

Etwa zwölf Kilometer südlich von Eschwege liegt zwischen dem Meißner und dem Thüringer Wald die Gemeinde Ringgau. Sie besteht aus sieben Ortsteilen mit 3100 Einwohnern. Namenspate war beim Zusammenschluss der Ortsteile der Ringgau, ein mittelgebirgsartiges Hochplateau. Bis zum 13. Jahrhundert war die Region meist thüringisch, bis sie nach kriegerischen Auseinandersetzungen 1436 endgültig zu Hessen kam.

Gemeinde Ringgau
Am Anger 3
37296 Ringgau
05659/97970
www.ringgau.de

Sehenswertes

▸ Ruine Boyneburg

Von den Ringgauer Ortsteilen Datterode und Grandenborn aus von Wanderern gut erreichbar, steht in der Nähe von Wichmannshausen, einem Stadtteil von Sontra, die Ruine der Boyneburg. Sie wurde erstmals 1187 als Stammsitz der Adelsfamilie von Boyneburg erwähnt. Aber schon im 11. Jahrhundert hatten hier die Grafen von Northeim erste Befestigungen aus Baumstämmen errichtet. Aufgrund einer uralten Sage findet auf dem Burgberg jedes Jahr am Himmelfahrtstag das traditionelle Brotspendefest statt, bei der der heutige Burgherr Baron von Boyneburg Brotlaibe an hinaufgepilgerte Menschen verteilt.

▸ Schloss Lüderbach

Der Ortsteil Lüderbach wurde 1195 in einer Urkunde des Klosters Germerode erstmals erwähnt. Ein Teil des Klosterbesitzes gelangte 1445 in den Besitz der Treusch von Buttlar, die hier in den Folgejahren das Schloss Lüderbach mit angeschlossenem Rittergut erbauten. Später wurde das Schloss mehrfach umgestaltet.

Schloss Lüderbach stammt ursprünglich aus dem 15. Jahrhundert.

▸ Wasserschloss Netra

Am westlichen Ortsrand von Netra steht der eindrucksvolle Rennaissance-Bau des burgartigen Wasserschlosses Netra. Es wurde in den Jahren 1590 bis 1600 von den Herren von Boyneburg-Hohnstein auf den Resten einer früheren Wasserburg errichtet.

▸ Wüstungskirche

Neben dem Gut Hartmuthshausen am Fuße der Boyneburg fand man 1971 beim Pflügen die Überreste der Kirche der Wüstung Hademarshausen. Der 1320 erstmals erwähnte Ort war vermutlich schon 50 Jahre später von den Einwohnern verlassen worden. Die nur 16 Meter lange Kirche stammte vermutlich aus dem 11. oder 12. Jahrhundert.

▸ Beweinungsaltar

Die Anfänge der Lüderbacher Kirche stammen aus dem 12. Jahrhundert. In den folgenden Jahrhunderten wurde das Gotteshaus mehrmals umgebaut und erweitert. In der Kirche befindet sich der einzige komplett erhaltene Beweinungsaltar in Deutschland. Der 1904 auf einem Dachboden entdeckte

Flügelaltar aus Lindenholz zeigt die Beweinung Christi.

Museen

▸ Heimatstube Datterode
In der ehemaligen Pfarrscheune von Datterode ist die „Heimatstube" des örtlichen Heimatvereins untergebracht. Das Museum informiert unter anderem ausführlich über die Geschichte der Boyneburg.
Adresse: Am Kirchrain 14 a, 37296 Ringgau-Datterode
🌐 www.heimatverein-datterode.de

Natur und Freizeit

▸ Wandern und Rad fahren
Der Ringgau ist von zahlreichen Wanderwegen erschlossen, darunter der Barbarossaweg und der Europäische Fernwanderweg E 6. Dazu kommen vier Premiumwege: Der Werra-Burgen-Steig, P 13 Boyneburg, P 19 Datterode und P 21 Point India. Radlern stehen insgesamt 20 markierte Touren zur Verfügung – sieben wurden für Mountainbiker und sechs für Rennradfahrer angelegt.

▸ Aussichtstürme
Bei Datterode und bei Lüderbach stehen mit dem Berliner Turm und einem früheren Beobachtungsposten der US-Armee Aussichtstürme, von denen aus man weite Blicke ins Umland genießt.

▸ Ringgauer Landkäserei
Auch für Besucher interessant ist die Bio-Schaukäserei: Man kann den Käsern bei ihrer Arbeit über die Schulter blicken und erlebt eine fachgerechte Verkostung der Produkte.
Adresse: Am Teich 21, 37296 Ringgau-Grandenborn
📞 05659/923091

Ronshausen

(Landkreis Hersfeld-Rotenburg)

Ronshausen bildet zusammen mit dem Ort Machtlos eine Gemeinde, in der rund 2300 Menschen leben. Sie liegt etwa sechs Kilometer östlich von Bebra. Das erste Mal war im Jahr 1061 von „Runteshuson" in einer Schenkungsurkunde an das Kloster Fulda die Rede.

Gemeinde Ronshausen
Eisenacher Str. 12 a
36217 Ronshausen
📞 06622/92310
🌐 www.ronshausen.de

Sehenswertes

▸ Kirche Ronshausen
Die 800-jährige Kirche ist im Kern ein romanischer Sakralbau. Der Chorturm stammt vermutlich aus dem Beginn des 13. Jahrhunderts. Das romanische Kirchenschiff wurde 1715 umgebaut, wobei man den Innenraum mit einer dreiseitigen Empore ausstattete. Die Decke wurde 1719 mit einer bäuerlichen Barockmalerei verziert.

▸ Kirche Machtlos
Die kleine Fachwerkkirche in Machtlos wurde im Jahr 1852 errichtet. Trotz ihrer Schlichtheit vermittelt sie dem Besucher ein Gefühl der Geborgenheit. Der Altarunterbau ist mit der Friedenstaube, der Sonne und Erde als Zeichen für Frieden und Gegenwart Gottes verkleidet.

Natur und Freizeit

▸ Wandern
118 Kilometer beschilderte Wanderwege laden in einer Höhenlage zwischen 234

Die Kirche von Ronshausen, ausgestattet mit bäuerlicher Barockmalerei.

und 469 Metern mit vielen Rastplätzen zu ausgedehnten Touren durch die Natur ein. Ein empfehlenswertes Ziel vor allem für Familien ist der Ronshäuser See am östlichen Ortsrand. Hier können Kinder an Detektivspielen teilnehmen. Informationen unter 🌐 www.ronshausen-touristik.de

▸ Rad fahren

Radler können unter 17 Rundtouren mit Ausgangs- und Zielpunkt Ronshausen wählen. Außerdem verlaufen hier die Waldhessen-Radwege R 13 und R 15.
Fahrradverleih Michael Brandau: Eisenacher Str. 93, 36217 Ronshausen ☏ 06622/2600

▸ Schwimmbad

BadePark Ronshausen: Am Sportplatz, 36217 Ronshausen ☏ 06622/915239

Rosenthal

(Landkreis Waldeck-Frankenberg)

Die ländlich geprägte Kleinstadt liegt im Burgwald südöstlich von Frankenberg und besteht aus drei Stadtteilen, in denen rund 2200 Menschen leben. Rosenthal wurde um 1327 vom Mainzer Erzbistum als Vorposten gegen die Landgrafschaft Hessen-Kassel gegründet und mit einer Burg bewehrt, die um 1700 abgerissen wurde.

Stadt Rosenthal
Am Rathaus 2
35119 Rosenthal
☏ 06458/50950
🌐 www.rosenthaler.de

Sehenswertes

▸ Kirche Rosenthal

Im 14. Jahrhundert wurde die Kirche mit dreiseitig geschlossenem Chor und Schiff errichtet. Der Westturm stammt aus dem Jahr 1518 und erhielt 1880 einen Turmhelm. Die Kirche wurde wiederholt von Bränden heimgesucht – unter anderem im Dreißigjährigen Krieg – und musste mehrmals in Teilen wieder aufgebaut werden.

▸ Gerichtseiche

Oberhalb von Rosenthal am Galgenberg steht eine mächtige, über 350 Jahre alte Eiche. Sie hat in alter Zeit vermutlich als Galgenbaum der Gerichtsbarkeit und des Strafvollzugs gedient. In Kriegszeiten diente die Eiche als Beobachtungspunkt.

Natur und Freizeit

▸ Wandern und Rad fahren

Die Umgebung Rosenthals mit dem Burgwald ist ein Paradies für Wanderer und

Radfahrer. Das Streckennetz umfasst eine Gesamtlänge von über 100 Kilometern. Besonderheiten sind die zertifizierten Extratouren „Franzosenwiesenweg“ und „Burgwaldpfad“. Für Radler interessant sind der Hessische Radfernweg R 6 und der Lahn-Eder-Radweg.

‣ Freibad
Das Freibad Rosenthal ist solarbetrieben und vor allem wegen seiner familiären Atmosphäre beliebt.
Adresse: Dreihäuser Str., 35119 Rosenthal
☏ 06458/50950

‣ Reiten
Der Ferien- und Reiterhof Klingelhöfer bietet auch Kutsch- und Planwagenfahrten sowie zwei Ferienwohnungen an.
Adresse: Willershäuser Str. 33, 35119 Rosenthal ☏ 06458/203

Blick vom Wetterweg auf Rosenthal.

Rotenburg an der Fulda

(Landkreis Hersfeld-Rotenburg)

An der engsten Stelle im Fuldatal liegt das alte Landgrafenstädtchen Rotenburg, ein mit Mauern und Türmen bewehrter Ort aus dem 11. Jahrhundert. Der Stadtkern weist eines der schönsten Fachwerk-Ensembles in Hessen auf. Die Einwohnerzahl in Rotenburg und seinen acht ländlichen Stadtteilen beträgt 13 800. Der Luftkurort mit einem bekannten Herz- und Kreislaufzentrum ist von dicht bewaldeten Höhenzügen umgeben.

Tourist-Info Stadt Rotenburg
Marktplatz 2
36199 Rotenburg an der Fulda
☏ 06623/5555
www.mer-rotenburg.de

Sehenswertes

‣ Mittelalterlicher Stadtkern
Besuchergruppen können an Führungen durch die malerischen Gassen und zu erhaltenen Teilen der mittelalterlichen Stadtmauer mit Türmen teilnehmen. An der Stadtmauer steht noch die Bronzefigur „Hütejunge mit Ziege“. Noch bis in die ersten Nachkriegsjahre wurden auf der Wiese zwischen Stadt und Fulda Ziegen gehütet.

‣ Marktplatz mit Rathaus
Den Mittelpunkt der historischen Altstadt bildet der in seiner ursprünglichen Form erhaltene Marktplatz mit Rathaus. Der in den Jahren 1597–1598 erbaute prächtige Renaissancebau wurde im Dreißigjährigen Krieg schwer beschädigt und erhielt beim Wiederaufbau 1656 einen Fachwerkgiebel.

▸ Steinernes Haus
Das 1331 errichtete „Steinerne Haus" diente ursprünglich wahrscheinlich als wehrhafter Bau zur Sicherung des Fulda-Übergangs. Von 1381 bis zur Reformation in Hessen war es der Wohnsitz der Kanoniker des Rotenburger Stifts.

▸ St. Jacobi-Kirche
Die erste Nachricht über die zweischiffige spätgotische Hallenkirche stammt aus dem Jahr 1495. Die Vorgängerkirche, von der einzelne Fundamente erhalten sind, wurde vermutlich kurz vor 1200 erbaut. Im Turm läuten fünf Glocken, deren älteste aus dem Jahr 1482 stammt und somit eine der ältesten Glocken in Deutschland ist.

Blick in die Breitenstraße mit Jacobikirche.

▸ Stiftskirche
Der Bau der Neustädter Stiftskirche wurde bereits 1370 begonnen, aber erst 141 Jahre später abgeschlossen. Jahrhundertelang bereiteten Baumängel große Sorgen, bis man 1822 das Bauwerk vom spätgotischen in den klassizistischen Stil umwandelte.

▸ Schloss
Bis ins 17. Jahrhundert war das Rotenburger Schloss ein beliebter Sommersitz der hessischen Landgrafen. Das 1470 errichtete Schloss wurde zwischen 1571 und 1607 durch einen Neubau im Renaissancestil ersetzt. Später erfolgten weitere Umbauten. Der Schlosspark ist heute Schauplatz von kulturellen Veranstaltungen.

▸ Burgruine Rodenberg
Auf dem von Laubbäumen bestandenen Berg Alter Turm sind die Reste der einst mächtigen Burg Rodenberg zu sehen. Eine erste urkundliche Erwähnung ist aus dem Jahr 1170 bekannt. Nach mehreren Besitzerwechseln wurde die Burg im 14. Jahrhundert zerstört und war später nur noch teilweise bewohnbar.

Museen

▸ Kreisheimatmuseum
Zahlreiche Ausstellungsstücke und Informationen zu den Themenbereichen Erdgeschichte, Volks- und Naturkunde bietet das Kreisheimatmuseum. Es befindet sich in einem historischen Fachwerkgebäude, das zum Landgrafenschloss gehört.
Adresse: Am Schlosstor 8, 36199 Rotenburg an der Fulda ☎ 06623/914696
🌐 www.kreis-heimatmuseum-rotenburg.de

▸ Jüdisches Museum
In der ehemaligen Rotenburger Mikwe (Anlage zur rituellen Waschung) gibt das Jüdische Museum Einblicke in das Leben und die religiösen Bräuche der jüdischen Mitbürger.
Adresse: Brauhausstr. 2, 36199 Rotenburg an der Fulda. Führungen: Mai–Okt jeden ersten So im Monat 15.00 Uhr und ganzjährig nach Vereinbarung unter Telefon: 06623/2482 oder 2482 🌐 www.mikwe.hassia-judaica.de

Natur und Freizeit

▸ Wandern und Rad fahren
Im Nahbereich und in der weiteren Umgebung Rotenburgs laden über 220 Kilometer

gut ausgebaute Wanderwege zu abwechslungsreichen Touren ein. Beiderseits der Fulda verläuft der anspruchsvolle Fuldasteig auf oft schmalen Wegen. Wer etwas Besonderes erleben will, benutzt die Kunstpfade im Rahmen des Projekts „Ars Natura“. Reizvoll für Fahrradfreunde ist vor allem das Fuldatal. Durch Rotenburg führen die Fernradwege R 1 und R 5.

▸ Wasserwandern
Die Fulda ist ideal für Kanu-Fahrten, die mehrere Tage dauern können. Dazu können bei Bedarf Kanus geliehen werden.
🌐 www.mittleres-fuldatal.de

▸ Reiten und Kutschfahrten
Reitunterricht und Kutschfahrten in die Umgebung bietet unter anderem der Reiter- und Ferienhof Gut Dankerode an.
Adresse: Stölzinger Str. 2, 36199 Rotenburg an der Fulda
🌐 www.gut-dankerode.de

▸ ☺ In- und Outdoor-Spielpark Koala Kids World
Spiel, Spaß und Action für die ganze Familie: Hier warten auf die Kinder unter anderem ein Riesen-Spielturm, ein Wabbelberg und eine Mini-Kartbahn. Für die Kleinsten steht ein Krabbelraum bereit. Essen kann man im Urwald-Bistro.
Adresse: Heinz-Meise-Str. 98, 36199 Rotenburg an der Fulda
☏ 06623/43491268
🌐 www.goebel-hotels.com

▸ Escape Forest
Im Escape Forest gilt es, im Team innerhalb einer festgelegten Zeit Aufgaben und Rätsel zu lösen.
Informationen: German Quest Events, Rotenburger Str. 12, 36199 Rotenburg an der Fulda, ☏ 06632/919720,
🌐 www.escape-forest.de

Schauenburg

(Landkreis Kassel)

Mitten im Naturpark Habichtswald südwestlich von Kassel liegt die Großgemeinde Schauenburg. In den fünf Ortsteilen leben rund 10 300 Menschen. Ursprünglich landwirtschaftlich geprägt, erlebten die Dörfer in den letzten Jahrzehnten nicht zuletzt durch ihre Nähe zum Volkswagenwerk Kassel in Baunatal einen wirtschaftlichen Aufschwung.

Gemeinde Schauenburg
Korbacher Str. 300
34270 Schauenburg
☏ 05601/93250
🌐 www.gemeinde-schauenburg.de

Sehenswertes

▸ Burgruine Schauenburg
Von der ehemaligen Burg in 500 Metern Höhe auf dem Mittelgebirgszug der Langenberge sind heute nur noch Reste vorhanden. Vermutlich war die Schauenburg schon in fränkischer Zeit entstanden, urkundlich erwähnt wurde sie erstmals 1143. Heute ist sie bei Wanderern als eindrucksvoller Aussichtpunkt ein beliebtes Ziel.

▸ Märchenwache
Die Schauenburger Märchenwache in der früheren Feuerwache von Breitenbach erinnert an zwei der wichtigsten und originellsten Beiträger der Brüder Grimm: Marie Hassenpflug, die den Märchensammlern die Geschichten von Dornröschen und Rotkäppchen erzählte, und den Dragonerwachtmeister Johann Friedrich Krause. In der Märchenwache finden außerdem regelmäßig Lesungen und Konzerte statt.
Adresse: Lange Str. 2, 34270 Schauenburg-

In der früheren Feuerwache von Breitenbach findet man heute die Märchenwache.

Breitenbach ☏ 05601-925678
🌐 www.maerchenwache.de

▸ Kirche Elmshagen
Der romanische Unterbau der kleinen Kirche in Elmshagen stammt aus dem 13. Jahrhundert. In der Nachfolgezeit stockte man die – unlängst grundlegend sanierte – Kirche mit einem Fachwerkgeschoss auf und baute einen Chorraum an. Bemerkenswert ist ferner der mittelalterliche Schandpfahl, der heute an der Hauptstraße steht.

Natur und Freizeit

▸ Wandern und Rad fahren
Freizeitsportlern und Naturfreunden stehen in der Region Schauenburg 35 Wandertouren zur Auswahl, darunter sieben Fernwanderwege und fünf Themenwege. Im Naturpark Habichtswald gibt es zudem eine ganze Reihe von Einkehrmöglichkeiten. Die „Pedalritter" können unter zehn Routen wählen. Über 43 Kilometer führt durch Felder, Wälder und Wiesen der Hessencourrier-Radweg.

▸ Hirzstein
Wanderer steuern gern den Hirzstein an, ein 502 Meter hoher Bergsporn an der Südflanke des Habichtswalds oberhalb von Elgershausen. In Gipfelnähe befinden sich Ringwälle, die als Naturdenkmal ausgewiesen sind.

▸ Wintersport
Bei entsprechender Schneelage kann im Habichtswald Wintersport betrieben werden. Am Hohen Gras – bereits auf Kasseler Stadtgebiet – ist ein Ski-Lift eingerichtet.

Veranstaltungen und Feste

Für Kinder: Theaterscheune Elmshagen
Auf dem Gutshof von Elmshagen tritt mit regelmäßigen Vorstellungen das TicTac-Theater für Kinder auf. Für Erwachsene werden Workshops, Lesungen und andere kulturelle Veranstaltungen angeboten.

Schenklengsfeld

(Kreis Hersfeld-Rotenburg)

Die Gemeinde liegt auf einer fruchtbaren Hochebene in den Ausläufern der Kuppenrhön zwischen dem Seulingswald im Norden und dem Hessischen Kegelspiel im Süden. Im Westen fällt das Gelände zur Fulda hin ab und im Osten zum Werratal. Schenklengsfeld besteht aus 14 Ortsteilen mit 4500 Einwohnern.

Gemeinde Schenklengsfeld
Rathausstr. 2
36277 Schenklengsfeld
☏ 06629/92020
🌐 www.schenklengsfeld.de

Sehenswertes

▸ Burgruine Landeck
Auf einem Bergsporn des Landecker Berges nordöstlich des Ortsteils Oberlengsfeld ste-

hen noch Reste der über fünf Meter hohen Ringmauer einer ehemaligen Burganlage des Klosters Hersfeld aus dem 11. und 12. Jahrhundert. Hier lebten die Herren von Lengsfeld und von Landeck, die der Region ihren Namen gaben. Im Bauernkrieg wurde 1525 die Burg stark zerstört und verfiel in den folgenden Jahrzehnten.

▸ Historischer Friedhof
Auf dem unteren Teil des Schenklengsfelder Friedhofs befindet sich mit dem „Historischen Friedhof" ein einzigartiges Kulturdenkmal. Auf ihm stehen 270 handwerklich kunstvoll gestaltete Grabsteine aus dem 17. bis 19. Jahrhundert. Erhalten geblieben ist am südlichen Eingang auch ein Predigerhäuschen aus dem 17. Jahrhundert. Auf das Jahr 1870 geht der Jüdische Friedhof des Orts zurück.

▸ Kirche Schenklengsfeld
Der älteste Teil der evangelischen Mauritiuskirche, der Turm mit der Sakristei, stammt aus dem 12. Jahrhundert. Das barocke Kirchenschiff wurde im 18. Jahrhundert errichtet. Ursprünglich befand sich hier eine Kapelle.

Museen

▸ Judaica-Museum
Zur Erinnerung an die bis 1933 selbstständige jüdische Gemeinde in Schenklengsfeld gibt das Museum im Erdgeschoss des ehemaligen jüdischen Lehrerwohnhauses Informationen über das Leben und die Religion der jüdischen Mitbürger. Die Räumlichkeit wird zugleich auch als kulturelle Begegnungsstätte genutzt.
Adresse: Landecker Str. 37, 36277 Schenklengsfeld ✆ 06629/7736
🌐 www.judaica-schenklengsfeld.de

Natur und Freizeit

▸ Wandern und Rad fahren
Das breite Wegenetz in der hügeligen Landschaft ist von Wanderern gut zu bewältigen. Durch Schenklengsfeld führt neben anderen Fernrouten auch der Frau-Holle-Pfad. Radler befahren gern den 28 Kilometer langen Solztalradweg, der auf einer früheren Bahntrasse verläuft. Auf ihm kann man unter anderem bis nach Bad Hersfeld gelangen.

▸ Dorflinde
Das Alter der Schenklengsfelder Dorflinde wird auf etwa 1250 Jahre geschätzt. Der mächtige Baum auf dem Marktplatz ist möglicherweise der älteste Deutschlands. Unter seiner Krone findet regelmäßig der Kuppenrhöner Landmarkt statt.

▸ Freibad
Freibad Schenklengsfeld, Dreienbergstr. 26, 36277 Schenklengsfeld ✆ 06629/6202

▸ Reiten
Reit- und Ferienanlage Weitz: Im Kessel 1, 36277 Schenklengsfeld-Schenksolz
✆ 06629/919711

Schrecksbach

(Schwalm-Eder-Kreis)

Die Gemeinde liegt an der Schwalm und gehört zum Kultur- und Naturraum Schwalm. Um 1140 wurde sie erstmals urkundlich erwähnt, als sie in den Besitz des Klosters Fulda gelangte. Schrecksbach besteht aus sechs Ortsteilen, in denen 3100 Menschen leben.

Gemeinde Schrecksbach
Immichenhainer Str. 1
34637 Schrecksbach
06698/96000
www.schrecksbach.info

Sehenswertes

Altes Burghaus
Das massiv aus Sandstein gebaute „Alte Burghaus" im südlichen Teil der Ortschaft Schrecksbach war zwischen 1580 und 1592 Burgsitz des Adelsgeschlechts derer von Langenstein. Das Burghaus soll auch Mittelpunkt eines Systems von unterirdischen Gängen gewesen sein, das im Dreißigjährigen Krieg Bewohnern das Leben gerettet hat.

Kapelle Schönberg
Die Kirche auf dem Schönberg steht auf einem das Schwalmtal beherrschenden Basaltkegel und ist eines der ältesten Kulturdenkmäler in Deutschland. Um das Jahr 1000 wurde die Kapelle von Bonifatiusschülern errichtet, wobei die Vielfalt von romanischen und gotischen Fenstern darauf schließen lässt, dass sie mehrfach umgebaut worden ist. Bis zur Reformation in Hessen galt der Schönberg als Wallfahrtsort.

Museen

Dorfmuseum Holzburg
Liebevoll gesammelte Zeugnisse Schwälmer Dorfkultur finden sich im Dorfmuseum Holzburg. Ein besonderer Schatz ist die Sammlung von Schwälmer Trachten und deren Zubehörteilen.
Adresse: Hohlweg 2 a, 34637 Schrecksbach
06698/2509915
www.dorfmuseum-holzburg.de

Natur und Freizeit

Wandern und Rad fahren
Viel Abwechslung bei der Begegnung mit der Natur und alten Fachwerk-Ortschaften bietet Wanderern das gut ausgebaute Wegenetz mit Anschluss an mehrere Fernrouten. Radler können unter sechs Radtouren und vier Fernradtouren wählen.

Moto-Cross-Strecke
Auf der Moto-Cross-Strecke Schrecksbach können auch Auswärtige ihr Können beweisen. Die Strecke mit steiler Auf- und Abfahrt ist 1800 Meter lang.

Schwalmstadt

(Schwalm-Eder-Kreis)

Durch den Zusammenschluss der beiden Städte Treysa und Ziegenhain und der jeweils umliegenden Ortschaften entstand bei der Hessischen Gebietsreform die Stadt Schwalmstadt. Die insgesamt 13 Stadtteile haben rund 18 000 Einwohner. Die Gemeinde liegt im Schwalmbecken am Westrand des Knüllgebirges.

Stadtverwaltung Schwalmstadt
Marktplatz 1
34613 Schwalmstadt
06691/2070
www.schwalmstadt.de

Sehenswertes

Altstadtkerne
Die beiden traditionsreichen, früher selbstständigen Städte Ziegenhain und Treysa weisen in ihren Altstadtkernen eine vielfältige

historische Bausubstanz und reichen Fachwerkschmuck auf. Treysa tauchte schon im 8. Jahrhundert in einer Urkunde als „Treise“ auf. Ziegenhain entstand im 11. Jahrhundert zur Sicherung eines Übergangs über die Schwalm. Reisegruppen und auch Einzelpersonen können Städteführungen buchen.

▸ Wasserfestung Ziegenhain

Die hessischen Landgrafen bauten im 16. Jahrhundert Ziegenhain zu einer starken Wasserfestung aus. Der Altstadtbereich ist noch heute vom inneren Festungsgraben umschlossen. Bis 1807 galt Ziegenhain als hessische Hauptfestung.

▸ Paradeplatz

Im Jahr 1769 wurden in Ziegenhain der Paradeplatz und die „Neue Wache“ angelegt. Von 1776 bis 1783 war hier der Sammelplatz für die hessischen Soldaten, die im nordamerikanischen Unabhängigkeitskrieg gegen Subsidien-Gelder aus London auf britischer Seite kämpften. Die am Paradeplatz liegenden Gebäude des ehemaligen Schlosses werden heute zum wesentlichen Teil von der Justizvollzugsanstalt Schwalmstadt genutzt.

▸ Haus zum Rosengarten

Um 1620 wurde das Haus „Zum Rosengarten“ erbaut. Auffällig an dem vierstöckigen Fachwerkbau sind die zwei vorspringenden, dreigeschossigen Eck-Erker mit Zeltdach. Bereits seit 1876 wird das Gebäude als Gasthof genutzt.

▸ Marktbrunnen Treysa

Blickfang auf dem Marktplatz von Treysa ist der Marktbrunnen. Die Brunnenfigur von 1683, das sogenannte Johannismännchen, steht dort als Symbol für Marktgerechtigkeit.

▸ Rathaus Treysa

Das imposante Fachwerkgebäude mit einem Schiefer-Anbau stammt aus dem 14. bis 15. Jahrhundert. Bei einem Brand 1640 wurde es fast vollständig zerstört, aber bis 1651 wieder aufgebaut. Nach einer 2006 abgeschlossenen grundlegenden Renovierung erstrahlt das historische Rathaus wieder im alten Glanz.

▸ Totenkirche

Das Wahrzeichen Treysas ist die Ruine der Totenkirche (St. Martinskirche). Das Bauwerk aus dem 12./13. Jahrhundert wurde in der Übergangszeit vom romanischen zum gotischen Stil erbaut. Die Silhouette der Kirchenruine prägt das Stadtbild.

▸ Hexentrum

Der einzige noch fast vollständig erhaltene Rundturm der Stadtbefestigung von Treysa ist der Hexentum. Der ehemals überdachte Turm wurde im oberen Bereich zur Verteidigung des Stadttores und im unteren Bereich als Verlies genutzt.

▸ Hospital Treysa

Das ehemalige Hospital zum Heiligen Geist mit Kapelle wurde erstmals 1367 in einer Urkunde erwähnt. Im Mittelalter diente es als soziale Einrichtung für Kranke und Arme. In der Hospitalskapelle finden heute standesamtliche Trauungen statt.

In der Kapelle des Hospitals finden heute Trauungen statt.

Meteoriteneinschlag

In einem Waldgebiet bei Rommershausen schlug 1916 ein 63 Kilogramm schwerer Eisenmeteorit ein. Er wurde nach langer Suche von einem Förster entdeckt. Der Meteorit befindet sich heute in Marburg. An der noch gut zu erkennenden Einschlagstelle steht heute ein Gedenkstein.

Wallfahrtskirche Trutzhain

Die Kapelle Maria Hilf in Trutzhain ist die einzige Wallfahrtskirche in Nordhessen. Sie entstand aus der einstigen Barackenkirche des 1939 hier angelegten Kriegsgefangenenlagers. Anfangs wurde sie vor allem von heimatvertriebenen Katholiken aufgesucht.

Museen

Gedenkstätte Trutzhain

Der Schwalmstädter Ortsteil Trutzhain geht zurück auf ein 1939 auf einer Viehweide angelegtes Kriegsgefangenenlager. Die alten Lagerbaracken sind erhalten geblieben und stehen heute unter Denkmalschutz. Im Juni 2003 wurden die Gedenkstätte und das Museum Trutzhain eröffnet.
Adresse: Seilerweg 1, 34613 Schwalmstadt
06691/710662
www.gedenkstaette-trutzhain.de

Museum der Schwalm

Das Ziegenhainer „Steinerne Haus" aus dem 14. Jahrhundert wurde von 1659 bis 1661 zu einer dreiflügeligen Hofanlage umgebaut. Seit 1938 hat hier das Museum der Schwalm seinen Sitz. Gezeigt werden alte Handwerkskunst, historische Gerätschaften und Trachten.
Adresse: Paradeplatz 1, 34613 Schwalmstadt-Ziegenhain
06691/3893
www.museumderschwalm.de

Eisenbahnmuseum und Nostalgiefahrten

Der Verein der Eisenbahnfreunde Treysa bietet nostalgische Bahnfahrten an den Rhein, die Mosel, in den Harz, nach Berlin und zu vielen anderen Orten Deutschlands an. Im ehemaligen Bahnbetriebswerk unterhält der Verein ein Museum, in dem man historische Lokomotiven und Waggons aus früheren Jahrzehnten besichtigen kann.
Auskunft und Bestellungen zu den Fahrten unter 06698/9110441
www.eftreysa.de

Natur und Freizeit

Wandern und Rad fahren

In der Region Schwalmstadt laden zahlreiche ausgeschilderte Wander- und Radwege zu abwechslungsreichen Touren ein. Dazu gehören der Elisabethweg 2, der zugleich auch ein Weg der Jacobspilger ist, sowie der Bahnradweg und der Schwalmradweg. Entlang der Wander- und Radstrecken laden viele Biergärten, Cafés und Restaurants zur Rast ein.

Naturlehrgebiet

Das 1,2 ha große Naturlehrgebiet von Treysa ist zu einem Informationszentrum für Natur- und Umweltschutzbelange herangewachsen. In dem weitläufigen Gelände sind Teiche, Hecken, eine Streuobstwiese, ein Bienenstand und ein Sinnespfad angelegt.

Europabad

Sportliches Schwimmen und Erholung im Sauna- und Massagebereich sind Angebote des Europabads Treysa.
Adresse: Europabad Schwalmstadt, Pestalozzistr. 3, 34613 Schwalmstadt
www.europabad.de

Reiten

Im Schlossgestüt Ziegenhain wird Reitunterricht für Kinder und Erwachsene gegeben.
Adresse: Schlossgestüt Ziegenhain, Korn-

hausstr. 1, 34613 Schwalmstadt-Ziegenhain
🌐 www.schloss-gestuet.business.site

▸ Segelfliegen
Auf dem Segelflugplatz östlich von Ziegenhain können Jugendliche und Erwachsene den Segelflugschein erwerben.
Kontakt: Flugsportvereinigung Schwalm e.V., Flugplatz Ziegenhain ☏ 06691/3606
🌐 www.fsv-schwalm.de

Veranstaltungen und Feste

In Schwalmstadt gibt es Veranstaltungen und Events rund um das Jahr. Auch überregional für Aufmerksamkeit sorgen die Theater- und Konzertveranstaltungen in der besonderen Atmosphäre der Totenkirche in Treysa. Eine lange Tradition hat die Salatkirmes Ziegenhain.
🌐 www.salatkirmes.de

Schwarzenborn

(Schwalm-Eder-Kreis)

Schwarzenborn, mitten im Knüllgebirge gelegen, gehört – an seiner Einwohnerzahl gemessen – zu den kleinsten Städten in Hessen: Rund 1350 Menschen leben in der Kerngemeinde sowie in dem ländlichen Stadtteil Grebenhagen. Bundesweit bekannt ist Schwarzenborn durch den Truppenübungsplatz, der fast ununterbrochen von der Bundeswehr und anderen Nato-Streitkräfte genutzt wird.

Stadtverwaltung Schwarzenborn
Marktplatz 1
34639 Schwarzenborn
☏ 05686/99880
🌐 www.schwarzenborn.de

Sehenswertes

▸ Evangelische Kirche
Malerischer Mittelpunkt Schwarzenborns mit seinen Fachwerkhäusern aus dem 17. und 18. Jahrhundert ist die evangelische Kirche, früher auch Wehrkirche. Mit ihrem Bau war – zeitgleich zur Anlage der Stadt – im frühen 14. Jahrhundert begonnen worden. Nach 1579 nahm man mehrfach bauliche Veränderungen vor. Im Turm, im Chor und im Langschiff sind noch ältere Bauteile im romanischen Stil zu erkennen.

▸ Rathaus
Das Rathaus in Schwarzenborn, ein dreigeschossiges Fachwerkgebäude, wurde im Jahr 1703 errichtet. Seit einer Grundsanierung 2004 und 2005 befindet es sich wieder im perfekten Originalzustand.

Natur und Freizeit

▸ Wandern und Rad fahren
Das Knüllgebirge ist ein ideales Terrain für Wanderer. Höhepunkt ist die Besteigung des 634 Meter hohen Knüllköpfchens. Durch die Region führen der Brüder-Grimm-Weg und der Wartburgpfad. Radfahrer können auf den Routen R 14 und R 17 rund 40 Kilometer familienfreundlich unterwegs sein.

▸ Knüllturm
Auf dem Knüllköpfchen steht ein zwölf Meter hoher Aussichtsturm, der August-Franke-Turm. An klaren Tagen genießt man von ihm aus einen bestechend weiten Rundblick.

▸ Wintersport
Bei guter Schneelage kommen im Knüllgebirge vor allem die Freunde des nordischen Skisports auf ihre Kosten. Dazu stehen eine attraktive Langlaufloipe sowie am Stadtrand Schwarzenborns eine leichte bis mittelschwere Loipe zur Verfügung.

Der August-Franke-Turm auf dem Knüllköpfchen.

Veranstaltungen und Feste

Jeweils am zweiten August-Wochenende findet in Schwarzenborn ein Oldtimertreffen statt. Neben der Präsentation der herausgeputzten historischen Autos bricht man in der Regel auch noch zu einer gemeinsamen Sternfahrt auf.
www.daimler-benz-freunde.de

Söhrewald

(Landkreis Kassel)

Aus drei Ortschaften entstand 1970 die Gemeinde Söhrewald südöstlich von Kassel. Sie wurde benannt nach dem Höhenzug der Söhre, der sich vom Ostufer der Fulda bis zum Stiftswald erstreckt. Im Gemeindegebiet mit ihren rund 4700 Einwohnern gibt es so gut wie keine Industrie, das Kapital Söhrewalds ist die unversehrte Waldlandschaft. Die Söhre ist ein altes Siedlungsgebiet. Die zahlreichen Wüstungen gaben den Stoff für Sagen und Märchen.

Gemeindeverwaltung Söhrewald
Schulstr. 8
34320 Söhrewald
05608/4980
www.soehrewald.eu

Sehenswertes

Kirche Wellerode
An der Stelle der heutigen Kirche stand ein Vorgängerbau, der ein Mauerwerk aus Steinquadern und einen aufgesetzten Turm aus Fachwerk hatte. Ende des 18. Jahrhunderts befand er sich in einem schlechten Bauzustand und musste abgerissen werden. Die Seitenwände der neuen Kirche weisen zwölf Spitzbogenfenster auf. An der Rückseite des Altarraums sind bemalte Fenster eingelassen, die für ein warmes Tageslicht im Innern sorgen.

Ruine Stückkirchen
Wegen mehrerer Pest-Epidemien wurde Lobesrode, ein Stiftsdorf des Klosters Kaufungen, zwischen 1347 und 1352 von seinen Bewohnern aufgegeben. Von der Wüstung erhalten geblieben ist die Ruine der Kapelle St. Juliane. Heute wird die Gemarkung als Forstort Stückkirchen bezeichnet und ist ein touristisches Ziel für Wanderer.

Museen

Modellbahnmuseum Söhrewald
Über die Grenzen Hessens hinaus bekannt ist das Modellbahnmuseum Söhrewald. Neben Modellbahnen aus allen Erdteilen zeigt es – weltweit einzig – alle Modelle der Firma Liliput.
Kontakt unter 05608/4338

Natur und Freizeit

▸ Wandern und Rad fahren

Das tiefe Waldgebiet der Söhre ist für Wanderer durch ein weit verzweigtes Streckennetz erschlossen, darunter auch der Grimmsteig. Auf dem Eco-Pfad „Bergbau in der Söhre" kann man die Geschichte des früheren Bergbaus erfahren. Radfahrern stehen neun Routen zur Verfügung, darunter allein fünf für Mountainbiker. Der Wanderparkplatz „Franzosentriesch" erinnert an die französischen Truppen, die 1762 nach der für sie verlorenen Schlacht von Wilhelmsthal auf dem Rückzug nach Bebra hier Rast machten.

Wegweiser in der Söhre.

▸ Stellbergsee

Von Badegästen gern aufgesucht wird der Stellbergsee, ein 1,4 ha großer Tagebau-Restsee. Auch Angler und Modellbootbesitzer nutzen das idyllisch gelegene Gewässer, das im Volksmund auch Mondsee genannt wird.

▸ Waldschwimmbad Wattenbach

Im Steinbach 2, 34320 Söhrewald, OT Wattenbach ✆ 05608/9589223
🌐 waldschwimmbad.eu

▸ Reiten

Island-Pferdehof Söhrewald: Schulstr. 29, 34320 Söhrewald ✆ 0157/79879037
🌐 www.reitschule-söhrewald.de

Sontra

(Werra-Meißner-Kreis)

Die Kleinstadt liegt, jeweils in etwa gleich weit entfernt, zwischen Bad Hersfeld, Kassel und Eisenach. Durchflossen wird die Kernstadt, zu der noch 14 Ortsteile gehören, von der Sontra und der Ulfe. Eine erste urkundliche Erwähnung gab es im 8. Jahrhundert. Die Gemeinde hat insgesamt knapp 8000 Einwohner. Aus der Zeit des Kupferschieferbergbaus und der Zugehörigkeit Sontras zur Hanse stammt der Zusatzname „Berg- und Hänselstadt".

Magistrat der Stadt Sontra
Marktplatz 6
36205 Sontra
✆ 05653/97770
🌐 www.sontra.de

Sehenswertes

▸ Rathaus

Zweimal wurde das Rathaus von Sontra ein Raub der Flammen: 1558 bei einem Großbrand in der Stadt und 1634 durch die Zerstörungswut kroatischer Soldaten im Dreißigjährigen Krieg. Im Jahr 1668 baute man es auf den Grundmauern des Vorgängerbaus wieder auf. Davon kündet eine Inschrift über dem reich verzierten Portal. 1868 erfolgte noch ein Anbau.

▸ Stadtkirche

Die heutige evangelische Stadtkirche entstand 1480 und 1493 als gotische Hallenkirche mit einem Haupt- und einem kürzeren Seitenschiff, wobei der mittelalterliche Wehrturm mit einbezogen wurde. Im Laufe der Jahrhunderte traten mehrfach Brandschäden auf. Besonders wertvoll ist die von Johann Adam Gundermann 1710/11 gebaute Orgel mit 24 klingenden Registern.

▸ Ruine Boyneburg
In der Nähe des Stadtteils Wichmannshausen steht die Ruine der Boyneburg. Sie wurde erstmals 1187 als Stammsitz der Adelsfamilie von Boyneburg erwähnt. Aber schon im 11. Jahrhundert hatten hier die Grafen von Northeim erste Befestigungen aus Baumstämmen errichtet. Aufgrund einer uralten Sage findet auf dem Burgberg jedes Jahr am Himmelfahrtstag das traditionelle Brotspendefest statt, bei der der heutige Burgherr Baron von Boyneburg Brotlaibe an hinaufgepilgerte Menschen verteilt.

Museen

▸ Bergbaumuseum
Der Kupferschieferbergbau in Sontra hat eine über 500-jährige Tradition. Unter welch schweren Bedingungen die Bergleute in früheren Jahrzehnten arbeiten mussten, zeigt das im Gewölbekeller des Rathauses untergebrachte Museum. Neben einem nachgebildeten Stollen sind Werkzeuge und andere Ausrüstungsgegenstände zu sehen.
Kontakt unter ✆ 05653/7717

▸ Heimatmuseum Wichmannshausen
Einen Einblick in das bäuerliche Leben in alten Zeiten gibt das Heimatmuseum im alten Boyneburger Schloss in Wichmannshausen. In drei Stockwerken präsentiert es sich den Besuchern als ein Museum zum Anfassen, weil auf Absperrungen weitgehend verzichtet wurde.
🌐 www.museum-wichmannshausen.de

Das Heimatmuseum Wichmannshausen ist im alten Boyneburger Schloss untergebracht.

Natur und Freizeit

▸ Wandern und Rad fahren
Nicht weniger als 34 Wander- und 35 Radtouren führen durch die Region Sontra. Anschluss besteht unter anderem an den Europäischen Fernwanderweg E 6 und mehrere Fernradwege.

▸ Segelfliegen
Mitflugmöglichkeiten in einem Segelflugzeug werden auf dem Segelflugplatz Sontra angeboten. Jugendliche und Erwachsene können hier aber auch selber einen Pilotenschein erwerben.
🌐 www.segelflug-sontra.de

▸ Schwimmbad
Freizeit- und Erlebnisbad Sontra, Jahnstr. 11, 36205 Sontra

▸ Reiten
Rettenhof/Claudia u. Christian Siebald, 36205 Sontra, OT Hübenthal
✆ 05653/917314

▸ Motocross
Motocross am Husaren-Ring
Husarenallee 100, 36205 Sontra
🌐 www.husarenring.de

Spangenberg

(Schwalm-Eder-Kreis)

Die Kleinstadt liegt an den Hängen des Stölzinger Gebirges im Südosten und des Melsunger Berglandes im Westen. Die ersten nachgewiesenen Siedlungen in und um Spangenberg wurden auf das 8. Jahrhundert datiert. Wahrzeichen der Stadt ist das auf einem bewaldeten Kalksteinkegel liegende imposante Schloss. In der Kernstadt und zwölf weiteren ländlichen Stadtteilen leben rund 6400 Menschen.

Stadt- und Touristinformation
Rathausstr. 7
34286 Spangenberg
05663/5090-40
www.spangenberg.de

Sehenswertes

▸ Schloss

Schon von weitem grüßt den Besucher das 1235 anfangs als Burg erbaute Schloss Spangenberg, das die Stadt überragt. Seine größte Zeit hatte das Schloss als Wohnsitz mehrerer hessischer Landgrafen. Es war Jagdschloss, Festung und beherbergte später eine Forstschule. Mit seinen mächtigen Bastionen und Zwingermauern war das Schloss einer der am stärksten befestigten Plätze Hessens und wurde auch im Dreißigjährigen Krieg nie eingenommen. Heute beherbergt das Schloss einen Restaurant- und Hotelbetrieb.

▸ Altstadt

Das beherrschende Gebäude in der denkmalgeschützten Altstadt ist das Rathaus, mit dessen Bau vermutlich im 15. Jahrhundert begonnen wurde. Die Spangenberger Altstadt gehört zu den schönsten Fachwerk-Ensembles in Hessen. Dicht gedrängt stehen hier die Häuser aus über fünf Jahrhunderten aneinander.

Blick auf den Marktplatz mit dem Schloss im Hintergrund.

▸ Liebenbachdenkmal

Am Marktbrunnen steht das gusseiserne Denkmal von Kuno und Else. Der Sage nach hatten sich der Handwerksgeselle und die Patriziertochter ineinander verliebt. Elses Vater stimmte jedoch einer Heirat nur unter der Bedingung zu, dass es Kuno gelänge, eine Wasserleitung aus dem Wald in die Stadt zu bauen. Die beiden jungen Leute machten sich an die schwere Arbeit. Als sie es letztlich geschafft hatten, brachen beide vor Erschöpfung zusammen und starben.

▸ Eulenturm

Die Altstadt war im Mittelalter durch eine Mauer mit neun Türmen geschützt. Der einzige noch vollständig erhaltene Turm ist der Eulenturm. Er ist über eine Holztreppe erreichbar und bietet von seiner Plattform aus dem Besucher einen prächtigen Blick über die gesamte Stadt.

▸ Stadtkirche

Die heute evangelische Stadtkirche St. Johannes wurde ab dem 13. Jahrhundert im romanisch-gotischen Stil errichtet. Sehenswert ist vor allem die „Spangenberger Pieta“ aus dem Jahr 1510. Die älteste der vier Glocken trägt die Jahreszahl 1386.

▸ Hospital und Kirche St. Elisabeth
Hermann von Treffurt und Spangenberg gründete 1338 das Hospital und die Kirche St. Elisabeth. Das Krankenhospital ist als einzigartige mittelalterliche Wohlfahrtseinrichtung heute noch erhalten. Die Kapelle ist ein einschiffiger gotischer Bau.

Museen

▸ Heimatmuseum
In zwei Gebäuden des historischen Burgsitzes befindet sich das Heimatmuseum. Hier lebte einst die Nebenfrau von Landgraf Philipp dem Großmütigen, Margarethe von der Saale. In 15 Räumen geben Tausende von Ausstellungsstücken einen Einblick in die Lebens- und Arbeitswelt der Region in den vergangenen Jahrhunderten. Eine sudetendeutsche Stube erinnert an die vielen Vertriebenen, die 1946 in Spangenberg eine neue Heimat fanden.
Adresse: Burgsitz 2 + 3 (Brauhausplatz), 34286 Spangenberg
Kontakt unter ✆ 05663/454

Natur und Freizeit

▸ Wandern und Rad fahren
Die Mittelgebirgslandschaft mit ihren weiten Wäldern bietet Wanderern und Radfahrern abwechslungsreiche Ausflugsmöglichkeiten. Das Wander- und Radwegenetz führt zu historisch bedeutsamen Verbindungen wie dem Barbarossaweg, dem Schusterpfad, der Wildbahn oder der Franzosenstraße und dem Fuldatal-Radfernweg R 1.

▸ Kilometerlange Kunstgalerie
Fast 400 Kunstwerke stehen bereits entlang der Ars-Natura-Wanderwege – zweier Fernwanderrouten, die sich in Spangenberg kreuzen. Das 2001 gestartete Projekt hat zum Ziel, die insgesamt 700 Kilometer langen Strecken von „Barbarossaweg“ und „Wildbahn“ komplett mit Kunst zu säumen.

▸ Vockeröder Heide
Ein beliebtes Ausflugsziel ist das Naturschutzgebiet Vockeröder Heide. Auf der Hutefläche kann man zahlreiche botanische Raritäten entdecken sowie seltene Schmetterlingsarten beobachten.

Veranstaltungen und Feste

Bekannt ist die Stadt auch durch das Internationale Reitturnier, das bei Aktiven und Besuchern als „Turnier der Herzen“ geschätzt wird. 🌐 www.csi-spangenberg.de

▸ Reiten
Reit- und Fahrverein Spangenberg: Grüne Str. 11, 34286 Spangenberg ✆ 05663/814
🌐 www.ruf-spangenberg.de

▸ Hallenbad
PreMedicale-Active Resort. Das Erlebnis-Hallenbad hat sich der Gesundheitsvorsorge verschrieben. **Adresse**: Frühmessergasse 9, 34286 Spangenberg ✆ 05663/9399390
🌐 www.life-balance-campus.de

Trendelburg

(Landkreis Kassel)

Die Kleinstadt mit ihren sieben ländlichen Stadtteilen liegt westlich des Reinhardswaldes zwischen Hofgeismar im Süden und Bad Karlshafen im Norden. Sie wird vom Weser-Zufluss Diemel durchflossen. Trendelburg hat rund 5000 Einwohner. Wahrzeichen der Kernstadt ist die weithin sichtbare Trendelburg.

Stadt Trendelburg
Marktplatz 1
34388 Trendelburg
05675/74990
www.trendelburg.de

Sehenswertes

Trendelburg

Erbaut im 13. Jahrhundert, war die Trendelburg das gesamte Mittelalter hindurch bis zum Dreißigjährigen und dem Siebenjährigen Krieg in blutige Ereignisse verwickelt. Sie war an einer Furt der Diemel angelegt worden, weil sich hier wichtige Handelsstraßen zwischen den zeitweise verfeindeten Bistümern Paderborn und Mainz sowie der Landgrafschaft Hessen-Kassel kreuzten. Das Grimm-Märchen vom Rapunzel wird auf der Trendelburg verortet, das heute als Hotel genutzt wird.

Altstadt

Vor der Burg entstand im 13. Jahrhundert eine kleine Siedlung, die sich durch Zuzug aus umliegenden Dörfern ständig vergrößerte. Aus dieser Zeit stammt die auf dem Burgberg angelegte Altstadt mit einer noch teilweise erhaltenen Stadtmauer. Die mittelalterliche Bebauung fiel 1868 größtenteils einem Großbrand zum Opfer.

Rathaus

Der dreigeschossige Fachwerkbau mit gotischem Eingangstor sowie einer Halle im Eingangsbereich zeigt an der Frontseite das Stadtwappen und eine Sonnenuhr von 1582. Es besaß früher auch eine Gefängniszelle und eine Zisterne.

Evangelische Pfarrkirche

Die frühere Kirche St. Maria wurde im 14. Jahrhundert errichtet. Nach Stadtbränden 1443 und 1456 baute man sie als dreischiffige Hallenkirche neu auf. In der Sakristei befand sich später das Erbbegräbnis der Adelsfamilie von Stockhausen, die 1901 die Trendelburg als Wohnsitz erworben hatte.

Ritualbad (Mikwe)

Bei Umbauarbeiten entdeckte man durch Zufall das Ritualbad (Mikwe) der ehemaligen jüdischen Gemeinde. Das kleine Badehaus und zwei mittelalterliche Gewölbekeller können besichtigt werden.

Wallfahrtskirche Gottsbüren

Nach Berichten über das „Wunder einer Heilig-Blut-Hostie“ entwickelte sich der Trendelburger Ortsteil Gottsbüren im 13. und 14. Jahrhundert zu einem stark besuchten Wallfahrtsort. Schon bald genügte eine früh errichtete Kapelle nicht mehr dem Pilger-Ansturm, und man ging an den Bau einer großen Wallfahrtskirche. Das zunächst zweijochige Mittelschiff wurde gegen Ende des 14. Jahrhunderts zu einer dreischiffigen Halle erweitert. Das gotische Kreuzrippengewölbe ruht auf mächtigen viereckigen Pfeilern.

Wasserschloss Wülmersen

Im Jahre 1108 begann die Geschichte des Wasserschlosses Wülmersen, eigentlich ein ehemaliges Rittergut. Das Hofgut bekam das Prädikat Wasserschloss, als man im Dreißigjährigen Krieg die bisher offene Anlage befestigte und mit Wassergräben umgab. Heute erhalten hier in Qualifizierungswerkstätten junge Menschen eine berufliche Aus- und Fortbildung. Künstler stellen ihre Arbeiten aus, und ein Landmuseum informiert über Agrartechnik und Regionalgeschichte.
www.wasserschloss-wuelmersen.de

Museen

Alte Diemelmühle

Die frühere landgräfliche Diemelmühle, 1455 erstmals erwähnt, mahlte nicht nur Getreide:

Ein Mühlrad trieb die Wasserkunst an, ein System aus Pumpe und Röhren, das die auf dem Berg gelegene Stadt Trendelburg mit Trinkwasser versorgte. Das sanierte Gebäude ist heute als Heimatmuseum ausgebaut.

Natur und Freizeit

Wandern und Rad fahren
Die Region Trendelburg ist durchzogen von 44 Wandertouren, darunter neun Fernwander- und sieben Pilgerwege. Radfahrer können unter 29 Strecken wählen wie etwa den Diemelradweg und den Hessischen Fernradweg R 4.

Fliegen
Auf dem Flugplatz Hölleberg in der Nähe von Deisel und Langenthal können Besucher in der warmen Jahreszeit Rundflüge in kleinen Motormaschinen buchen.
www.edvl.de

Die „Wolkenbrüche"
Östlich von Trendelburg ist mit dem „Nassen Wolkenbruch" und dem kleineren „Trockenen Wolkenbruch" ein Naturphänomen zu bewundern. Es sind zwei als Naturdenkmäler ausgewiesene Erdfalltrichter, die durch lokale Lagerungsstörungen in tiefen Gesteinsschichten entstanden. Einer Sage nach waren dagegen Blitzeinschläge die Ursache, bei denen die böse Riesenprinzessin Trendula ums Leben kam. Zuvor hatte sie ihre Schwester Saba umgebracht.

Reiten
Rancho Paradiso (Westernreiten), Bensdorf 1, 34388 Trendelburg-Gottsbüren
0172/5606288
www.rancho-paradiso.com

Ritter Dietrich am „Nassen Wolkenbruch".

Twistetal

(Landkreis Waldeck-Frankenberg)

Rund sechs Kilometer südwestlich von Bad Arolsen gruppieren sich die sieben Ortsteile Twistetals. Die Gemeinde hat rund 4400 Einwohner. Sie wird von einem Abschnitt der Twiste durchquert, die wenige Kilometer flussabwärts durch den Twistesee fließt.

Gemeindeverwaltung Twistetal
Hüfte 9
34477 Twistetal
05695/97990
www.gemeinde-twistetal.de

Sehenswertes

Kirche Berndorf
Auf einer Anhöhe am Nordrand des Dorfes steht die Kirche des Ortes, eine romanische Basilika mit quadratischem Westturm und

geschnitztem Altaraufsatz. Sie wurde Anfang des 12. Jahrhunderts errichtet und ist dreischiffig angeordnet. Bemerkenswert ist ein hölzernes Taufbecken aus dem Jahr 1579.

Das Rathaus Twistetal.

▸ Kirche Nieder-Waroldern
Aus dem 14. Jahrhundert stammt die Kirche in Nieder-Waroldern. Erhalten geblieben sind jedoch nur noch der Turm und die Westmauer. 1822/23 riss man die übrigen Teile der Kirche ab und baute sie neu auf. Eine Besonderheit ist der Flügelaltar, der sich ursprünglich in dem 1566 aufgelösten Franziskanerkloster in Korbach befand.

Natur und Freizeit

▸ Wandern und Rad fahren
Aktivurlauber und Freizeitsportler können in der Region Twistetal unter 26 ausgewiesenen Wander- und Radtouren wählen. Ziele sind unter anderem die Weidelsburg, Bad Arolsen und Kassel. Spezialstrecken gibt es für Mountainbiker und Rennradfahrer.

▸ ☺ Freilichtbühne
Mitten im Wald nahe der Ortschaft Twiste liegt die gleichnamige Freilichtbühne. Sie wird seit 1978 von rund 100 aktiven Mitgliedern einer Laien-Theatergruppe bespielt.
🌐 www.freilichtbuehne-twiste.de

▸ Freibäder
Freibad Twiste: Am Schwimmbad, 34477 Twistetal ☎ 05695/1661
Freibad Berndorf: Erlengrund 3, 34477 Twistetal ☎ 05631/62709

Vellmar

(Landkreis Kassel)

Die Stadt Vellmar, die jüngste im Landkreis, grenzt im Süden direkt an Kassel, wobei die Bebauung der beiden Städte vielerorts ineinander übergeht. Bereits im Jahr 775 wurde Vellmar als Filmare erwähnt. In den vier Stadtteilen leben rund 19 300 Menschen.

Stadt Vellmar
Rathausplatz 1
34246 Vellmar
☎ 0561/82920
🌐 www.vellmar.de

Sehenswertes

▸ Pfarrkirche Obervellmar
Die Pfarrkirche im Stadtteil Obervellmar hat einen spätgotischen Westturm. Das Kirchenschiff wurde 1616 erneuert. 1824 erweiterte man es in klassizistischer Form. Die Orgel stammt aus dem Jahr 1773.

▸ Kirche Frommershausen
Teile der Kirche in Frommershausen stammen möglicherweise noch aus der Zeit, als der Ort 1107 erstmals urkundlich erwähnt wurde. Mit Sicherheit weiß man, dass hier 1252 ein Pfarrer amtierte. Die Grundstruktur des Kirchenbaus ist spätgotisch.

Museen

▸ Museum Hof Helse
In dem aus dem Jahr 1790 stammenden Bauernhof Helse ist die volkskundliche Sammlung des Vellmarer Geschichtsvereins untergebracht. In großen Ausstellungsräumen mit über 3000 Exponaten lädt das Museum zu einer Reise durch die Vergangenheit der Region und ihrer Menschen ein.
Adresse: Alte Hauptstr. 2, 34246 Vellmar
www.geschichtskreis-vellmar.de

Natur und Freizeit

▸ Wandern und Rad fahren
In der Region Vellmar werden rund 30 Wander- und Radtouren angeboten, darunter der Kassel-Steig, der Ahnetalweg, eine Teilstrecke des Märchenlandweges und der Reinhardswald-Radweg.

▸ Ahnepark
Ein beliebtes Freizeit- und Erholungsgebiet in Vellmar ist der seit 1986 bestehende neun Hektar große Ahnepark. Er besteht aus einer großzügigen Seenlandschaft mit einem vielfältigen Bestand an Bäumen und Sträuchern. Außerdem enthält er Einrichtungen für verschiedene sportliche Aktivitäten wie Volleyball und Tischtennis. Für Kinder steht ein neu gestalteter Spielplatz bereit. In der warmen Jahreszeit kann man mit einer Mini-Dampfeisenbahn fahren.

▸ Reiten
Beim Ländlichen Reit- und Fahrverein Ahnatal-Vellmar können Jugendliche und Kinder Reitunterricht erhalten. **Adresse**: Bachstr. 12, 34246 Vellmar 0561/827343
www.reitverein-vellmar.de

▸ Hallenbad
Das Bad ist beliebt wegen seiner familiären Atmosphäre. Es bietet ein Kleinkinderbecken und eine Sauna sowie eine Gaststätte.
Adresse: Brüder-Grimm-Str. 11, 34246 Vellmar
0561/8200656.

Vöhl

(Landkreis Waldeck-Frankenberg)

Über die Grenzen Nordhessens hinaus bekannt ist als anerkannter Luftkurort die Gemeinde Vöhl. Sie liegt im Nordteil des Naturparks Kellerwald-Edersee mit dem Kernstück Nationalpark Kellerwald-Edersee. Mit seinen 15 Ortsteilen umfasst Vöhl den gesamten westlichen Teil des Stausees. Die Einwohnerzahl beträgt knapp 6000. Im Frühmittelalter verlief hier die Grenze zwischen sächsischem und fränkischem Stammesgebiet.

Nationalparkgemeinde Vöhl
Gemeindeverwaltung
Schlossstr. 1
34516 Vöhl
05635/99310
www.voehl.de

Sehenswertes

▸ Brücke von Asel
Als man von 1908 bis 1914 die Edertalsperre errichtete, mussten sich die Bewohner des im Edertal liegenden Dorfes Asel – wie die zweier weiterer Orte – auf den angrenzenden Höhen eine neue Heimat aufbauen. „Alt-Asel“, wie es heute genannt wird, wurde nach der Stauung des Flusses ebenso über-

flutet wie die Brücke, die hier über die Eder zu den Südabhängen des Edertals führte. Bei Niedrigwasser des Edersees wird jedoch die Brücke wieder sichtbar und kann begangen werden. Auch Teile der untergegangenen Dörfer werden sichtbar.

▸ Burg Hessenstein
Im 14. Jahrhundert entstand in Ederbringhausen an der mittelalterlichen Handelsstraße von Frankfurt/M. nach Hamburg die Burg Hessenstein. 1922 wurde sie die erste Jugendherberge in Hessen und ist heute Jugendburg.

▸ Burgruine Itterburg
Oberhalb des Ortsteils Thalitter liegt die Burgruine Itterburg. Erstmals urkundlich erwähnt wurde die Burg 1126. Sie gehörte den Herren von Itter, die im Hochmittelalter die Herrschaft im heutigen Gemeindegebiet Vöhl ausübten.

▸ Bergkirche Thalitter
Zwischen 1710 und 1868 wurde in Thalitter Kupferbergbau mit einer eigenen Kupferhütte betrieben. An diese Zeit erinnert die Bergkirche, die die Berggewerkschaft und Knappschaft um 1715/16 an der Stelle der im Dreißigjährigen Krieg zerstörten Bartholomäus-Kapelle errichtete.

▸ Martinskirche Vöhl
Die lutherische Kirche auf dem Schulberg bildet das Zentrum des alten Ortskerns. Sie geht – noch deutlich erkennbar – auf Vorgängerbauten aus romanischer Zeit zurück. Das heutige Kirchenschiff stammt aus der Mitte des 19. Jahrhunderts.

▸ Kirche Obernburg
Die im romanischen Stil erbaute Kirche im Ortsteil Obernburg entstand bereits vor 1200. Bemerkenswert sind vor allem die Bilder und Schnitzereien an der Empore.

▸ Hessisches Forstamt
Das frühere Wirtschaftsgebäude des alten und längst abgerissenen Schlosses in Vöhl wurde um 1386 errichtet. Später diente es als herrschaftliches Meiereigut und ab 1866 als Dienstwohnung des damals preußischen Oberförsters.

▸ Synagoge Vöhl
Das 1827 erbaute Fachwerkhaus diente zunächst für zwei Jahre als Schule, bis es bis 1936 das religiöse und politische Zentrum der jüdischen Gemeinde in Vöhl und Umgebung wurde. Heute wird das Haus als Veranstaltungsort für Vorträge und Diskussionen genutzt.

▸ Steinhaus
Im historischen Steinhaus von Vöhl kann man sich bei Kerzenschein und klassischer Musik trauen lassen. Das Gebäude war Mitte des 19. Jahrhunderts aus Steinen des früheren Schlosses in Vöhl erbaut worden. Es wurde zwischenzeitlich als Stall genutzt, aber später sorgfältig restauriert.

Natur und Freizeit

▸ Wandern und Rad fahren
Schwimmen, segeln, wandern, promenieren und kuren – all das bietet der Naturpark Kellerwald-Edersee. Kernstück ist der gleichnamige Nationalpark, an dessen nördlichen Ende sich der 27 Kilometer lange Stausee kurvenreich entlangwindet. Ein großmaschig angelegtes Wandernetz erwartet die Wanderfreunde. Berühmt sind der Urwaldsteig und der Kellerwaldsteig. Radfahrer können unter 34 Routen wählen.
Ein besonderes Erlebnis für die ganze Familie ist der 50 Kilometer lange Edersee-Rundweg.

▸ NationalparkZentrum Kellerwald
Mit einer Mischung aus fantasievollen Inszenierungen und High Tech werden hier

außergewöhnliche Einblicke in die Wildnis des Kellerwaldes ermöglicht. Dazu gehört ein einzigartiger 4D-Sinnefilm über die Geheimnisse der Waldungen. Der Nationalpark schützt einen der letzten großen Rotbuchenwälder Mitteleuropas.
🌐 www.nationalpark-edersee-kellerwald.de

▸ Baden
Die Ufer des Edersees, eines der saubersten Gewässer Deutschlands, sind zum großen Teil frei zugänglich. Es gibt mehrere Badestrände, darunter auch einer am Campingplatz in Asel-Süd.

▸ Personenschifffahrt
Auf dem Edersee verkehren außerdem von April bis Oktober mehrere Fahrgastschiffe.
🌐 personenschifffahrt-edersee.de

Veranstaltungen und Feste

▸ Drachenbootrennen
Eine Attraktion in Herzhausen sind die Drachenbootrennen, die – allerdings nicht regelmäßig – im Mai und mitunter auch an anderen Orten des Edersees ausgetragen werden. Mehrere hundert Teilnehmer und Zuschauer säumen dann die Uferpromenade.

Volkmarsen

(Landkreis Waldeck-Frankenberg)

Die Kleinstadt liegt rund 30 Kilometer nordwestlich von Kassel. In der Kernstadt und den fünf ländlichen Stadtteilen leben 6900 Menschen. In einem päpstlichen Schutzbrief wurde Volkmarsen 1233 erstmals als Stadt erwähnt. Ihr von weitem erkennbares Wahrzeichen ist die Kugelsburg.

Stadt Volkmarsen
Büro Bürgermeister
Steinweg 29
34471 Volkmarsen
☎ 05693/6870
🌐 www.volkmarsen.de

Sehenswertes

▸ Kugelsburg
Die Ruine der Kugelsburg mit Café-Restaurant ist ein beliebtes Ausflugsziel von Wandergruppen. Die Burg wurde um 1200 erbaut und hatte in der Folgezeit viele Belagerungen zu überstehen, bis sie 1758 im Siebenjährigen Krieg zerstört wurde. Allerdings sind die Mauern des quadratischen Wohnturms und des runden Bergfrieds noch fast vollständig erhalten.

▸ St. Marien-Kirche
Etwa ab dem Jahr 1260 entstand die katholische Pfarrkirche St. Marien als gotischer Hallenbau mit mächtigem Westturm und reich verziertem Südportal. Während des Dreißigjährigen Krieges brannte sie 1632 aus, doch die Bewohner Volkmarsens stellten sie unter großen finanziellen Opfern wieder her.

▸ Wittmarkapelle
Der Kapelle, zwischen Volkmarsen und Welda gelegen, wurde bereits um 930 an der Stelle einer noch älteren kleinen Kirche in der Wüstung Wittmar erbaut. Heute ist sie an Christi Himmelfahrt in jedem Jahr das Ziel einer feierlichen Prozession.

▸ Rathaus
Erstmals 1327 erwähnt wurde das Rathaus, ein zweigeschossiger Steinbau mit einem Turm über der Freitreppe. Neben zahlreichen, liebevoll restaurierten Fachwerkhäusern gibt es zwei hervorragend erhaltene Steinhäuser aus dem Mittelalter.

Museen

▸ Geschichtliches und landwirtschaftliches Museum
Die land- und hauswirtschaftlichen sowie handwerklichen Ausstellungsstücke können hier sogar ausprobiert werden. Außerdem zeigt das Museum Ausgrabungsfunde aus der Frühzeit und dem Mittelalter.
Adresse: Kasseler Str. 6, 34471 Volkmarsen
05693/990990
www.museum-volkmarsen.de

▸ Gustav-Hüneberg-Haus
Die Dauerausstellung im denkmalgeschützten Haus widmet sich der deutsch-jüdischen Geschichte der Region. Im Gewölbekeller befindet sich eine 500 Jahre alte Mikwe.
Adresse: Steinweg 24, 34471 Volkmarsen
05693/6009

Natur und Freizeit

▸ Wandern und Rad fahren
Viele Rundwanderwege bieten einen Ausblick auf die abwechslungsreiche und reizvolle Landschaft mit zahlreichen Naturdenkmälern bis hin zum nahe gelegenen Twistesee. Durch den Bahnanschluss ist Volkmarsen auch für Tagestouristen interessant. Radfahrer haben in naher Umgebung Anschluss an den „Diemel-Radweg“ sowie an das örtliche, gut ausgebaute Radwegenetz in alle Richtungen.

▸ Hollenkammer
Nördlich des Stadtteils Lütersheim liegt das Naturdenkmal Hollenkammer. Es ist eine in einem Sandsteinmassiv natürlich entstandene Höhle. In germanischer Zeit war sie eine Kultstätte.

Bei der Hollenkammer handelt es sich um eine natürliche Höhle im Sandstein.

▸ Freizeitanlage Am Sauerbrunnen
Im Bereich der Heilquelle „Am Sauerbrunnen“ betreibt der Volkmarser Kur- und Verkehrsverein eine Freizeitanlage. Sie liegt an der Straße nach Ehringen. Hier besteht die Möglichkeit, das Mineralwasser am Trinkpavillon zu genießen oder zur Mitnahme selbst zu zapfen. Außerdem gibt es dort eine Minigolfanlage und ein Abenteuerspielplatz.
www.sauerbrunnen-volkmarsen.de

▸ Burgschwimmbad
Zahlreiche Wasser-Attraktionen für Groß und Klein bietet dieses Bad, unter anderem eine 60-Meter-Rutsche hat. Die Gäste können auch Tischtennis und Beachvolleyball spielen und sich in einem Bistro stärken.
Adresse: Kasseler Str. 35, 34471 Volkmarsen
05693/990834

▸ Planwagen- und Kutschfahrten
Becker Kutschfahrten: Külter Weg 3, 34471 Volkmarsen 05693/1804

Wabern

(Schwalm-Eder-Kreis)

Die Großgemeinde liegt in der Flussebene von Eder und Schwalm und grenzt – im Uhrzeigersinn – an die Städte Fritzlar, Felsberg und Homberg (Efze). Die erste urkundliche Erwähnung erfolgte im Jahr 803. Bekannt ist Wabern vor allem durch die Zuckerfabrik und den Bahnhof. Die insgesamt zehn Ortsteile haben 7300 Einwohner.

Gemeinde Wabern
Landgrafenstr. 9
34590 Wabern
05683/50090
www.wabern.de

Sehenswertes

Karlshof
Das Lust- und Jagdschloss in Wabern entstand 1701–1712 im Auftrag von Landgraf Carl von Hessen-Kassel. Anlass für den Bau waren die großen Reiher-Vorkommen in den damals noch großen Wäldern um Wabern, dessen Wappentier der Reiher ist. Im Laufe der Zeit stiegen in dem Schloss so manche Prominente ab, so der französische Philosoph Voltaire und Johann Wolfgang von Goethe.

Kirche Harle
Die Kirche im Ortsteil Harle steht auf einem Basaltfelsen, den vermutlich schon die Chatten als Kultstätte nutzten. Der Grundstein für das Kirchenschiff wurde 1492 gelegt, doch der 40 Meter hohe massive Turm könnte schon um 1388 entstanden sein.

Der Karlshof – das Lust- und Jagdschloss des Landgrafen von Hessen-Kassel.

Schloss Falkenberg
Das heute für soziale Zwecke genutzte Schloss im gleichnamigen Ortsteil Waberns entstand in seinen Hauptteilen zwischen 1560 und 1778 aus einer Burganlage, der „Unterburg“. Es gab auch eine „Oberburg“, deren Reste auf dem Gipfel des Burgbergs noch zu sehen sind. Das Schloss Falkenberg ist ein mächtiger, im Grundriss unregelmäßiger Bau mit zwei Fachwerkgeschossen und einem massiven Untergeschoss. Ein steinerner Turm überragt das Gebäude.

Muqeet-Moschee
Einblicke in den Islam gewinnt man beim Besuch der Muqeet-Moschee in Wabern, die jedes Jahr am Tag der Deutschen Einheit auch für Andersgläubige ihre Pforten öffnet. Dabei wird ein offener Dialog über die Religionen geführt.

Natur und Freizeit

Wandern und Rad fahren
Sechs Wandertouren und fünf Fernradwege führen durch die Region Wabern. „Strecke machen“ können Radler vor allem in den Flussniederungen von Schwalm und Eder.

▸ Wichtellöcher Uttershausen
Die Wichtellöcher am Südabhang des Dosenbergs in Uttershausen sind ein sagenumwobenes Geotop. Die Gänge führen bis zu 30 Meter in den Muschelkalk und sind teilweise begehbar.

▸ Kutsch- und Planwagenfahrten
Fuhrhalterei Döring, Gippes 6, 34590 Wabern, OT Zennern, ☏ 05683 / 8312,
🌐 www.fuhrhalterei-doering.de

▸ Kulturwoche Wabern
Im sanierten Bahnhofsgebäude in Wabern wurde 2014 das kulturelle Engagement mit der „Kulturwoche Wabern" wieder zu neuem Leben erweckt. In der letzten Oktoberwoche wird seitdem ein attraktives Kabarett-, Musik- und Comedy-Programm mit nordhessischen und nationalen Künstlern angeboten, das sich immer größerer Beliebtheit erfreut.
🌐 www.kulturwoche-wabern.de

Waldeck

(Landkreis Waldeck-Frankenberg)

Überregional bekannt ist die als Luftkurort ausgewiesene Kleinstadt durch ihre Lage am Edersee und im Einzugsbereich des Naturparks Kellerwald-Edersee. In den zehn Stadtteilen leben rund 7000 Menschen. Wahrzeichen der Kernstadt ist das namensgleiche Schloss, das 1120 in ca. 420 Metern Höhe als Burg errichtet wurde. Nach der Burg Waldeck benannte sich auch das später dort residierende Grafengeschlecht.

Nationalparkstadt Waldeck
Am Rathaus 1
34513 Waldeck
☏ 05634/7090
🌐 www.waldeck-stadt.de

Sehenswertes

▸ Schloss Waldeck
Wie eine stolze Schöne erhebt sich die Schloss-Burg über dem 28,5 Kilometer langen Edersee. Um 1500 wurde ein Burgflügel abgebrochen und durch einen schlossartigen Neubau ersetzt. Im 16. Jahrhundert ging man vor allem daran, die Befestigungsanlagen zu modernisieren. Dabei entstanden der große Torbau und die Kasematten mit den Bastionen an der Ostseite. Heute genießen Besucher von einer Aussichtsterrasse aus einen grandiosen Blick über den Edersee. Außerdem kann man in rustikalem Gemäuer stilvoll übernachten.

Blick über den Edersee auf Schloss Waldeck.

▸ Stadtkirche Waldeck
In dieser Kirche wurde zum ersten Mal im Waldecker Land Gottes Wort nach der Lehre Martin Luthers verkündet durch Johannes Hefentreger am 17. Juni 1526 – so ist auf einer Tafel am Eingang der Waldecker Stadtkirche zu lesen. Ihr ältester Teil ist der Chorraum aus der Zeit um 1300. Das Schiff

in seiner heutigen Gestalt wurde im 16. Jahrhundert ausgebaut.

‣ Klosterkirche Netze
Das ehemalige Kloster in Netze wurde 1228 vom Orden der Zisterzienserinnen bezogen. Sichtbares Zeugnis der langen Klostertradition ist die vollständig erhaltene Kirche St. Maria, die an der Stelle eines romanischen Vorgängerbaus um 1280 geweiht wurde. Sie ist eine zweischiffige chorlose Hallenkirche. Netze selbst war schon im 7. und 8. Jahrhundert eine fränkische Siedlung.

‣ Stadtkirche Sachsenhausen
Die in den Jahren 1292 bis 1296 erbaute Stadtkirche St. Nikolaus steht im Zentrum des Ortes. Mit ihrem hohen Dach des Chores und den über den Seitenschiffen quer gestellten Walmdächern bietet der Kirchenbau schon von Weitem einen imposanten Eindruck. Der hölzerne Hochaltar stammt aus der Zeit um 1680. Zur ursprünglichen Einrichtung gehört das heute noch vorhandene Kreuz aus dem 14. Jahrhundert neben dem Taufstein.

‣ Klosterruine Ober-Werbe
Oberhalb des Waldecker Ortsteils Ober-Werbe stehen auf einem Kalkfelsen die Reste des Klosters Werbe, das schon 1038 bestanden haben soll. Heute brüten in der Ruine des romanischen Bauwerks seit vielen Jahren Wanderfalken. Besuchern bietet sich hier ein reizvoller Ausblick über das Dorf und die Umgebung.

‣ Sachsenhäuser Warte
Ein Kilometer südwestlich von Sachsenhausen steht auf 406 Metern Höhe dieser Wartturm, der von ehemals drei Beobachtungstürmen noch erhalten ist. Sportliche Besucher können ihn über Steigeisen erklimmen und bekommen dafür einen Ausblick bis ins waldeckische Upland und zum Schloss Waldeck.

Museen

‣ Burgmuseum Schloss Waldeck
Mit seiner Ausstellung „Hinter Schloss und Riegel" gibt das Museum einen Einblick in die Geschichte der Burg und des Waldecker Landes. Im Mittelpunkt steht dabei die Zeit von 1734 und 1866, in der die Waldecker Fürsten ihre Stammburg als Zucht- und Arbeitshaus nutzten. Je ein Heimatmuseum unterhalten die Ortsteile Nieder-Werbe und Höringhausen.
Adresse: Schloss Waldeck 1, 34513 Waldeck
🌐 www.hotel-schloss-waldeck.de

Natur und Freizeit

‣ Wandern und Rad fahren
Zu dem großen Angebot an markierten Wanderwegen gehören der Urwaldsteig, der Kellerwaldsteig und der Ederhöhenpfad. Von Radfahrern besonders geschätzt wird der Ederseerundweg. Eine originelle Route ist die zu einem Radweg umgebaute Trasse der früheren Edersee-Eisenbahn.

‣ Edersee
Der Edersee ist der flächenmäßig zweitgrößte Stausee in Deutschland. Zugleich ist er mit seiner malerischen Lage zwischen bewaldeten Höhen eines der attraktivsten Urlaubsziele Hessens. An den Ufern haben sich Segelschulen und Bootsverleiher angesiedelt. Personenschiffe bieten Rundfahrten auf dem Edersee an. 🌐 www.edersee.com

‣ Staumauer
Die gewaltige, 47 Meter hohe Sperrmauer wurde zwischen 1908 und 1914 erbaut. Wenn im Herbst der Pegel stark sinkt, tauchen die Reste von Dörfern auf, die beim Bau der Talsperre geräumt werden mussten. Im Zweiten Weltkrieg gelang es britischen Bombern im Mai 1943, ein 70 Meter breites Loch in die

Sperrmauer zu sprengen. Die Flutwelle riss im Tal Wohnhäuser, Stallungen und Brücken mit sich. 47 Menschen verloren ihr Leben.

▸ Bergbahn und Sommerrodelbahn

Die Kabinenseilbahn stellt die Verbindung zwischen dem Edersee und der Stadt Waldeck mit dem Schloss her. Die „Sommerrodelbahn Edersee" bietet ein Abfahrt-Vergnügen über eine Länge von 850 Metern.
Adresse: Unter dem Hagen 1, 34513 Waldeck-Nieder-Werbe ☏ 05634/6646
🌐 www.sommerrodelbahn-edersee.de

▸ Pferdezentrum Edersee

Aufzucht von Fohlen, Pension für Pferd und Reiter sowie Reitausflüge – wer die treuen Vierbeiner liebt, ist hier gut aufgehoben.
Adresse: Am Klosterbrunnen 11, 34513 Waldeck ☏ 05634/1470
🌐 www.pferdezentrumedersee.de
Reiterhof Ludwig Lind: Naumburger Str. 3, 34513 Waldeck-Netze ☏ 05634/7619

▸ Flugschule Edersee

Hier kann man Romantik-Rundflüge mit unterschiedlichen Flugzeugen über den Edersee oder bis nach Frankfurt buchen. Auch mit dem Hubschrauber geht es auf Wunsch in die Luft.
Adresse: Bahnhofstr. 3, 34513 Waldeck
☏ 0171/9651820
🌐 www.flugschuleedersee.de

Waldkappel

(Werra-Meißner-Kreis)

Die Kleinstadt liegt im Osthessischen Bergland zwischen Hessisch Lichtenau im Westen und Eschwege im Osten. Sie gliedert sich in 15 Stadtteile mit rund 4400 Einwohnern. 1379 erstmals urkundlich erwähnt, erhielt Waldkappel erst nach dem Jahr 1414 die Stadtrechte.

Stadt Waldkappel
Leipziger Str. 34
37284 Waldkappel
☏ 05656/98970
🌐 www.waldkappel.de

Sehenswertes

▸ St. Georgs-Kirche

Der älteste Teil der spätgotischen, dreischiffigen Hallenkirche ist der Turm aus den Jahren 1393 bis 1395. Im Dreißigjährigen Krieg zerstörte ein Brand das Kreuzrippengewölbe. Als Ersatz wurde eine Kassettendecke eingezogen. Die Kirche besitzt die größte Orgel des Orgelbaumeisters Friedrich Hilpert aus dem Jahr 1861.

Museen

▸ Heimatmuseum Waldkappel

Gezeigt werden Exponate aus der früheren Arbeitswelt, wie beispielsweise eine Schneiderwerkstatt, eine Schmiede, eine Spenglerei und eine Küche. Auch historische Ereignisse wie die letzten Kriegstage in Waldkappel werden thematisiert. Ebenso ist eine große Fotoausstellung durch die Zeit vorhanden.
Adresse: Friemer Str. 10, 37284 Waldkappel
Kontakt über Geschichtsverein Waldkappel unter ☏ 05656/4903

▸ Heimatstube Schennern
Die Heimatstube in Schennern im alten Raiffeisengebäude zeigt bäuerliche Handwerkstechniken, um das dörfliche Brauchtum vor dem Vergessen zu bewahren.
Adresse: Weserstraße 45, 37284 Waldkappel-Schemmern ✆ 05656/4992
Öffnungszeiten: nach Vereinbarung

Natur und Freizeit

▸ Wandern und Rad fahren
26 Wanderrouten und vier Fernwanderwege führen durch die Region Waldkappel – unter anderem der „ARS NATURA" – Kunst am Wanderweg, der „Weg der Deutschen Einheit" sowie der „Jacobsweg" und der „Elisabethpfad". Im Jahr 2016 wurde der Premiumwanderweg „P 17 – Waldkappeler Berge" eröffnet. Die Radfahrer können unter neun markierten Strecken auswählen. Für E-Biker interessant ist die Tour über den Hohen Meißner.

Der Premiumwanderweg P 17 Waldkappeler Berge wurde 2016 eröffnet.

▸ Aussichtstürme
Wanderer zieht es gern zu den Aussichtstürmen Mäuseberg und Ziegenküppel hin. Der eine, ein Stahlgitterturm, steht in der Nähe der Kernstadt Waldkappel. Südwestlich von Rechtebach findet man den anderen Turm, eine Holzkonstruktion.

Wanfried

(Werra-Meißner-Kreis)

Im Nordosten Hessens liegt die ehemalige Hafenstadt Wanfried, die vom 16. bis 18. Jahrhundert ein wichtiger Umschlagplatz an der Werra war. Schon vor 813 wurde der Ort als „in wanen in Riden" erwähnt. In der Kernstadt und vier weiteren ländlichen Stadtteilen leben rund 4200 Menschen. Wanfried wurde 1945 einer breiteren Öffentlichkeit bekannt, als hier Amerikaner und Sowjets mit dem „Wanfrieder Abkommen" einen Gebietsaustausch vereinbarten. Wanfried gehört der Deutschen Fachwerkstraße – Regionalstrecke „Vom Harz zum Thüringer Wald" – an.

Stadt Wanfried
Marktstraße 18
37281 Wanfried
✆ 05655/98940
www.wanfried.de

Sehenswertes

▸ Altstadt
Wanfried hatte es im 16. und 17. Jahrhundert als Endhafen der Weser-Werra-Schifffahrt zu erheblichem Wohlstand gebracht. Das ist noch heute an den prächtigen Fach-

werkhäusern in der Altstadt zu erkennen. Viele Fassaden weisen wertvolle Schnitzereien und Symbole aus der Zeit als Hafenstadt auf. Angeboten werden zahlreiche Stadterlebnisführungen.

▸ Alter Werrahafen
Am früheren Umschlagplatz an der Werra, der „Wanfrieder Schlagd", stehen noch zwei Lagerhäuser aus dem 17. Jahrhundert. Der historische Eindruck wird noch verstärkt durch zwei nachgebaute Werraschiffe, die Schuten „Wisera" und „Brombeerchen", die hier am Uferdamm liegen.

Der alte Werra-Hafen, die Wanfrieder Schlagd.

▸ Keudell'sches Schloss
Benannt nach der alten Adelsfamilie von Keudell, ist das Bauwerk eher ein herrschaftliches Haus. Im Dreißigjährigen Krieg wurde es niedergebrannt. Danach errichtete man auf den Kellermauern ein neues Haus mit massivem Sandstein-Erdgeschoss, einem Fachwerkobergeschoss und zwei Obergeschossen.

▸ Harmes'sches Handelshaus
Es ist eines der repräsentativsten Fachwerkgebäude aus der Zeit der Wohlstandes Wanfrieder Kaufleute. Es wurde 1673 mit barocker Hofanlage erbaut. Auffällig sind die aufwendigen Flachschnitzereien sowie die an den Eckständen eingeschnittenen Köpfe mit heraushängenden Zungen. Sie sollten das Böse vom Haus fernhalten.

▸ Gasthaus Zum Schwan
Das traditionsreiche Gasthaus zum Schwan wurde bereits vor über 400 Jahren als „Herberge beim Rathaus" bezeichnet. Das Fachwerkgebäude wurde laut der Inschrift über dem steinernen Portal im Jahr 1690 errichtet. Auch heute ist es ein Hotel- und Restaurantbetrieb.

▸ Landgrafenschloss
An der Stelle der heutigen Anlage stand Anfang des 11. Jahrhunderts ein von Wassergräben umgebenes Königsgut. 1525 kam der Gebäudekomplex in den Besitz der hessischen Landgrafen, die ihn in der Folgezeit erheblich erweiterten und ausbauten.

▸ Wasserburg Aue
Am Ortsrand des Wanfrieder Stadtteils Aue steht die Ruine einer Wasserburg, mit deren Bau vermutlich um 1200 begonnen wurde. Im Dreißigjährigen Krieg brannten sie kroatische Soldaten im Jahr 1637 bis auf das Steingeschoss vollständig nieder. Bei Ausgrabungsarbeiten in der Neuzeit kamen zahlreiche Gebrauchsgegenstände aus der damaligen Zeit zum Vorschein.

Museen

▸ Heimatmuseum
Für das Heimatmuseum mit dem Dokumentationszentrum zur innerdeutschen Grenze wird zzt. ein neuer Standort gesucht. Bis dieser gefunden ist, bleibt das Museum geschlossen.

‣ Dorfmuseum Heldra
Das Museum zeigt eine heimatkundliche Sammlung sowie Reproduktionen alter Fotos.
Adresse: August-Hermann-Francke-Platz, 37281 Wanfried-Heldra

Natur und Freizeit

‣ Wandern und Rad fahren
Die idyllische Landschaft rund um Wanfried kann man auf der Werra vom Boot aus sowie auf zahlreichen Rad- und Wanderwegen erleben, darunter drei Premium-Rundwanderwege. Zu weiterer sportlicher Betätigung laden der Nordic-Walking-Parcours und Reitangebote ein.

‣ Heldrastein
Vom dörflichen Stadtteil Heldra aus führt der Premiumwanderweg P 6 hinauf bis zum 503 Meter hohen Heldrastein, der als König des Werratals gilt. Vom dortigen Turm der Deutschen Einheit hat man einen grandiosen Rundblick auf das hessisch-thüringische Grenzgebiet.

‣ Reiterverein Wanfried
Kinder, Jugendliche, Erwachsene und Senioren – sie alle gehören zur Zielgruppe des Reitervereins bei der Ausbildung im Umgang mit Pferden.
Adresse: Kalkhof, 37281 Wanfried
05655/8534
www.reiterverein-wanfried.de

Wehretal

(Werra-Meißner-Kreis)

Zwischen Eschwege im Norden und Sontra im Süden liegt die in fünf Ortsteile gegliederte Gemeinde. Nach Norden hin fällt das Gelände über den Lauf der Wehre zu ihrer Flussmündung in die Werra bei Eschwege hin ab. Wehretal hat rund 5000 Einwohner.

Gemeinde Wehretal
Landstr. 70
37287 Wehretal
05651/94900
www.wehretal.de

Sehenswertes

‣ St. Martinskirche Hoheneiche
Die zunächst im romanischen Stil erbaute Kapelle St. Martin wurde um 1300 zu einer Kirche erweitert und erhielt einen Chorturm mit Schießscharten. Nach einem Brand im Dreißigjährigen Krieg 1637 wurde das Gotteshaus wieder aufgebaut, wobei der Turm einen Fachwerkaufsatz erhielt.

Natur und Freizeit

‣ Wandern und Rad fahren
Wanderer haben in der Region Wehretal Zugang zu 29 abwechslungsreichen Touren wie den Werra-Burgen-Steig Hessen oder die Entdeckertour Blaue Kuppe. Für Radler sind 35 Strecken markiert, darunter 15 Rennrad- und vier Mountainbiketouren.

‣ Blaue Kuppe
Ein interessantes Wanderziel ist die Blaue Kuppe, ein erkalteter Vulkanschlot etwa 3,5 Kilometer südlich von Eschwege. Er liegt in

Blick auf den Wehretaler Ortsteil Reichensachsen.

einem Buntsandsteingebiet, in dem früher Steine gebrochen wurden.

Veranstaltungen und Feste

Eine lange Tradition hat im Ortsteil Reichensachsen das Heimat- und Wichtelfest jeweils im Juni. Höhepunkt der fünftägigen Feierlichkeiten unter Beteiligung der Schulen ist ein großer Festumzug.

Weißenborn

(Werra-Meißner-Kreis)

Direkt an der Grenze zu Thüringen südöstlich von Eschwege liegt die kleine Gemeinde Weißenborn, zu der noch der Ortsteil Rambach gehört. Die Einwohnerzahl beträgt rund 1000. Im Jahr 1365 wurde Weißenborn erstmals urkundlich erwähnt. Fundstücke belegen aber, dass die Gegend schon 2000 v. Chr. besiedelt war.

Gemeinde Weißenborn
Kirchplatz 1
37299 Weißenborn
05659/302
www.gemeinde-weissenborn.de

Sehenswertes

Ein Musterbeispiel für gepflegte hessische Dörfer sind in idyllischer Lage die beiden Ortsteile Rambach und Weißenborn, wobei Rambach einmal Bundessieger wurde im Wettbewerb „Unser Dorf soll schöner werden“. Nahe der Kirche von Weißenborn befindet sich eine Heimatstube mit Ausstellungsstücken aus dem früheren bäuerlichen Leben.

Natur und Freizeit

Wandern und Rad fahren
Wanderer finden ein gut markiertes Streckennetz vor mit Anbindung unter anderem an den Grenzwanderweg zur Deutschen Einheit und zum Grünen Band Thüringen. Auch für Radwanderer und Mountainbiker ist die Region erschlossen mit Anschluss an den Werraradweg.

Weißenborn, neben Rambach ein Ortsteil der Gemeinde Weißenborn.

▸ Schäferburg
Von Weißenburg aus führt eine Wanderroute zur Schäferburg. Sie war eine frühgeschichtliche Siedlung und diente den Menschen als Fliehburg. Die Höhe bietet einen weiten Rundblick in die bergige Landschaft.

Wesertal

(Landkreis Kassel)

Die Gemeinden Wahlsburg und Oberweser haben sich 2020 zusammengeschlossen und heißen jetzt Wesertal. Sie liegen im äußersten Norden Nordhessens und bestehen aus den Ortsteilen Arenborn, Gewissenruh, Gieselwerder, Gottstreu, Heisebeck, Lippoldsberg, Oedelsheim und Vernawahlshausen mit zusammen rund 5100 Einwohnern.

Gemeinde Wesertal
Brückenstraße 1
34399 Wesertal-Gieselwerder
05572/93730
www.gemeinde-wesertal.de

Sehenswertes

▸ Waldensersiedlungen
Eine ungewöhnliche historische Vergangenheit haben die beiden Ortsteile Gewissenruh und Gottstreu: Sie wurden 1722 von Landgraf Carl von Hessen-Kassel als Kolonien für 24 Waldenser-Familien gegründet, Glaubensflüchtlinge aus Frankreich. Aus dieser Zeit stammen auch die beiden Waldenser-Kirchen. In Gewissenruh wurden noch bis 1825 die Gottesdienste in französischer Sprache abgehalten.

▸ Rathaus Gieselwerder
Auf dem historischen Grund einer Wasserburg in Gieselwerder stand seit dem 11. Jahrhundert der Amtssitz der Grafen von Werder. Anfang des 18. Jahrhunderts errichtete man hier ein Fachwerkhaus, das 1913 niederbrannte, aber danach neu aufgebaut wurde. Vor dem Gebäude, in dem sich heute die Gemeindeverwaltung befindet, steht ein Modell der früheren Wasserburg.

Das Rathaus Gieselwerder.

▸ Klosterkirche Lippoldsberg
Es gibt nicht viele alte Kirchenbauten in Nordhessen, die seit ihrem Bau die Jahrhunderte weitgehend unbeschadet und ohne größere Umbauten überstanden haben. Eine von ihnen ist die Klosterkirche von Lippoldsberg. Die spätromanische Pfeilerbasilika stammt aus der zweiten Hälfte des 12. Jahrhunderts und ist der erste große Gewölbebau Hessens. Angefangen hatte es mit einer um 1050 errichteten Holzkapelle. Rund 50 Jahre später wurde ein Benediktinerinnenkloster gegründet.

▸ St. Margarethenkirche Vernawahlshausen
In ihren Anfängen stammt die Kirche aus der Zeit um das Jahr 1100. Im Laufe der Jahrhunderte wurde sie ständig erweitert und umgestaltet. Den quadratischen Altarraum – als romanischer Chor mit Kreuzkappenge-

wölbe gebaut – erweiterte man 1589 durch ein Kirchenschiff.

Museen

▸ Waldenser Museum Gottstreu
Das in einem ehemaligen Schulgebäude untergebrachte Museum gibt Einblicke in die Geschichte der 1722 für die Waldenser gegründeten „Franzosendörfer“ Gottstreu und Gewissenruh. Dokumentiert wird auch die Odyssee der Glaubensflüchtlinge aus den südfranzösischen Alpen an die Oberweser.
Adresse: Obere Str. 1, 34399 Wesertal
Informationen unter 05544/912159
www.waldenser-oberweser.de

▸ Freilichtmuseum Mühlenplatz
Am Westrand von Gieselwerder liegt das Freilichtmuseum des Mühlenplatzes. In der weiträumigen Anlage am Waldrand werden im Maßstab 1:25 und 1:40 original nachgebildete Wassermühlen, Burgen, Schlösser, Kirchen und Rathäuser aus alter Zeit gezeigt.
Adresse: Freilichtausstellung „Der Mühlenplatz“ 34399 Wesertal
05572/1515

▸ Schiffermuseum
Über die Schifffahrt auf der Weser in den letzten hundert Jahren informiert das Gieselwerder Schiffermuseum. Dazu werden viele Schiffsmodelle gezeigt wie Raddampfer und Flusskähne.
Adresse: In der Klappe 11, 34399 Wesertal
Informationen unter 05572/500 oder 572

▸ Webereimuseum
In einem historischen Weser-Diemelhaus in Gieselwerder, dem „Kleinen Schneider“, kann man Web- und Spinngeräte aus aller Welt bewundern. Zu den Exponaten gehört auch eine historische Schneiderstube. Heimatmuseen gibt es in den Ortsteilen Oedelsheim und Arenborn.
Adresse: Steinweg 2, 34399 Wesertal
05572/4448
www.weberei-museum-kircher.de

▸ Insektenhotel
In Heisebeck geben ein „Insektenhotel“ und Informationstafeln über Insekten und Pilze Auskunft über Lebensformen in der Natur. Das „Hotel“ befindet sich an zwei idyllisch gelegenen Teichen.

▸ Besucherzentrum Klosterpforte
Einen multimedialen Überblick über die klösterliche Lebensweise gewinnt man in der Klosterpforte, dem Besucherzentrum am Westwerk der Lippoldsberger Klosterkirche. Außerdem werden regelmäßig themenbezogene Ausstellungen veranstaltet. Im angeschlossenen Klosterladen werden u.a. regionale Produkte, Bücher und Geschenkartikel angeboten.
Adresse: Klosterhof 10, 34399 Wesertal-Lippoldsberg
www.klosterkirche.de

▸ Werkstatt und Museum im Schäferhaus
Durch Sehen, Fühlen und Ausprobieren können Besucher in diesem Lippolsberger Museum nachvollziehen, wie die Menschen in alten Zeiten gelebt und gearbeitet haben. Unter den Exponaten sind ein Kaufmannsladen, Küche, Wohn- und Schlafzimmer sowie ein altes Backhaus und eine alte Schmiede.
Adresse: Schäferhof 22, 34399 Wesertal-Lippoldsberg
05572/1534

▸ Museum im Wasserkraftwerk
Über die Geschichte und die Funktionsweise des Wasserkraftwerks Lippoldsberg informiert das Museum der E.ON.
Adresse: Mühlenstr. 2, 34399 Wesertal-Lippoldsberg
05572/9378-0

Natur und Freizeit

▸ Wandern und Rad fahren
Ein großes Angebot von Wanderwegen halten die Berge beiderseits der Weser bereit. Besonders beliebt sind mehrtägige Touren durch den Reinhardswald. Für Radler wurden in letzter Zeit zahlreiche neue Radwanderwege geschaffen und vorhandene Strecken ausgebaut. Ideal für lange Touren sind die Routen entlang der Weser.

▸ Flusstouren
Fahrten mit Passagierschiffen, mit Kanus oder eine Flussüberquerung mit einer Gierseilfähre – all dies ist auf der Weser im Bereich der Region Oberweser möglich. An den Ufern warten zahlreiche Rastplätze auf die Wasserwanderer.
Gierseilfähre: Oberweser–Oedelsheim
Märchenfähre: Wahlsburg –Lippoldsberg
Die Fähren verkehren von Mitte März bis Ende Oktober.

Veranstaltungen und Feste

Ein stimmungsvoller Ort für Konzerte und andere kulturelle Veranstaltungen ist die Lippoldsberger Klosterkirche.

Wildeck

(Landkreis Hersfeld-Rotenburg)

Die Gemeinde besteht aus fünf Ortsteilen, in denen rund 5000 Menschen leben. Sie liegt östlich von Bebra und grenzt an Thüringen. Benannt ist die Gemeinde nach dem früheren Amt Wildeck. Der anfängliche Amtssitz lag auf der Burg Wildeck, die auf dem Schlossberg bei Raßdorf stand.

Gemeinde Wildeck
Eisenacher Str. 98
36208 Wildeck
06626/920030
www.wildeck-hessen.de

Sehenswertes

▸ Schlossruine Blumenstein
Im Südteil des Richelsdorfer Gebirges in der Gemarkung Raßdorf steht die Ruine des landgräflichen Jagdschlosses Blumenstein aus dem 18. Jahrhundert. Es wurde seinerseits 1727 auf der Ruine der ehemaligen Burg Wildeck errichtet. Von beiden Gebäuden sind noch Mauerreste und der Torbogen zum Zugangsweg erhalten.

▸ Kirche Bosserode
Der Vorgängerbau der Dorfkirche von Bosserode wurde auf einem altfränkischen Hof errichtet, wobei aus einem Wachturm dann der Wehrturm der Kirche entstand. Die heutige Kirche entstand Ende des 17. Jahrhunderts. Als Kostbarkeiten besitzt sie eine geschnitzte Pieta und einen kunstvoll gefertigten mittelalterlichen Flügelaltar.

▸ Kirche Richelsdorf
Die Ursprünge der Bauern- und Barockkirche liegen in der vorreformatorischen Zeit. Der frühgotische Chorturm und das im Kern goti-

sche Kirchenschiff stammen aus dem frühen Mittelalter. Der spätere Umbau mit reichen Ausmalungen im Innern erfolgte 1700–1760. Auch die Kanzel stammt aus jener Zeit.

Museen

Grenz- und Heimatmuseum Obersuhl
Die Geschichte der Region entlang der früheren DDR-Zonengrenze wird in diesem Museum lebendig. Fotos zeigen die einzelnen Phasen des Ausbaus der Sperranlagen sowie den Dienst der DDR-Grenzer und der bundesdeutschen BGS-Beamten. Mit Exponaten und einem Relief werden Einzelheiten und Funktionsweise der Sperranlagen dargestellt.
Adresse: Zur Wache 5, 36208 Wildeck-Obersuhl ☏ 06626/1243, 0176/47148059 oder 0151/20157320

Natur und Freizeit

Wandern und Rad fahren
Für Wanderer besonders interessant ist der Grenzlehrpfad mit acht Stationen, der in Obersuhl beginnt und am Grenzmuseum endet. Außerdem gibt es eine ganze Reihe markierter Wanderrundwege. Die Pedalritter können unter 15 Radtouren und neun Mountainbikestrecken wählen.

Gedenkstein am Startpunkt des Grenzlehrpfades.

Natur- und Vogelschutzgebiet Rhäden
Ein Dorado für Vogelfreunde ist dieses Naturschutzgebiet bei Obersuhl. Es erstreckt sich um den großen Suhlsee und ist ein bedeutender Rast- und Nahrungsplatz für Wasser- und Wiesenvögel. Mehr als 240 Vogelarten wurden hier bereits beobachtet.

Willingen (Upland)

(Landkreis Waldeck-Frankenberg)

Im westlichen Zipfel Nordhessens liegt, von Nordrhein-Westfalen fast vollständig umschlossen, in 550 Metern Höhe der Wintersportort Willingen. Er ist zugleich auch heilklimatischer Kurort und Kneippheilbad. Die Region im sogenannten Upland, dem hessischen Teil des Sauerlands, zieht im Winter viele Skisportler auch aus dem Ausland an. Die Gemeinde umfasst neun Ortsteile mit rund 6000 Einwohnern.

Tourist-Information
Am Hagen 10
34508 Willingen (Upland)
☏ 05632/9694353
www.willingen.de

Sehenswertes

Mühlenkopfschanze
International bekannt ist Willingen durch die Weltcup-Skispringen der FIS, die auf der Mühlenkopfschanze ausgetragen werden. Eine erste Schanze bestand bereits 1925 auf dem Mühlenkopf, eine Nachfolge-Konstruktion wurde 1951 errichtet. Seit nochmaligen Umbauten ist die Skisprungschanze heute die größte der Welt.

Eisenbahnviadukt
Die 294 Meter lange Talbrücke wurde zwischen 1914 und 1917 erbaut und wird auch heute noch für den Eisenbahnverkehr genutzt. Der höchste Punkt der Bogenbrücke liegt 31 Meter über dem Tal. Der Viadukt gilt als das Wahrzeichen Willingens.

Glasmanufaktur
Die jahrhundertealte Glasbläserkunst lernen Besucher der Willinger Glasmanufaktur kennen. Man hat Gelegenheit, den professionellen Glasbläsern bei ihrer Arbeit über die Schulter zu schauen. Besucher können sich auch selber als Glasmacher versuchen und unter Anleitung ihr ganz persönliches Glas blasen. Nach der Abkühlung ist es am nächsten Tag abholbereit.
Adresse: Zur Hoppecke 9, 34508 Willingen (Upland)
05632/985515
www.glasmanufaktur-willingen.de

Museen

Schieferbergwerk
Erst 1971 wurde der Betrieb in der Schiefergrube „Christine" nach gut 100 Jahren eingestellt. Heute können die Gänge der Grube unter fachkundiger Führung besichtigt werden. Man erfährt alles Wissenswerte über die Entstehung und den Abbau des Schiefers sowie über seine Verarbeitung über Tage.
Adresse: Schwalefelder Str. 28, 34508 Willingen 05632/9694353

Milchmuhseum Usseln
In der alten Molkerei von Usseln lädt das Milchmuhseum zu einer Reise in die Welt der Milch ein. Neben Gerätschaften der Molkereiwirtschaft und allerlei „Kuhriosa" wird auch das Melken der Museumskuh gezeigt. Im Rahmen von Führungen können Besucher auch selbst Butter herstellen.
Adresse: Korbacher Str. 6, 34508 Willingen-Usseln 05632/922222
www.muhseum.de

Natur und Freizeit

Wandern
Vom Frühjahr bis zum Herbst ist Willingen ein Paradies für Wanderer. In alle Richtungen führt ein dichtes Wegenetz. Hervorzuheben sind der Uplandsteig, der Rothaarsteig, die Qualitätstour Paradies und Weltcupschanze oder der Pilgerweg „Besinnungsspuren".

Rad fahren
Vor allem Mountainbiker finden in der bergigen Gegend ein ideales Gelände vor. Insgesamt 18 Touren stehen Radfahrern zur Verfügung. An mehreren Plätzen werden neben normalen Rädern auch E-Bikes verliehen.

Ettelsberg-Seilbahn
Eine moderne Seilbahn bringt die Touristen in geräumigen Panorama-Kabinen auf den 838 Meter hohen Ettelsberg. Die Bergstation ist Ausgangspunkt für weite Wanderungen oder Ski-Touren. Unterwegs mit der Seilbahn, bietet sich ein großartiger Blick zurück ins Tal. Die verglaste Plattform des Hochheideturms auf dem Berg ist mit 875 Metern der höchste Aussichtsturm in Nordwestdeutschland. Auf dem Ettelsberg sind auch Gleitschirmflüge möglich.
www.ettelsberg-seilbahn.de

Ettelsberghütte
Ein weithin bekanntes Original ist „Siggi", der Wirt der Ettelsberghütte. Sein uriges Holzhaus ist einer Schweizerischen Almhütte ähnlich. Mit Späßen und dem Blasen auf einem Alphorn unterhält „Siggi" seine Gäste.

Hochheide
Im Spätsommer entfaltet sich in den Hochlagen des Uplandes ein farbenprächtiges Blütenmeer, wenn die Heideblüte einsetzt. Außerdem kann man hier seltene Pflanzen entdecken. Vor etwa 10 000 Jahren hatte sich nämlich im Upland eine baumlose Tundra ausgedehnt. Später eroberte sich der Wald die Flächen, doch in Mooren, an Felsen und in den lichten Krüppelwäldern haben einige der typischen Pflanzenarten der eiszeitlichen Tundra überlebt.

Sommerrodelbahn
Sport und Spaß auf 700 Metern Länge hat man auf der Willinger Sommerrodelbahn. Während der Schussfahrt mit dem Bob nach unten kann man die Geschwindigkeit selber regulieren.
www.sommerrodelbahn-willingen.de

Wild- und Freizeitpark
Ein großer Anziehungspunkt für Groß und Klein ist auch der Wild- und Freizeitpark am Ettelsberg. Hier leben etwa 380 Tiere aus insgesamt über 80 Tierarten, darunter Braunbären und Wildkatzen. Mehrmals täglich finden Greifvogel-Vorführungen statt.
Adresse: Am Ettelsberg 2, 34508 Willingen
05632/69198
www.wildpark-willingen.de

Lagunen-Erlebnisbad
Das Erlebnisbad wird zzt. neu gebaut und soll Ende 2023 eröffnet werden. Es erwarten den Besucher dann eine großzügig gestaltetet Badelandschaft mit Natursolewasser in allen Becken, Gradierwerk, Eisraum, Karibikbar und Aquarutschenpark mit drei Rutschen.
Adresse: Am Hagen 9, 34508 Willingen
05632/969430
www.lagunenerlebnisbad.de

Wintersport und Weltcup-Skispringen
Mit 16 Kilometer Abfahrten sprengt Willingen die Dimension der meisten Mittelgebirgs-Wintersportorte. 15 Skilifte und 90 Kilometer gespurte Langlaufloipen stehen zur Verfügung. Dazu kommen Kinderskischulen, Schneeschuh-Routen und Rodelhänge. Willingen besitzt auch eine Eissporthalle.
www.skigebiet-willigen.de
Aus dem vollen Veranstaltungskalender Willingens ragen zwei Ereignisse heraus: das Weltcup-Skispringen auf der Mühlenkopfschanze und das Mountainbike-Festival, das spektakulärste in Deutschland.
www.weltcup-willigen.de

Kletterhalle
Indoor-Klettern mit unterschiedlichen Schwierigkeitsgraden ist hier möglich. In der zehn Meter hohen Halle kann man unter rund 100 Routen wählen.
Adresse: Zur Hoppecke 9, 34508 Willingen
05632/966855
www.kletterhalle-willingen.de

Pferdehof Wilke-Mühle
Hier kann man Ausflüge mit Kutsche oder – bei guter Schneelage – Pferdeschlitten buchen. Aber auch Ausflüge hoch zu Ross sind möglich. **Adresse**: Mühlenweg 9, 34508 Willingen-Usseln 05632/7076
www.wilke-muehle.de

Willingen ist der Wintersportort in Nordhessen.

Willingshausen

(Schwalm-Eder-Kreis)

Die Schwälmer Malerkolonie Willingshausen ist eine der ältesten in Europa. In der Szene ist sie weit über die Grenzen Deutschlands hinaus bekannt. Willingshausen mit seinem leicht verträumt-romantischen Flair ist einer der neun Ortsteile, aus denen die Gemeinde besteht. Sie liegt im Süden der Schwalm am gleichnamigen Fluss mit seinen rechten Nebenflüssen Antreff und Leimbach. Die Gemeinde hat rund 4800 Einwohner.

Willingshausen Touristik
Merzhäuser Str. 1
34628 Willingshausen
06697/1418
www.malerkolonie.de

Sehenswertes

‣ Museum Malerstübchen
Das Museum im Gerhardt-von-Reutern-Haus spiegelt ein Stück Malergeschichte des 19. und 20. Jahrhunderts wider. Viele Gemälde zeigen ländliche Alltagsmotive der damaligen Zeit mit der Vielfalt der Schwälmer Tracht. Zu den bekanntesten Malern, die hier arbeiteten, gehörten Ludwig Emil Grimm, Ludwig Knaus, Wilhelm Thielmann und Carl Bantzer. Sie fanden Unterkunft im Willingshäuser Gasthaus, in dem sie sich das „Malerstübchen" einrichteten. Bis ins 20. Jahrhundert hinein reisten immer wieder Maler aus den europäischen Metropolen an, um in der ländlichen Schwalm auf Motivsuche zu gehen.
Adresse: Gerhardt-von-Reutern-Haus, Merzhäuser Str. 1, 34628 Willingshausen
06697/1418

Gedenktafel für Gerhardt von Reutern, den Gründer der Willingshäuser Malerkolonie.

‣ Willingshäuser Malerkolonie
Die Willingshäuser Malerkolonie war 1830 von dem baltischen Offizier in russischen Diensten Gerhardt von Reutern gegründet worden. Nach einer schweren Verwundung in der Völkerschlacht bei Leipzig war er zur Rekonvaleszens nach Willingshausen umgesiedelt. Dort brachte sich der Offizier, der bereits früher gezeichnet hatte, das Malen und Zeichnen erneut bei.
www.malerkolonie.de

‣ Hirtenhaus
Seit 1996 besteht das „Willingshäuser Künstlerstipendium". Es ermöglicht in jedem Jahr zwei jungen Künstlern für drei Monate den Aufenthalt und die Arbeit im „Hirtenhaus", einem liebevoll restaurierten Fachwerkhaus.

‣ Schloss Willingshausen
Das Schloss ist ein schlichter dreigeschossiger Barockbau, den die Herren von Schwertzell im 16. Jahrhundert als Ergänzung zu ihrem Rittergut errichteten. 1820 heiratete der Maler Gerhardt Wilhelm von Reutern Charlotte von Schwertzell, und bald darauf wurde das Schloss Treffpunkt und dann Gründungsort der Willingshäuser Malerkolonie. In dieser Zeit kamen auch öfters Mitglieder der Familie Grimm zu Besuch.

Natur und Freizeit

▸ Wandern und Rad fahren
Die Region bietet mehrere Rund- und Fernwanderwege an. Etwas Besonderes ist der 13 Kilometer lange Willingshäuser Malerweg. Radler haben 17 Routen zur Auswahl, darunter der Hessiche Radfernweg R 4 oder der Schwalm-Radweg und der Rotkäppchenweg.

▸ Klettergarten
Im Ortsteil Loshausen lädt der Klettergarten zum Balancieren zwischen den Bäumen ein. Zielgruppe sind – neben Touristen – auch Schulklassen und Firmen, die hier ein Teamtraining beabsichtigen. Neben dem Hochseilbereich sind auch Bodenelemente vorhanden. Der Klettergarten ist im Garten des Schlosses Loshausen angelegt.
Adresse: Kasseler Str. 39, 34628 Willingshausen-Loshausen ☎ 06691/915887

▸ Westernreiten
Auf einer Ranch in Gungelshausen können Westernreiterinnen und -reiter einen Urlaub wie in Texas verbringen. Außerdem finden hier Pferde mit gesundheitlichen Problemen kompetenten Rat und Hilfe.
Adresse: Clearwaterranch, Zur Mühle 1–2, 34628 Willingshausen-Gungelshausen
☎ 0157/85086085
🌐 www.clearwaterranch.de

Veranstaltungen und Feste

Viel Beifall findet seit Jahren die Theatergruppe der Sängerchöre Zella mit ihren Theaterstücken in Schwälmer Mundart. Großen Zuspruch findet das Brühtrogrennen während der Zellaer Kirmes, das für Beteiligte und Zuschauer ein großes Gaudi ist. Eine feste Einrichtung ist auch das World Music Festival im Schlosspark von Loshausen. Kulturelle Veranstaltungen finden auch im Schloss Loshausen statt.

Witzenhausen

(Werra-Meißner-Kreis)

Im Frühling ist die Region um Witzenhausen in ein weißes Blütenmeer getaucht, wenn die rund 150 000 Kirschbäume blühen. Hier befindet sich eines der ältesten und größten Kirschenanbaugebiete Deutschlands. Witzenhausen liegt, etwa 25 Kilometer östlich von Kassel entfernt, malerisch im Werratal. In der Kernstadt und den 16 ländlichen Stadtteilen leben rund 15 000 Menschen.

Pro Witzenhausen GmbH
Am Markt 12
37213 Witzenhausen
☎ 05542/60010
🌐 www.kirschenland.de

Sehenswertes

▸ Altstadt
Sorgfältig und liebevoll restaurierte Fachwerkhäuser bestimmen das Bild der Altstadt. Zu den besonders sehenswerten Fachwerkbauten zählen das Grau'sche Haus und das Rote Haus. Repräsentativ ist das Steinerne Haus, ein Prachtbau der Hochrenaissance.

▸ Historisches Rathaus
Ein dreigeschossiger Renaissancebau mit achteckigem Turm ist das historische Rathaus, das 1479 an der Stelle eines Vorgängerbaus errichtet wurde. Nach einem Stadtbrand von 1819 wurde es wieder aufgebaut. Der repräsentative Bau steht am Marktplatz mit dem Stadtbrunnen „Kump".

▸ Liebfrauenkirche
Um 1220 zunächst als spätromanische Basilika begonnen, ruhten die abschließenden Bauarbeiten einige Jahrzehnte. Dann baute

man, in gotischen Formen, einen zweijochigen Chor mit Kreuzrippengewölben an. Das Langhaus wurde als spätgotische Staffelhalle umgestaltet. Den hohen Westturm stockte man im 13. und 14. Jahrhundert auf.

‣ Kapelle St. Michael
Hinter dem ehemaligen Hospital St. Michael steht die um 1392 erbaute Kapelle St. Michael. Beachtenswert ist der gotische Spitzturm mit den Kreuzblumen, Blattkapitellen und Fialen.

‣ Wilhelmitenkloster
Eine interessante Geschichte hat das ehemalige Wilhelmitenkloster, von dem noch der Kapitelsaal, das Refektorium und das Kirchenportal erhalten sind. Nach der Gründung der Deutschen Kolonialschule für Landwirtschaft, Handel und Gewerbe unter Kaiser Wilhelm II. bezogen im Jahr 1900 Lehrer und Schüler die Klostergebäude. Heute benutzt sie der Fachbereich ökologische Agrarwissenschaften der Universität Kassel als Ausbildungsstätte.

‣ Diebesturm
Von der früheren Stadtbefestigung sind neben Teilen der Stadtmauer der Diebesturm und der Eulenturm noch gut erhalten. Beide Bauwerke dienten im Mittelalter zeitweise auch als Gefängnis.

Schloss Berlepsch liegt nördlich von Witzenhausen auf einem Bergkegel.

‣ Sommermann'sches Haus
Das repräsentative Haus aus dem Jahr 1511 gilt als der besterhaltene gotische Fachwerkbau in Hessen. Es ruht auf einem Steinsockel und besticht durch seine Eck-Erker und gotischen Türen. Heute ist hier die Stadtbibliothek untergebracht.

‣ Schloss Berlepsch
Nördlich von Witzenhausen liegt, in idyllischer Abgeschiedenheit auf einem Bergkegel mitten im Wald, das Schloss Berlepsch. Ursprünglich stand hier eine Burg aus dem 14. Jahrhundert. Aus der alten Bausubstanz entstanden von 1884 bis 1894 Umbauten und Veränderungen im neugotischen Stil, die der Burg das schlossartige Aussehen geben. Heute finden auf Schloss Berlepsch künstlerische und mittelalterliche Events statt.
🌐 www.schlossberlepsch.de

‣ Burg Ludwigstein
Die gut erhaltene und von Laubwäldern umgebene Burg war vor über 100 Jahren das räumliche und geistige Zentrum der Freideutschen Jugendbewegung. Auch heute ist sie das Ziel vieler Wandervogel-, Pfadfinder- und anderer Jugendbünde, die sich hier zu Tagungen und Seminaren treffen. Die Burg war 1415 in der Rekordbauzeit von nur zehn Monaten im Auftrag von Landgraf Ludwig I. errichtet worden.
🌐 www.burgludwigstein.de

‣ Schloss Ermschwerd
Das mächtige, schlossartige Herrenhaus steht am Ostrand des alten Dorfkerns von Ermschwerd. Es wurde 1551 mitten auf dem ehemaligen Gutshof erbaut, umgeben von Wohn- und Wirtschaftsgebäuden. Seit einer aufwendigen Sanierung in den 1980er-Jahren steht das Schloss für vielfältige Veranstaltungen zur Verfügung.
🌐 www.schloss-ermschwerd.de

Museen

▸ Tropengewächshaus

Im Werratal neun Meter hohe Bananenstauden bewundern – das ist im Gewächshaus für tropische Nutzpflanzen der Universität Kassel möglich. Auf 1200 Quadratmetern Grünfläche gedeihen hier rund 400 Pflanzenarten aus aller Welt

Adresse: Steinstr. 19, 37213 Witzenhausen
☏ 05542/981231

▸ Völkerkunde-Museum

Die Sammlung unternimmt den Versuch, unterschiedliche Kulturen vergleichend zu würdigen. Güter des täglichen Gebrauchs sowie Kunstobjekte werden in Bezug gesetzt zu den Lebensumständen der Menschen in aller Welt. Der Gang durch die Ausstellung wird zugleich zu einer Reise durch die ökologischen Zonen tropischer und subtropischer Regionen.

Adresse: Steinstr. 19, 37213 Witzenhausen
☏ 05542/60721

Natur und Freizeit

▸ Wandern

Die Region Witzenhausen mit dem Werratal und dem nahen Geo-Naturpark Frau-Holle-Land bietet Wanderern eine ungewöhnlich große Vielfalt von markierten Routen mit unterschiedlichen Anforderungsgraden. Neben mehreren Fernwanderwegen ist der Kirschenerlebnispfad erwähnenswert.

▸ Rad fahren

Mit derzeit 90 Radtouren ist die Region Witzenhausen ein wahres Dorado für Radfahrer. Dabei sind 28 Strecken für Mountainbiker ausgewiesen und 20 für Rennradfahrer.

▸ Zweiburgenblick und Neidköpfe

Berühmt ist der malerische Zweiburgenblick, der sich unterhalb der Burg Ludwigstein bietet: Nur gut vier Kilometer Luftlinie entfernt, erhebt sich jenseits des anderen Werra-Ufers auf thüringischem Gebiet die Burgruine Hanstein.

▸ Kesperkirmes

Alljährlich zur Kirschernte lädt Witzenhausen am zweiten Juli-Wochenende zum großen Kirschen- und Altstadtfest ein, der „Kesperkirmes“. Höhepunkt ist – neben den Meisterschaften im Kirschkern-Weitspucken – die Krönung der neuen Kirschkönigin, die sich auch während einer Fahrt auf der Werra präsentiert.

🌐 www.kesperkirmes-witzenhausen.de

Die Kirschenblüte taucht die Region Witzenhausen im Frühling in ein weißes Blütenmeer.

▸ Reiten

Mehrere Betriebe bieten eine Reiterausbildung und Reitausflüge an.
Informationen unter ☏ 05542/6001-10 oder
🌐 www.kirschenland.de

▸ Freibad

Mineralwasserfreibad Witzenhausen, Am Sande 10, 37213 Witzenhausen,
☏ 05542/5005190
🌐 www.stadtwerke-witzenhausen.de

Wolfhagen

(Landkreis Kassel)

Die Kleinstadt liegt im äußersten Westen des Naturparks Habichtswald. Elf weitere Stadtteile gruppieren sich jeweils als Dorf rund um die Kernstadt. Insgesamt hat die Stadt knapp 14 000 Einwohner. Zu Beginn des Mittelalters gehörte die Gegend um Wolfhagen zum Siedlungsraum der Chatten.

Stadt- und Tourist-Information
Burgstr. 33–35
34466 Wolfhagen
05692/6020
www.wolfhagen.de

Sehenswertes

▸ Altes Rathaus
Der dreigeschossige, wuchtige Fachwerkgerüstbau mit Krüppelwalmdach über einem steinernen Sockelgeschoss mit darunter liegender Gewölbehalle bildet den nördlichen Abschluss des Marktplatzes. Das Gebäude ist das dritte auf dem alten Fundament und wurde 1657–1659 errichtet. Der Vorgängerbau war, wie fast die ganze Stadt, im Dreißigjährigen Krieg niedergebrannt.

▸ Märchenbrunnen
Vor dem Rathaus steht der Märchenbrunnen an derselben Stelle, wo sich früher der alte Kump (Brunnen) befand. Die Bronzefiguren symbolisieren das Grimmsche Märchen „Der Wolf und die sieben Geißlein“. Das von oben herabplätschernde Wasser ist ein Anziehungspunkt für Kinder. Vom Märchenbrunnen aus werden im Sommer Stadtführungen angeboten.

Der Märchenbrunnen auf dem Marktplatz.

▸ Alte Wache
Ein Schmuckstück am Marktplatz ist die 1667 erbaute Alte Wache, in der sich heute ein Café befindet. Im Mittelalter war der Bau anfangs ein Haus der Waage, wurde aber in Kriegszeiten als Wachlokal genutzt. In den 1930er-Jahren war hier zeitweise ein Heimatmuseum untergebracht.

▸ Chattenturm
Von den einstmals elf Türmen der Stadtmauer blieb der Chattenturm erhalten. Der Zugang befindet sich in Höhe des ehemaligen Laufganges der Stadtmauer, etwa drei Meter über dem Boden.

▸ Stadtkirche St. Anna
Das Wahrzeichen der Stadt Wolfhagen überragt weithin sichtbar alle bebauten Flächen der Stadt. Der Bau der Kirche begann unmittelbar nach der Stadtgründung 1264. Der wuchtige 55 Meter hohe Turm wurde in der ersten Hälfte des 14. Jahrhunderts erbaut. Die breite gotische Hallenkirche ist 51 Meter lang.

▸ Friedhofskapelle
Der 1332 urkundlich erwähnte Sandsteinbau war vermutlich als Chor einer großen Wallfahrtskirche geplant. Er wurde nicht fertiggestellt, aber trotzdem 1337 geweiht und bis zur Reformation für Gottesdiens-

te genutzt. Später diente das einschiffige gotische Gebäude fast bis zum Ende des 19. Jahrhunderts als Getreide- und Strohlager. Erst 1931 wurde der Bau, zuvor renoviert und mit einem Glockenturm versehen, zur Friedhofskapelle.

Museen

▸ Regionalmuseum

Das im alten Renthof untergebrachte Museum zeigt die Geologie und Geschichte des Wolfhager Landes. Schwerpunkte sind eine dank zahlreicher Modelle sehr anschauliche Fachwerk-Abteilung, die Spuren und ein Modell der Chirotherien-Saurier sowie eine Abteilung über den 1525 geborenen Abenteurer und Begründer der Brasilien-Forschung, Hans Staden.
Adresse: Ritterstr. 1, 34466 Wolfhagen
☏ 05692/992431
🌐 www.regionalmuseum-wolfhagerland.de

Natur und Freizeit

▸ Wandern

Die Landschaft um Wolfhagen bietet Spaziergängern und passionierten Wanderern gleichermaßen ideale Möglichkeiten. Entlang des 85 Kilometer langen Habichtswaldsteigs erfährt man die Welt der Märchen neu, denn hier liegen die Wurzeln vieler Märchen der Brüder Grimm. Die Extratour H7 „im Land der Riesen" führt auf naturbelassenen Pfaden durch tiefe Buchenwälder und dunkle Nadelwälder. Der Weg „Wolfsfährte" erinnert daran, dass vor 150 Jahren der letzte Wolf im Wolfhager Land gesichtet wurde.

▸ Rad fahren

In der Region Wolfhagen stehen 13 abwechslungsreiche Radtouren zur Auswahl. Darunter sind der Hessische Radfernweg R 4, der Kassel-Edersee-Radweg und eine Route zur Weidelsburg. Mountainbiker können unter sieben Routen wählen, darunter die über 50 Kilometer lange Naumburg-Edersee-Rundtour.

▸ Weidelsburg

Ein beliebtes und attraktives Wanderziel ist die Ruine der Weidelsburg bei Ippinghausen. Ihre Anfänge liegen im Dunkeln. In der zweiten Hälfte des 12. Jahrhunderts befand sie sich, damals noch Wedelberg genannt, im Besitz eines unbekannten Geschlechts. Es erbaute von hier aus die „Neue Burg", den Anfang der Stadt Naumburg. 1266 verkaufte Graf Wittekind von Naumburg die Weidelsburg an Erzbischof Werner von Mainz. Doch sieben Jahre später eroberten und zerstörten hessische Truppen die Burg. Heute hat man von ihr aus einen weiten Blick ins Umland.

▸ Ofenberg-Turm

Schöne Ausblicke genießt man auch von der Aussichtsplattform des Ofenbergs östlich von Wolfhagen.

▸ Fliegen und Reiten

Auf dem Flugplatz Graner Berg nahe der Kernstadt besteht Mitfluggelegenheit mit Segelflug- und Motorflugzeugen. Und wer Pferde und das Reiten liebt, kann beim Ländlichen Reit- und Fahrverein Wolfhagen anklopfen.
Kontakt über die Luftsportvereinigung Wolfhagen e.V. unter 🌐 www.edgw.de
Kontakt zum Ländliche Reit- und Fahrverein 1949 Wolfhagen e.V. unter 🌐 reitverein-wolfhagen.de

▸ Kulturveranstaltungen

Ein vielfältiges Kulturprogramm erwartet die Gäste Wolfhagens im Kulturladen in der Innenstadt sowie beim jährlichen Kultur-Festival im Stadtpark Teichwiesen. Das Kulturzelt ist ein renommierter Veranstaltungsort, der

zahlreiche überregional bekannte Künstler anzieht.
🌐 www.kulturladen-wolfhagen.de
🌐 www.kulturzelt.de

▸ Schwimmbäder
Erlebnisbad Wolfhagen: Sudetenstr. 4, 34466 Wolfhagen, 📞 05692/602414
Freizeitbad Niederelsungen: Walmeweg 2, 34466 Wolfhagen-Niederelsungen, 📞 05606/534711

Zierenberg

(Landkreis Kassel)

Nordwestlich von Kassel im Naturpark Habichtswald liegt die Kleinstadt Zierenberg. Sie wurde im späten 13. Jahrhundert vom hessischen Landgrafen Heinrich I. zur Sicherung seiner Herrschaft im oberen Warmetal gegründet. 1298 wurden Zierenberg die Stadtrechte verliehen. In der Kernstadt und den sechs ländlichen Stadtteilen leben rund 6500 Menschen.

Tourist-Information
Poststr. 20
34289 Zierenberg
📞 05606/519125
🌐 www.stadt-zierenberg.de

Sehenswertes

▸ Altstadt
Die systematische Anlage der Stadt, wie am Reißbrett unter Landgraf Heinrich geplant, ist noch heute erkennbar: Vier Straßenzüge, parallel in west- östlicher Richtung verlaufend, treffen östlich auf die Kasseler Straße, die in Richtung Dörnberg durch das Kasseler Tor die Stadt passiert. Die Stadtmauer, mit deren Bau man 1293 begann, ist teilweise noch original erhalten.

▸ Stadtkirche
Zeitgleich mit der Stadtgründung begann 1293 der Bau der gotischen Hallenkirche mit ihrem mächtigen, weithin sichtbaren 45 Meter hohen Westturm. Die Kirche weist Wandmalereien aus dem 14. und 15. Jahrhundert auf, die im 17. Jahrhundert übertüncht, aber 1934 wieder freigelegt und in den Jahren zwischen 1958 und 2006 restauriert wurden.

▸ Rathaus
Das 1450 erbaute Rathaus ist das älteste erhaltene Fachwerk-Rathaus Hessens. Der eindrucksvolle spätgotische Bau, ursprünglich mit Ecktürmen versehen, erfuhr im Laufe seiner Geschichte zahlreiche Veränderungen und wurde unterschiedlich genutzt. So befand sich im Erdgeschoss eine Zeit lang auch eine Kaufhalle. Nach der Restaurierung 2007 – 2007 wurden hier ein Foyer für Vorträge

Die evangelische Kirche ist eine gotische Hallenkirche aus dem 13. Jahrhundert.

und Kunstausstellungen sowie im Gewölbekeller ein Trauzimmer eingerichtet.

▸ Steinhaus

Das älteste Haus der Stadt ist das um 1300 erbaute Steinhaus, auch Steinkammer oder -werk genannt. Dank seiner massiven Bauweise überstand es die Stadtbrände, die Zierenberg im Laufe der Jahrhunderte heimsuchten. Die Schlitzfenster sprechen dafür, dass das Gebäude Teil der städtischen Befestigungsanlagen war.

▸ Alter Friedhof

Bis 1563 wurden die Toten auf dem Kirchplatz beigesetzt. Wegen immer wiederkehrender Seuchen wurde auf Befehl des Landesherrn ein neuer Friedhof außerhalb der Stadtmauer am Obertor angelegt, der bis 1876 dort bestand. Seitdem werden die Toten auf dem Friedhof an der Straße nach Hofgeismar beerdigt.

▸ Gut Escheberg

„Der Mai ist gekommen, die Bäume schlagen aus ..." Der Dichter Emanuel Geibel schrieb den Text zu diesem bekannten Frühlingslied, als er sich 1841 und 1842 in Escheberg aufhielt. Die große Gutsanlage mit Schloss war ursprünglich ein mittelalterliches Königsgut, erstmals urkundlich erwähnt im Jahre 1015. Das Schloss entstand um 1530 an der Stelle einer ehemaligen Wasserburg. Der idyllische kleine Schlosspark ist für die Öffentlichkeit zugänglich.

Museen

▸ Museum Kloster Hasungen

Die wenigen noch erhaltenen Zeugnisse des 1527 säkularisierten Klosters Hasungen auf dem Tafelberg von Burghasungen sind im dortigen Klostermuseum zu besichtigen. Das nach 1074 errichtete Benediktinerkloster liegt über dem Grab des Wanderpredigers Heimerad, der von 1017 bis 1019 auf dem Hasunger Berg wirkte. Später wurden an seinem Grab Wunderheilungen bekannt.

Adresse: Hasunger Str. 21, 34289 Zierenberg-Burghasungen
📞 05606/519125
🌐 www.klostermuseum-burghasungen.de

▸ Mühlenmuseum Laar

Die an der Warme gelegene einstige Öl- und Getreidemühle gehört zum Gutshof Laar. Sie war 1599 errichtet worden, musste aber 1844 wegen Bruchs der Antriebswelle stillgelegt werden. 1903 reaktivierte man die Mühlentechnik und erzeugte hier bis 1959 Strom. Nach baulichem Verfall wurde die Mühle von 1992 bis 1999 aufwendig restauriert. In ihren Innenräumen informiert eine Ausstellung über die Geschichte des Gebäudes und allgemein über die Mahl- und Mühlentechniken.

Adresse: Gut Laar, 34289 Zierenberg-Laar
📞 05606/519125

Natur und Freizeit

▸ Wandern und Rad fahren

Rund um Zierenberg verlaufen 125 Kilometer ausgeschilderte Wanderwege. Einzigartig sind der Jäger- und der Alpenpfad im Naturschutzgebiet Hoher Dörnberg mit Aussicht weit bis ins Waldecker Land. Auch das Kasseler UNESCO Weltkulturerbe Bergpark mit dem Herkules kann man auf Schusters Rappen auf dem zertifizierten Wanderweg „Habichtswaldsteig" erreichen. Radfahrer können unter 22 Routen wählen, darunter neun Mountainbike- und zwei Rennradtouren.

▸ Dörnberg

Der Hohe Dörnberg (579 m) ist seit 1924 ein Eldorado für Segelflieger. Das Landschaftsschutzgebiet mit seinem beweideten Kalkmagerrasen weist eine reiche Artenvielfalt an Orchideen und Enzianen auf. Die Helfensteine und die Wichtelkirche auf dem Dörnberg sind Naturdenkmäler. Das Bergmassiv war schon von den Kelten besiedelt. Darüber und über Fauna und Flora informiert das dortige Naturparkzentrum Habichtswald.

▸ Großer Bärenberg

Im Norden der Habichtswälder Kuppen erhebt sich der Große Bärenberg (601 m). Von seinem Aussichtsturm aus hat man einen großartigen Panoramablick in den Naturpark.

▸ Golfen

Golfclub Zierenberg Gut Escheberg
05606/531972
www.golf-escheberg.de

Veranstaltungen und Feste

▸ Heimat- und Keltenfest

Weit über die Grenzen Zierenbergs hinaus bekannt ist der Viehmarkt, ein großes Volks- und Heimatfest jeweils am vierten Juli-Wochenende. Am Marktplatz jeweils am ersten Adventswochenende gibt es einen Weihnachtsmarkt und in unregelmäßigen Abständen ein Weinbrunnenfest. Auf dem Hohen Dörnberg findet im Zwei-Jahres-Rhythmus ein Keltenfest statt. Beim Lagerleben können die Besucher unter anderem das keltische Handwerk der Latenezeit (480–50 v. Chr.) kennenlernen.

Stichwortverzeichnis

Sehenswertes

Denk- und Mahnmale

Friedhöfe

Gradierwerke

Historische Gebäude

Historische Orte/Ortsteile/Stadtviertel

Kirchen, Dome, Kapellen, Klöster, Abteien, Synagogen

Mühlen

Ruinen

Stadtbefestigungen, Türme, Wehranlagen

▸ Sonstige Sehenswürdigkeiten

Museen

▸ Freilichtmuseen

▸ Kunstmuseen

▸ Stadt-, Heimat-, Regional- und Landesmuseen

Sonstige Museen

Natur und Landschaft

Aussichtspunkte

Naturdenkmäler

Naturschutzgebiete

Parkanlagen und Gärten

Seen, Weiher, Häfen und Talsperren

Tier- und Wildparks, -gehege

Sonstige Naturerlebnisse

Stichwortverzeichnis

Freizeit

Bahnfahrten

Bühnen, Theater und Kultur

Fliegen

Freizeitparks und -anlagen

Golf und Minigolf

Klettern

Reiten

▸ Schiffe, Boote, Kanus, Dampfer, Fähren, Segeln

▸ Schwimm- und Freizeitbäder

▸ Wandern und Rad fahren

Wintersport

Veranstaltungen und Feste

April

Bad Sooden-Allendorf (Märchenwoche)

Mai

Bad Emstal (Kurkonzerte)
Bad Karlshafen (Hafenbeleuchtung)
Bad Sooden-Allendorf (Brunnenfest)
Frankenberg (Eder) (Pfingstmarkt)
Frankenberg (Eder) (Maistadtfest)
Frielendorf (Himmelfahrtsmarkt)
Gemünden (Wohra) (Musikalischer Frühschoppen)
Kassel (Stadtfest)
Korbach (Hessentag 2018)
Lichtenfels (Igelfest)
Meißner (Salatkirmes)
Vöhl (Drachenbootrennen)

Juni

Bad Hersfeld (Bad Hersfelder Festspiele)
Eschwege (Johannisfest)
Wehretal (Heimat- und Wichtelfest)

Juli

Bad Karlshafen (Weserbeleuchtung)
Frielendorf (Rotkäppchentag)
Grebenstein (Vieh- und Jahrmarkt)
Wahnfried (Vogelschießen)
Witzenhausen (Kesperkirmes)
Zierenberg (Viehmarkt)

August

Bad Sooden-Allendorf (Erntedank- und Heimatfest)
Bad Wildungen (Lichterfest)
Eschwege (Open-Flair-Festival)
Frielendorf (Sonnenwendfeuer)
Fritzlar (Kaiserfest)
Habichtswald (Fest der leisen Töne)
Kassel (Zissel)
Melsungen (Grasbahnrennen)
Melsungen (Weinfest)
Schwarzenborn (Oldtimertreffen)

September

Bad Wildungen (Stadtfest mit Blumenkorso)
Friedewald (Kirmestreiben)
Meinhard (Heimatfest Grebendorf)

▸ Oktober

Allendorf (Eder) (Kram- und Viehmarkt)
Bad Hersfeld (Lullusfest)
Wabern (Kulturwoche)

November
Borken (Halloween-Nacht)
Frankenberg (Eder) (Halloween-Midnight-Shopping)

▸ Dezember

Borken (Weihnachtsmarkt)
Breitenbach am Herzberg (Weihnachtsmarkt)
Gemünden (Wohra) (Weihnachtsmarkt)
Gudensberg (Weihnachtsmarkt)
Hessisch-Lichtenau (Weihnachtsmarkt)
Hofgeismar (Weihnachtsmarkt)
Immenhausen (Weihnachtsmarkt)
Kassel (Märchenweihnachtsmarkt)
Korbach (Weihnachtsmarkt)
Neukirchen (Knüll) (Weihnachtsmarkt)
Söhrewald (Weihnachtsmarkt)
Sontra (Weihnachtsmarkt)
Zierenberg (Weihnachtsmarkt)

▸ ... und ohne festes Datum

Bad Arolsen (Arolser Kram- und Viehmarkt/Barock-Festspiele)
Bad Zwesten (Lichterfest)
Bebra (Stadtfest/Kirmes- und Heimatfest/Drachenfest)
Borken (Frühligsfest/Heimatfest/Wecke-un'-Worscht-Markt)
Breitenbach am Herzberg (Frühligsmarkt/Ritterspiele/Open-Air-Festival)
Edermünde (Fuldaradeln/Tour de Chattengau)
Fritzlar (Karneval/Pferdemarkt/Stadtfest)
Gemünden (Wohra) (Karneval)
Gudensberg (Ostermarkt/Stadtfest/Schmeckefuchs/Heimatfest)
Haina (Kloster) (Klosterkonzerte)
Helsa (Oster- und Walpurgisfeuer/Lichterfest/Adventsumzüge)
Hessisch Lichtenau (Weinfest/Holle-Kirmes)
Hofgeismar (Kelzer Aschermittwoch/Viehmarkt und Heimatfest)
Immenhausen (Karneval/Stadtfest/Dorf- und Heidelbeerfest Holzhausen/Osterfeuer)
Jesberg (Burgfest)
Kassel (Kulturzelt/Kasseler Musiktage)
Kirchheim (Ostermarkt/Oldtimer-Treffen/Rotkäppchens Apfel- und Erntefest)
Knüllwald (Hof- und Museumsfest/Gewerbeausstellung)
Korbach (Kiliansmarkt/Mittelalterlicher Markt/Altstadt-Kulturfest)
Körle (Kammerkonzerte/Kammermusikwoche)
Melsungen (Spezialitätenfestival)
Naumburg (Karneval/Pomologentage)
Nentershausen (Mittelalterliche Veranstaltungen auf der Tannenburg)
Neu-Eichenberg (Heimatfest/Brunnenfest)
Neukirchen (Knüll) (Frühlingsfest/Marktbrunnenfest)
Niestetal (Parkfeste/Kammerkonzerte)
Oberaula (Sommermarkt/See- und Lichterfest)
Philippstahl (Werra) (Veranstaltungen rund um die Schlosskirche)
Reinhardshagen (Weserbeleuchtung)
Rosenthal (Heimatfest/Reit- und Springturnier/Backhausfest)
Schenklegsfeld (Kuppenrhöner Landmarkt/Lindenblütenfest)
Schwalmstadt (Salatkirmes)
Söhrewald (Osterfeuer)
Sontra (Heimat- und Volksfest/Kupferstädter Bauernmarkt/Martinsmarkt)
Spangenberg (Internationales Reitturnier/Lindenplatzfest/Herbstmarkt)
Trendelburg (Schützenfeste)
Vellmar (Sommer im Park)
Volkmarsen (Karneval/Stadt- und Feuerwehrfest)
Waldeck (Pfingstreitturnier/Märchenfest/Mühlenfest/Literarischer Frühling/Edersee-Triathlon)
Willingen (Upland) (Weltcup-Skispringen/Mountainbike-Festival)
Willingshausen (Zellaer Kirmes/World Music Festival)
Wolfhagen (Kulturzelt/Vieh- und Krammarkt)
Zierenberg (Keltenfest)